Yves Nager
Hawaiianische Wiedergeburt

Yves Nager

HAWAIIANISCHE WIEDERGEBURT

Verbinde dich mit kraftvoller Energie
und visualisiere deine Lebensziele

Giger Verlag

HINWEIS

Der Autor dieses Buches gibt keinen medizinischen Rat oder empfiehlt die Anwendung einer Technik als Behandlungsform für körperliche Beschwerden, emotionale oder medizinische Probleme. Die Absicht des Autors ist es, ausschließlich Informationen allgemeiner Art anzubieten, die bei der Suche nach mentalen, emotionalen Aspekten und spirituellem Wohlbefinden helfen. Sollte der Leser Informationen aus diesem Buch verwenden, übernehmen der Autor und der Herausgeber keine Haftung für derartiges Handeln. Vielen Dank.

Die Originalausgabe erschien
unter dem Titel *Hawaiian Rebirth* 2018 im Verlag
Lifestyle Entrepreneurs Press, Las Vegas, NY

1. Auflage 2020
© der deutschsprachigen Ausgabe Giger Verlag GmbH,
CH-8852 Altendorf · Telefon 0041 55 442 68 48
www.gigerverlag.ch
Lektorat: Josef K. Pöllath
Umschlaggestaltung:
Hauptmann & Kompanie Werbeagentur, Zürich
Layout und Satz: Roland Poferl Print-Design, Köln
Druck und Bindung: Finidr, Český Těšín, Tschechien
ISBN 978-3 907210-33-8

Inhalt

Vorwort 13
Einführung 17
Einleitung 21
Das Lebensrad 31

Teil 1: Sieben Fragen

Die tiefgründigsten Fragen des Lebens 36
   Anmerkungen zu den Fragen 1 bis 4 39
   Anmerkungen zu den Fragen 5 bis 7 41
   Frage 1: Was zieht immer wieder deine Aufmerksamkeit auf sich? 46
   Frage 2: Was tust du mit viel Liebe und Freude, was liegt dir am Herzen? 47
   Frage 3: Worüber willst du immer mehr wissen? 48
   Frage 4: Wann bist du besonders inspiriert und kreativ? 49
   Frage 5: Wofür bekommst du Komplimente von anderen? .. 50
   Frage 6: Was würdest du tun, wenn du wüsstest, dass du nicht scheitern könntest? 51
   Frage 7: Was willst du in deinem nächsten Leben tun? 53

Teil 2: Zwölf Schritte

Anmerkungen zu den Schritten 57
   Anmerkungen zu den Schritten 1 bis 4 57
   Dinge aufschieben 58
   Angst vor Misserfolg 59
   Angst vor Erfolg 60
   Perfektionismus 60

Anmerkungen zu den Schritten 5 und 6 61
Filtern 63
Ratschläge erteilen 64
Wertend sein 65
Es anderen recht machen 65
Strategien zum Zuhören 66
Schaff Klarheit 66
Formuliere um 67
Gib eine Rückmeldung 67
Reagiere 67

Anmerkungen zu den Schritten 7 und 8 69

Anmerkungen zu den Schritten 9 und 10 71
Neun Prinzipien zur Kreation und Manifestation 72
Vereinige dich mit dem, wonach du suchst 72
Erinnere dich! Wahrnehmung bestimmt Kreation 72
Wisse, wann du aktiv und wann du passiv sein kannst 73
Fließe wie ein Fluss 74
Anerkenne und respektiere deine Emotionen 74
Visualisiere deine Ziele 75
Transformiere negative Erlebnisse 75
Suche nach Beweisen, die deine neue Überzeugung unterstützen 76
Betrachte Beispiele anderer Leben 77

Anmerkungen zu den Schritten 11 und 12 79
Deine Emotionen akzeptieren 79
Ärger und Frustration 81
Verwirrung und Langeweile 82
Neid und Eifersucht 82
Furcht und Angst 83
Bedauern und Enttäuschung 84
Traurigkeit und Kummer 84
Scham- und Schuldgefühl 85

Die Schritte 88
  Schritt 1: Sei ehrlich! 88
  Schritt 2: Beginne langsam! Beginne heute! 90
  Schritt 3: Entschleunige! Halt inne! 91
  Schritt 4: Entdecke und entwickle deine Talente! 94
  Schritt 5: Lerne, dich zu entscheiden! 95
  Schritt 6: Lass dich von deinen Leidenschaften leiten! . 97
  Schritt 7: Folge deiner Intuition! 100
  Schritt 8: Bleib offen, empfänglich und flexibel! 102
  Schritt 9: Lerne, wie und wann du am besten ausruhen solltest! 103
  Schritt 10: Nimm die Geschenke des Lebens wahr! ... 106
  Schritt 11: Lies die Zeichen und nimm Synchronizitäten wahr! 108
  Schritt 12: Sei mutig! Geh Risiken ein! 110

Teil 3: Inspirierende Geschichten

Segen aus Hawaii 114
  Segen der Dankbarkeit 115
  Segen der Klarheit 119
  Segen der Vergebung 123
  Segen der Entspannung 128
  Segen der Heilung 139
Herzförmige Insel in Thailand 144
Ägyptische Mysterien 158
  Ägyptische Mythen und Energiemedizin 159
  2012: Beginn eines neuen Zeitalters 162
  Liebe ist meine Religion 168
  Eine kraftvolle Initiation 173

Mit Ilahinoor die Welt erkunden 182
Wiederverbindung mit Hawaii 184
Durch Synchronizität geführt 186
Mit Ilahinoor deinen Horizont erweitern 191

Eine Pilgerreise nach Indien 198

Naturverbundenheit 201

Frieden mit meinem Vater 210

Liebevolle Erinnerungen 219

Rückkehr nach Kauai 228

Teil 4: Vorwärts gehen

Inspirierende und motivierende Ziele 239
   1 Setze dir inspirierende und motivierende Ziele 240
   2 Wähle Ziele, die auf dem SMART-Prinzip basieren 241
   3 Halte deine Ziele schriftlich fest und sprich sie laut aus 243
   4 Fang gleich damit an 244
   5 Bring es zu Ende 245

Sechs Strategien, wie du deine Ziele erreichen kannst 255
   1 Schreibe Merkzeichen auf! 255
   2 Arbeite mit einem Partner bzw. einer Partnerin! ... 256
   3 Halte ein Ritual ab! 256
   4 Schaffe einen heiligen Raum! 257
   5 Werte regelmäßig aus! 258
   6 Nimm Änderungen vor und schreib die Merkzeichen erneut auf! 259

Du hast in jedem gegebenen Moment die Wahl 260

Nachtrag 268

Dank 272
Über den Autor 273
Stimmen zu Autor und Buch 276

Glossar 281
Weiterführendes und Quellen 284
    Empfohlene Literatur 284
    Empfohlene Videos 286
    Empfohlene Webseiten 286
    Liste zitierter Werke 287

Gewidmet meinen Eltern,
René und Suzanne Nager, und meinem Bruder Alain.
Ich bin dankbar, dass ich mit euch als meiner Familie
in der Schweiz aufgewachsen bin. Ohne euch
wäre ich nicht zu dem Mann geworden,
der ich heute bin.

Und an meine geliebte Eunjung:
Danke, dass du meine magische Begleiterin
auf dieser erstaunlichen Reise unseres Lebens bist.
Danke für deine Liebe, Inspiration, Ermutigung
und dafür, dass wir gemeinsam unsere
Träume leben dürfen.

Ich bin für immer dankbar
und liebe euch alle.

»Die Bedeutung des Lebens besteht darin, deine Gabe zu finden. Der Zweck des Lebens ist es, sie wegzugeben.« Pablo Picasso

Vorwort
von Kiara Windrider

Danke, dass du Yves' Buch *Hawaiianische Wiedergeburt* liest und dich mit ihm nicht nur auf eine Reise nach Hawaii und um die Welt, sondern auch tief in dich hineinbegibst. Wenn du am Schluss angelangt bist, wirst du viele wertvolle Fragen, Tools und Strategien haben, die dich unterstützen, Bestimmung und Leidenschaft in dein Leben zu bringen.

Jedoch ist das Ziel einer Reise nie das Reiseziel selbst. Eine Reise findet ihre Bedeutung darin, wie tief sie dir erlaubt, in den Spiegel deines eigenen Lebens zu blicken und darin die ständige Reflexion deines tiefsten Selbst zu finden. Letztendlich erkennen wir, dass dasjenige, wonach wir suchen, nicht aus einer Sammlung guter Geschichten besteht. Es sind auch nicht große Inspirationen und Gipfelerfahrungen, welche die Seele berühren. Wir suchen nach dem Wissen, wer wir als dieses Selbst sind. Solange wir unseren Wert auf Erfolg und Leistung gründen, wird es immer Angst vor Misserfolg oder Verlust geben.

Sobald wir jedoch zum Verständnis kommen, wer wir wirklich sind, spielt es keine Rolle mehr, welche Erfolge wir erzielen oder welche Erfahrungen wir machen. Wenn ich mich nicht mit dem »Macher« identifiziere, gibt es keinen Raum für Angst, und der unendliche Wind des Lebens kann sich frei und mühelos durch diese Gefäße der Materie bewegen.

Es ist nicht schwierig, das Selbst zu entdecken. Es ist nicht das Ende eines langen, gewundenen Wegs, sondern ganz der Anfang. Das Selbst durchdringt alle Dinge und befindet sich ganz an der Wurzel unseres Bewusstseins, unserer Gedanken und unserer Gefühle. Es ist das starke Gefühl des Daseins, das – bevor Gedanken auftauchen – existiert und in der Mitte jedes einzelnen Gedankens übrig bleibt. Es ist das Bewusstsein, das unseren Körper beseelt, das Bewusstsein, das unsere Gedanken und Gefühle inspiriert, das gleiche Bewusstsein, das das ganze Universum füllt. Unsere Reise beginnt mit offensichtlicher Wahrheit, das dies ist, wer wir sind.

Was wäre, wenn es nicht zwei starre Polaritäten von materieller und spiritueller Ebene geben würde, sondern eine essenzielle Realität, die als zwei erscheint? Was wäre, wenn der Schöpfer und die Schöpfung nicht zwei getrennte Dinge, sondern eine holografische Einheit innerhalb dieses Gefäßes des Bewusstsein wäre? Was wäre, wenn das, was wir sind, eine einzelne schwingende Essenz wäre, die gleichmäßig durch Sterne, durch Bäume sowie durch diese menschlichen Körper und jeden subatomaren Faden des quantenmechanischen Daseins fließen würde?

Indem wir die Illusion des getrennten Selbst loslassen, erkennen wir uns als das Große Selbst, das sich durch alle Dinge hindurchbewegt. Es ist ein Paradox: je leerer wir von menschlichen Identifikationen und Ängsten werden, desto mehr Fülle können wir zum Ausdruck bringen. Dann werden wir wirklich leidenschaftlich, leben unsere Bestimmung, und sind völlig im Dienst des Lebens.

Als mein Buch *Reise in die Ewigkeit* im Frühling 2009 im Giger Verlag erschienen ist, bin ich Yves zum ersten Mal begegnet. Ich kenne Yves und Eunjung nun seit über einem Jahrzehnt und war bei einigen ihrer Reisen dabei. Ich bin berührt von ihrer Aufrichtigkeit und ihrer Leidenschaft, ihrer Hingabe zu dienen, und ich bin berührt von ihrer Liebe für diese Erde. Ich bin berührt von ihrer Furchtlosigkeit und ihrer Fähigkeit, sich so zu bewegen wie der Wind, der sie bewegt, und sie selbst zum Wind werden lässt.

Danke, lieber Yves, dass du den »leidenschaftlichen Weg« demonstrierst und dass du deine Kerze durch alle Hochs und Tiefs des Lebens trägst, sodass wir alle lernen können, dem einen Licht zu vertrauen, das selbst durch die dunkelsten Nächte hindurch schon immer so hell leuchtete.

Kiara Windrider

Anmerkung des Autors
Kiara Windrider wurde in Indien geboren. Er ist ein Psychotherapeut, kosmischer Forscher und Autor mehrerer Bücher einschließlich *Ilahinoor: Awakening the Divine Human*; *Gaia Luminous: Emergence of the New Earth*; *Homo Luminous: Manual for the Divine Human* und *Issa: Son of the Sun* (www.kiarawindrider.net). Kiaras Bücher sind exemplarisch für seine herausragende Fähigkeit, einen enormen Umfang von Themen von tiefen spirituellen Lehren bis hin zu den letzten wissenschaftlichen Entdeckungen, die mit dieser sich verändernden Zeit, in der wir uns befinden, in Zusammenhang stehen, verständlich und redegewandt zu integrieren, zusammenzufassen und zu strukturieren. Ich fühle mich geehrt und bin dankbar, dass ich ein Kapitel zu seinem Ilahinoor-Buch beitragen konnte und dass ich Kiara einen lieben Freund nennen darf, der mich seit vielen Jahren persönlich und beruflich durch seine Arbeit inspiriert und berührt.

Einführung

> »Der Grund, weshalb Menschen es so schwierig finden, glücklich zu sein, liegt darin, dass sie die Vergangenheit immer besser sehen als sie war, die Gegenwart schlechter als sie ist, und die Zukunft weniger festgelegt, als sie es sein wird.«
> Marcel Pagnol

Ich hatte oft Schwierigkeiten, die passenden Worte für meine Gefühle zu finden. In meiner Jugend entdeckte ich, dass Schreiben mir dabei hilft, freizulegen, was ich tief in mir fühle. Es spielte keine Rolle, ob ich nur für mich Tagebuch führte oder in der Schule einen Aufsatz schrieb. Wenn ich meine Tagebucheinträge oder Aufsätze einige Jahre später wieder las, half es mir immer, mehr über mich selbst zu erfahren und andere zu verstehen.

Es dauerte jedoch 20 Jahre, bis ich den Mut, das Selbstvertrauen und die Motivation fand, mit dem Publizieren meiner Texte zu beginnen. Ich fing an, Artikel zu verschiedenen Themen zu schreiben, und meine Einsichten und Erlebnisse in Blogs, Newsletter und sozialen Netzwerken zu verbreiten. Eine weitere Tür öffnete sich für mich, als ich darum gebeten wurde, als Co-Autor an zwei Büchern mitzuschreiben.

Das eine Buch *Inspired by the Passion Test* ist eine Sammlung von Texten, die beschreiben, wie es ist, leidenschaftlich (mit Passion) zu leben, und für das Buch *Ilahinoor – Awakening the Divine Human* meines Freundes Kiara Windrider habe ich einen ausführlichen Erfahrungsbericht beigetragen. Das Kapitel *Mit Ilahinoor die Welt erkunden* findest du im Buch auf Seite 182.

Nun hältst du dieses Buch in Händen. Wenn mir jemand vor fünf Jahren gesagt hätte, dass mein Name in drei Büchern sein wird und dass *Hawaiianische Wiedergeburt* in Englisch und Deutsch publiziert wird, hätte ich ihn für verrückt erklärt. Jedoch nimmt das Leben manchmal – wie du lieber Leser, liebe Leserin es höchstwahrscheinlich selbst erlebt hast – Wendungen, die uns auf völlig unerwartete Weise an Orte führen, die jenseits unserer kühnsten Träume sind.

Ich wuchs in Spiez, einem Ort am Thunersee in der Schweiz, auf, umgeben von Wäldern und Bergen. Als ich 2008 zum ersten Mal nach Hawaii kam, um meine Englischkenntnisse zu verbessern, hätte ich ein eigenes Buch auf Englisch zu schreiben als etwas bezeichnet, das jenseits meiner Fähigkeiten und völlig außerhalb meiner Möglichkeiten liegt. Während dieser Zeit besuchte ich drei Monate lang eine internationale Sprachschule in Honolulu.

Ich bin zutiefst dankbar dafür, weil ich meine Lebensreise für viele Jahre als überwiegend herausfordernd wahrnahm. Als ich jünger war, verfiel ich immer mehr in eine Krise und in eine Art Verzweiflung. Dieses Gefühl erreichte seinen Höhepunkt, als es im Jahr 2005 zu einer Reihe von Todesfällen in meiner Familie kam. Binnen acht Monaten verlor ich meinen Vater, zwei Großeltern und beinahe auch meinen Bruder. Seitdem war mein Leben nicht mehr wie vorher.

In einem verzweifelten Versuch, mich von den unangenehmen Gefühlen des Verlusts und Schmerzes zu befreien, vertiefte ich mich zuerst vergeblich tagsüber in die Arbeit, und an den Wochenenden stürzte ich mich ins Nachtleben. Ich war zunehmend von meinem Innern und meiner Bestimmung getrennt, und ich sah, wie mein Leben in den folgenden Jahren immer chaotischer wurde. Auch wenn meine persönlichen Beziehungen und die berufliche Karriere immer herausfordernder wurden, suchte ich weiterhin, auf irgendeine Art Bedeutung zu erlangen.

Schließlich wurde ich schwer depressiv, bis ich an einen Punkt kam, an dem ich mit dem Gedanken spielte, mein Leben zu beenden. In der Weihnachtszeit 2007 fing ich an, verzweifelt um Hilfe und Führung zu beten, was ich seit vielen Jahren nicht mehr getan hatte. Meine Gebete wurden beantwortet, und nur zehn Wochen später fand ich mich durch göttliche Führung und die liebevolle Unterstützung meiner Mutter in Hawaii auf der Insel Oahu wieder.

Innerhalb von zwei Wochen nach meiner Ankunft Mitte März 2008 hatte ich mein erstes großes spirituelles Erwachen. Es geschah durch eine mystische Heilung, die mein Leben auf unglaubliche Weise umkehrte. Ich fing an, viele Selbsthilfebücher zu lesen und sie meinen Fähigkeiten und Techniken entsprechend anzuwenden, wie ich es gelernt hatte. Einige der Tools und Schritte, die ich kennengelernt hatte, brachten schnelle und fantastische Resultate, während andere neue Fragen aufwarfen.

Seit meine Partnerin Eunjung und ich 2011 zusammenkamen, haben wir weltweit Workshops mit einer Vielzahl von Themen wie Energiearbeit, Coaching und Selbstentfaltung geleitet. Auch an heiligen Stätten haben wir mit verschiedenen Gruppen gearbeitet. Es war essenziell für uns, die Inhalte unserer Lehren klar und auf eine Weise zu strukturieren, die für andere auf einfache Art nachvollziehbar zu gestalten waren. Wir erkannten auch, dass wir durch eine interaktive Präsentation und durch die Einbeziehung inspirierender persönlicher Geschichten die Vorteile für unsere Teilnehmer maximieren können.

Es ist für mich als Autor eine Herausforderung, dass ich von meinen Lesern nicht umgehend eine Rückmeldung erhalte. Weil ich im letzten Jahrzehnt mit vielen Menschen aus verschiedenen Ländern mit unterschiedlichem kulturellem Background gearbeitet habe, kann ich nur versuchen, die Gefühle, Gedanken und das Verhalten vorauszusehen, die auftauchen können, wenn Leser wie du mit diesem Buch arbeiten. Der einzige Weg für mich, wirklich deine Reaktion zu erfahren – ebenso wie Fragen oder erzielte Resultate, die du vielleicht weitergeben möchtest –, ist jedoch, wenn du eine Rückmeldung auf Amazon, über Facebook (www.facebook.com/hawaiianrebirth), Instagram (www.instagram.com/yvesnager/), YouTube (www.youtube.com/channel/UCQUjVQZLnKkdIoq_lwLOuLQ) oder via E-Mail (yves@hawaiianrebirth.com) hinterlässt. Ich ermutige dich dazu und freue mich über ehrliche Kommentare.

Einleitung

> »Der gegenwärtige Moment ist alles, was immer ist, und in jedem neuen Moment sterben wir und werden wiedergeboren. Menschen blockieren zum Beispiel Liebe und schließen ihr Herz aus Angst, wieder verletzt zu werden. Wenn sie im gegenwärtigen Moment leben würden, gäbe es keine Angst, und sie würden im Leben mit Zuversicht und Gewissheit voranschreiten, dass neue Erfahrungen Freude bringen.« Alaric Hutchinson

Ich hörte, wie eine sanfte Stimme zu mir sagte: »Nun siehst du so schön aus, und die Farbe deiner Augen hat sich verändert.« Als ich meine Augen wieder öffnete, fühlte es sich an, als wäre ich im Paradies erwacht. Ich war in eine wunderschöne Welt wiedergeboren worden. Es fühlte sich so an, als wäre ich in einer anderen Dimension oder Wirklichkeit.

Es gab keinen Unterschied und keine Trennung mehr zwischen dem, was ich tief in mir fühlte, und dem, was ich in der Welt um mich herum wahrnahm. Ich fühlte mich eins mit der Schöpfung und dem Schöpfer. Alle Schmerzen, alle Anstrengungen, alles Leiden und alle meine Gefühle des Getrenntseins und der Unzulänglichkeit waren völlig verschwunden.

Alle meine Sinneswahrnehmungen waren so kristallklar wie niemals zuvor, und Tränen der Dankbarkeit strömten über mein Gesicht. Ich erkannte, dass die liebevolle und mitfühlende Stimme zu jemandem gehörte, der mich weniger als zwei Stunden zuvor an diesen magischen Ort geführt hatte. Dank der Hilfe von *Paul* fand ich mich innerhalb einer Lichtung im tropischen Wald oberhalb von Honolulu in Hawaii wieder.

Mit einem sanften Lächeln in seinen Augen sagte Paul: »Sieh zu, was nun geschehen wird«, und er hob seine rechte Hand und schnippte mit den Fingern.

Verblüfft sah ich nach oben und stellte fest, dass die Wolken direkt über uns verschwunden waren und sich ein Stück blauer Himmel zeigte. Die Waldlichtung, in der wir standen, war sofort mit einem riesigen Lichtstrahl erhellt. Paul schnippte nochmals mit den Fingern, und nun fanden wir uns in völliger Stille wieder.

Nur wenige Momente zuvor war der gesamte Raum mit dem melodischen Klang singender Vögel erfüllt gewesen. Ich war völlig gegenwärtig und erlebte die Kraft des Jetzt so sehr wie noch nie zuvor. Einige Momente später schnippte Paul erneut mit den Fingern, und sofort fingen die Vögel wieder an zu singen, die Öffnung im Himmel schloss sich wieder, und die Wolken kehrten zurück. Paul sagte: »Yves, nun bist du an der Reihe, es zu versuchen. Du kannst dasselbe tun.«

Obwohl ich daran zweifelte, dass ich zu einem solchen Wunder fähig sei, legte ich mein ganzes Vertrauen in meinen magischen neuen Freund und schnippte mit meinen Fingern. Ich sah erneut verblüfft, wie derselbe Lichtstrahl herunterkam und die Waldlichtung erleuchtete und wie die Vögel aufhörten zu singen, bis ich wieder mit den Fingern schnippte. Ich fühlte mich wie in einem Traum. Dies war das größte Wunder, das ich jemals erlebt hatte!

Wie ist all dies möglich? Wer ist Paul? Wieso geschieht dies heute? Und wird dieser wunderbare Traum für immer so bleiben? Dies waren Fragen, die mir durch den Kopf gingen, und die ich Paul stellte, als wir zurück nach Honolulu fuhren. Paul schenkte mir ein Lächeln und sagte: »Es ist möglich wegen *Aloha Ke Akua*.«

»Paul, ich kam erst vor zwei Wochen hier an, und ich beherrsche die hawaiianische Sprache noch nicht. Kannst du mir bitte erklären, was es bedeutet?« – »Es bedeutet, Gott als höchstes Wesen zu erkennen, den göttlichen Geist in allen Dingen anzuerkennen und dankbar für seinen Segen zu sein.« Während Paul diese Worte sprach, fühlte es sich für mich an, als ob das Göttliche selbst zu mir sprechen würde.

Paul fuhr fort: »Wir waren in einem anderen Leben hier in Hawaii Brüder. Damals hast du mir geholfen, und nun bin ich da, um dir zu helfen.«

»Ich beiße mich seit 32 Jahren durch. Wieso sind wir uns nicht früher begegnet?« – »Weil du dich entschieden hast, es heute zu erleben.« – »Nun fühle ich mich wunderbar. Wird es für immer so bleiben?«

Inzwischen waren wir in der Nähe des Ozeans angelangt. Es war kurz vor Sonnenuntergang.

»Yves, schau auf den Ozean und die Wellen. Es wird genau so sein wie die Wellen – manchmal hoch und manchmal tief. Manchmal wirst du dich so wunderbar fühlen, wie du es jetzt gerade tust. Und dann wirst du dich wieder getrennt von all dem fühlen. Erinnere dich, wenn du in einem Tief bist, immer daran, dass du ein Wassertropfen, ein Teil des Ozeans bist, und du wirst durch die Tiefen und Höhen des Lebens getragen werden.«

> Du bist wie ein Wassertropfen, ein Teil des Ozeans, und du wirst durch die Tiefen und Höhen des Lebens getragen werden.

Paul musste sich beeilen, um seinen Flug zurück nach Big Island zu erwischen, unsere gemeinsame Zeit ging zu Ende.

»Paul, alles, was ich mir wünsche, ist, noch einmal zu tun, was du mir gerade geschenkt hast. Was empfiehlst du mir als nächsten Schritt?« – »Lerne und praktiziere Energie- und Heilarbeit, und du wirst anfangen, anderen zu den gleichen Erlebnissen zu verhelfen und sie mit ihnen zu teilen.« – »Wann werde ich dazu bereit sein?« – »Wann immer du dich entscheidest, bereit zu sein.«

Paul schenkte mir ein letztes Mal ein Lächeln, dann umarmte er mich lange liebevoll und fuhr weg. Ich setzte mich in der Nähe des Ozeans hin und schaute auf den wunderschönen und magischen Sonnenuntergang. Ich fühlte mehr Klarheit, Frieden und innere Ruhe als jemals zuvor, und ich versuchte, nochmals alles zu rekapitulieren, was ich gerade erlebt hatte.

Erst vier Tage vorher hatte mir Wendy, meine Gastgeberin im Manoa Valley, gesagt, dass sie einen Telefonanruf mit einer wichtigen Nachricht für mich erhalten habe. Paul sagte ihr, dass er sehr lebhafte Träume und Visionen von jemandem hatte, der in ihrem Haus wohne, und dass er sofort kommen müsse, um dieser Person zu helfen.

Die Beschreibung der Person in seinen Träumen passte zu mir. Natürlich sagte ich Ja zu seinem Angebot, mir zu helfen. Vier Tage später kam Paul an diesem magischen Nachmittag mit einem großen Auto an und brachte sogar einen Massagetisch mit. Wie brachte er es fertig, diesen Tisch im Flugzeug mitzubringen?

Während meiner Sonnenuntergangsmeditation fragte ich mich auch, ob ich Paul jemals wiedersehen würde. Ich versuchte später mehrmals, ihn wiederzufinden und zu kontaktieren, jedoch gelang es mir nicht. Nun lag es an mir, diesen Traum für immer andauern zu lassen und mich daran zu erinnern, dass ich ein Teil dieses Ozeans der Liebe bin, der mich immer umgibt.

Dieses Buch ist meine Art, die magische Nachricht von Paul mit dir zu teilen: »Du bist bereit, wenn du dich dazu entscheidest, bereit zu sein!« Ich bin bereit und hoffe, dass dieses Buch dir dabei hilft zu erkennen, dass auch du bereit bist, dich mit kraftvoller Energie zu verbinden, deine Lebensziele zu visualisieren und deine Träume zu leben!

Mit diesem Buch will ich dir, liebe Leserin, lieber Leser, eine Anleitung mit auf den Weg geben, wie du die sieben Fragen und zwölf Schritte nutzen kannst, um deine Gaben zu entdecken, deine Bestimmung zu finden und schließlich dein Schicksal zu erfüllen. Ich hoffe, dass dieses Buch einen langfristigen und positiven Einfluss auf dein Leben hat und dass es dir hilft, alle zu inspirieren, denen du begegnest oder mit denen du bereits verbunden bist.

Wie mit jedem anderen Selbsthilfebuch musst du jedoch Zeit und Energie investieren, um dich wirklich ins Thema zu vertiefen, um die maximalen Vorteile daraus zu ziehen. Du musst dich engagieren, aktiv mitlesen und nicht nur oberflächlich die Kapitel überfliegen, sondern dir die sieben Fragen stellen und den zwölf Schritten folgen sowie vertieft mit den Tools und Übungen arbeiten.

Dieses Buch hat vier Teile: Der erste Teil behandelt sieben Fragen. Deine Antworten auf diese sieben Fragen werden dir dabei helfen, deine Träume zu leben.

Ich habe die Fragen in sieben Hauptkategorien gegliedert. Wenn du näher zu deiner Bestimmung finden und anfangen willst, ein Leben zu leben, das dein Schicksal erfüllt, sind die richtigen Fragen und deine Antworten darauf ein wichtiger Schritt. Die Sprache, die du in deinen Antworten verwendest, muss dir dabei helfen, dich auf deine Wünsche und Ziele hinzubewegen, statt dich von deiner Vision zu entfernen.

Deine Sprachmuster weisen auf deine Motivation hin. Sie zeigen, ob du dich von dem, wonach du suchst, weg- oder dich darauf zubewegst. Wenn du die Sprache der Notwendigkeit (*ich muss*), der Verneinung (*nicht*), und des Vergleichs (*besser* oder *schlechter*) nutzt, signalisiert dies, dass du dich – vermutlich unbewusst – von dem *entfernst*, wonach du suchst. Wenn du andererseits die Sprache der

Möglichkeit oder Bekräftigung (*etwas vollbringen* oder *zuversichtlich sein*) nutzt, signalisiert dies, dass du dich auf das *hinbewegst*, wonach du suchst.

Im zweiten Teil, den zwölf Schritten, werden dir viele Tipps, Strategien und Tools vorgestellt. Ich würde mich sehr freuen, wenn dir dieses Buch dabei helfen würde, dass du deine Lebenskraft genießen und deine Lebensziele visualisieren kannst und du dadurch Klarheit in deiner Bestimmung finden und der Verwirklichung deiner Träume näherkommen würdest.

Im dritten Teil des Buches findest du Erfahrungsberichte und Erzählungen, die davon handeln, wie es dazu kam, dass ich im Einklang mit meiner Bestimmung lebe. Deine Bestimmung zu leben kann in vielen verschiedenen Formen und auf vielen unterschiedlichen Wegen erfolgen. In diesen Berichten gibt es Beispiele von Menschen und sogar von Tieren, die ihre Bestimmung leben oder gelebt haben.

Ich werde dir auch von einigen Orten erzählen, die mir geholfen haben, zu erfahren und zu verstehen, wieso ich hier bin. Diese Menschen und Tiere sind eindrückliche Beispiele dafür, wie es ist, aus dem Herzen zu leben und mit der eigenen Essenz in Verbindung zu sein; Qualitäten, von denen ich glaube, dass sie essenziell sind, um dein Schicksal zu erfüllen.

Im vierten Teil stelle ich dir zwei Übungen vor, mit denen du das Gelernte in die Praxis umsetzen und deine Ziele manifestieren kannst. Wann immer wir etwas über die Selbstentwicklung lernen oder ein Buch zum Thema Selbstmotivation lesen, erleben wir nach dem ursprünglichen ersten Hoch oft Einschränkungen, wenn es darum geht, in die Praxis umzusetzen, was wir gerade gelernt haben. Es dauert mindestens 30 Tage, bis du neue Gewohnheiten kreieren kannst, die dir helfen, limitierende Glaubenssätze zu überwinden, die dich davon abhalten, deine Bestimmung zu leben und dein Schicksal zu erfüllen.

Während du *Hawaiianische Wiedergeburt* liest und mit den Fragen, Schritten und Strategien arbeitest, wird dich das manchmal sehr inspirieren. In anderen Momenten wirst du vielleicht Widerstand spüren. An manchen Tagen wirst du das Buch durchblättern und einen Abschnitt finden, der dich genau da anspricht, was dich gerade beschäftigt.

An anderen Tagen wiederum werden dich meine Worte vielleicht nicht besonders berühren. Manchmal wird dich eine Idee jedoch so sehr betreffen, dass du unbewusst in eine andere Richtung laufen möchtest. Diese Art von Widerstand zeigt dir, dass du mehr Zeit brauchst, um eine Idee zu verarbeiten, oder dass du Veränderungen in deinem Leben auf einen späteren Zeitpunkt verschieben willst.

Zu erfahren, wie du anders leben oder die Welt aus einem anderen Blickwinkel betrachten kannst, ist interessant. Echte Transformation aber verlangt Bemühung und Engagement. Ich bin oft zu etwas zurückgekehrt, das in mir ursprünglich Widerstand ausgelöst hatte, nur um herauszufinden, dass es genau die Nachricht war, die ich hören musste. Der einzige Weg herauszufinden, was für dich funktioniert, ist die direkte Erfahrung, indem du das, was du gelernt hast, in die Praxis umsetzt.

Was und wie du es lernst, liegt an dir. Die Fragen, Schritte und Strategien, die du in diesem Buch findest, haben meine Lebensqualität in vielerlei Hinsicht verbessert. Sie waren auch hilfreich für viele andere, mit denen ich sie teilte. Jeder von uns beginnt bei seinem individuellen Ausgangspunkt. Und während wir alle das gleiche Ziel haben, unseren Weg zu finden, bewegen wir uns in unterschiedliche Richtungen. Zum Glück hat dieses Buch das Potenzial, dir zu helfen, wie auch immer du es verwendest.

Auf meiner Lebensreise wurde ich mit Antworten auf Fragen beschenkt, die mich viele Jahre hindurch beschäftigten, unter anderem:

- Wieso leidet die Menschheit?
- Wie können wir anderen helfen, dieses Leiden etwas zu lindern?

Ich bin ein Yoga-Nidra- und Meditationslehrer. Gemäß dem Yoga gibt es vier Hauptgründe, wieso Leiden entsteht:

- Wir nehmen Dinge nicht so wahr, wie sie wirklich sind, und handeln aufgrund eines Missverständnisses.
- Wir bekommen nicht, was wir wollen.
- Wir wollen ein wünschenswertes Erlebnis wiederholen.
- Wir haben nicht mehr länger, was wir bisher hatten.

Nach der Lehre des Yoga Nidra ist eine getrübte Wahrnehmung (*Avidya*) der Ursprung des Leidens. Die getrübte Wahrnehmung wird als Identifikation mit dem Ich (*As-

mita), Verlangen (*Raga*), Ablehnung (*Dvesha*) und Todesfurcht (*Abhinivesa*) ausgedrückt.

Nachdem ich alle diese Formen des Leidens selbst erlebt habe – und an einem Punkt wirklich glaubte, dass es keinen Ausweg geben würde –, möchte ich dir meinen starken Zuspruch geben. Gib deine Hoffnungen und Träume nicht auf, auch wenn es sich so anfühlt, als ob du am Ende angekommen bist. Wenn du trotz aller Herausforderungen und Hindernisse motiviert bist, in die Richtung deiner Wünsche zu gehen, geschehen Wunder, und neue Wege offenbaren sich dir. Meine Geschichte ist Beweis und Beleg dafür.

Und nun ist die Zeit gekommen zu lesen, was du bald umsetzen wirst. Wie *Pilipo*, ein weiser und charismatischer hawaiianischer Weisheitslehrer – du wirst ihm in diesem Buch noch begegnen (siehe Seite 120 ff.) – sagte:

> »*Etwas zu wissen und nicht danach zu handeln, ist wie gar nichts zu wissen. Weisheit offenbart sich immer, wenn wir danach handeln, woran wir glauben, dass es wahrhaftig ist.*«

Das Lebensrad

Um ein glückliches, ausgeglichenes und erfülltes Leben zu führen, ist es wichtig, einen Blick auf alle Aspekte deines Lebens zu werfen. Bevor wir beginnen, mit den Fragen im ersten Teil dieses Buches zu arbeiten (die Antworten auf diese Fragen werden dir helfen, näher an deine Bestimmung heranzukommen), nimm dir bitte kurz Zeit und fülle das nachfolgende Lebensrad aus.

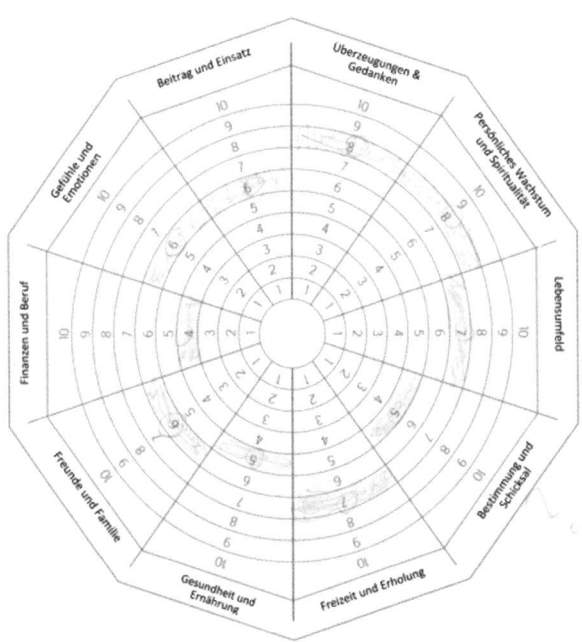

> Um ein glückliches, gesundes und erfülltes Leben zu führen, ist es wichtig, sich alle Lebensbereiche anzusehen.

Die zehn Abschnitte repräsentieren verschiedene Aspekte deines Lebens. Bewerte jede Kategorie des Rads von 1 bis 10 (1 ist nicht zufriedenstellend, 10 am zufriedenstellendsten), basierend darauf, wie gut es dir momentan in jedem Lebensbereich geht. Markiere dies mit einem Punkt.

Nachdem du alle Bereiche bewertet hast, verbindest du die Punkte, um zu sehen wie ausgeglichen dein Rad ist. Vielleicht solltest du mehrere Kopien des Lebensrads anfertigen und diese in einem Ordner aufbewahren, um sie später nachschlagen zu können. Am Ende dieses Buchs wirst du dein erstes Lebensrad mit deinem letzten vergleichen, bewahre es also stets griffbereit auf. Vor allen Dingen aber: Hab Spaß dabei!

Nachdem du das Lebensrad gezeichnet hast, kannst du dir folgende Fragen stellen:

- Wenn dies ein wirkliches Rad wäre, wie holprig oder ruhig wäre meine Fahrt?
- Inwiefern wirkt sich diese Unausgeglichenheit auf meine Gesundheit, mein Wohlbefinden und mein Glücksgefühl aus?
- Was könnte ich tun, um zu mehr Ausgeglichenheit zu kommen?

- Was hat in einigen Lebensbereichen zu höheren Werten beigetragen?
- In welchem Lebensbereich möchte ich innerhalb eines Monats die größten Fortschritte erzielen?
- Wofür bin ich dankbar? In welchen Lebensbereichen fühle ich die tiefste Dankbarkeit?
- Was sind meine nächsten Schritte, um in den Bereichen mit niedrigen Bewertungen einen höheren Wert zu erzielen?
- Welche konkreten Schritte werde ich in den nächsten sieben Tagen unternehmen?
- Wo möchte ich in dreißig Tagen sein?
- Wo möchte ich in drei Monaten sein? (Zeichne es mit einer anderen Farbe ein!)

Teil 1

Sieben Fragen

Die tiefgründigsten Fragen des Lebens

Was ist unsere Bestimmung? Und wie erfüllen wir unser Schicksal?

Die Menschheit hat sich diese Fragen seit Anbeginn der Zeit gestellt. Diese Fragen haben Schüler Lehrern gestellt. Und jedes Mal bringen die Fragen und Antworten Klarheit und Inspiration.

Es braucht Zeit, unsere Ziele in dieser physischen Welt zu erreichen, und der Prozess kann langsamer sein als du denkst, dass er sein sollte. Es braucht Geduld und kontinuierliche Übung, inklusive der Arbeit mit den unterbewussten und unbewussten Ebenen deines Bewusstseins. Es ist äußerst wichtig, dass du jeden Meilenstein, den du erreicht hast, erkennst und anerkennst. Es ist wichtig zu erkennen, wie sehr du dich bereits seit Anfang dieses Jahres verändert hast, und dankbar für jeden Schritt in deinem Prozess zu sein.

Ich wünsche dir, dass du weitere Klarheit in der Frage deiner Bestimmung findest. Auch hoffe ich, dass du durch die sieben Fragen und die Antworten darauf tief in dir selbst inspiriert wirst, dass du dadurch Verantwortung für dich übernehmen und dein Leben mit den Dingen, die für dich *wirklich* von Bedeutung sind, in Übereinstimmung bringen kannst.

Zwischen 2008 und 2010 hatte ich zweimal ein Burnout. Während dieser Zeit fragte ich mich häufig: »Wer bin ich?« – »Wohin gehe ich?« – »Was ist meine Lebensaufgabe?« und: »Wie erfülle ich mein Schicksal?« Wenn ich heute darauf zurückblicke, erkenne ich, dass ich durch diese schwierigen Erfahrungen am meisten lernte. Während meiner Arbeit und meinen Reisen lernte ich, dass ich nicht der einzige bin, der sich mit diesen wichtigen Fragen auseinandersetzt. Viele Menschen auf der ganzen Welt suchen nach Antworten, wieso sie hier sind und wie sie ihr Schicksal erfüllen können.

Deine Lebensaufgabe basiert auf der Sprache des Herzens, des Verstandes und der Seele. Deine Bestimmung kann dir Orientierung, Energie und Richtung schenken. Dein Herz kann dich mit einer magnetischen Kraft zu Orten und Menschen führen, die allein mit Vorsätzen und Zielen schwierig zu erreichen sind. Wenn du eine Mission hast, höre auf dein Herz, es hört die Stimme deiner Seele. Wenn du deinem Herzen die Führung deines Verstandes überlässt, um die richtigen Entscheidungen zu treffen, fällt es leichter, Hindernisse zu überwinden, den richtigen Menschen zu begegnen und die Welt zu verändern.

> Dein Herz kann dich mit einer magnetischen Kraft zu Orten und Menschen führen, die allein mit Vorsätzen und Zielen schwierig zu erreichen sind.

Um dir dabei zu helfen, deine Aufmerksamkeit auf deine Mission zu richten, ermutige ich dich, mit diesen sieben Fragen und den dazugehörigen Übungen zu arbeiten. Wenn wir uns mit Texten beschäftigen, die sich auf das

Verbessern von Gedanken und dadurch auf ein besseres Leben beziehen, tendieren wir oft dazu, die ergänzenden Übungen zu überspringen.

Unsere Augen wandern über den Text, wir nicken hie und da mit dem Kopf und denken: »Ja, stimmt! Genauso ist es.« Nur selten nehmen wir uns die Zeit, die empfohlenen Übungen umzusetzen. Vielleicht haben wir das Gefühl, bereits etwas getan zu haben, nur weil wir den Text gelesen haben. Vielleicht genügt das einigen auch schon. Es wäre jedoch viel wirkungsvoller, wenn du dir nach dem Lesen etwas Zeit nehmen würdest, um über deine Bestimmung nachzudenken, vielleicht Notizen zu machen oder in der Natur spazieren zu gehen, wobei du dich besser auf dich konzentrieren kannst. Ich mache immer dann große Fortschritte, wenn ich mir Zeit nehme und die vorgeschlagenen Übungen, Fragen oder Aufgaben erledige.

Bevor es losgeht, möchte ich noch einige Details klären: Ich habe diese sieben Fragen verfasst, weil ich von vielen Suchenden auf der Reise des Lebens danach gefragt wurde. Ich stelle dir meine eigene Perspektive und die Eindrücke vor, die ich bei meiner Lebensreise gewonnen habe, um dir dabei zu helfen, Klarheit bei deinen eigenen Antworten zu finden. Bedenke, dass es keine richtigen oder falschen Antworten auf diese Fragen gibt. Ich lade dich dazu ein, nur die Ideen und Konzepte aus diesem Buch anzunehmen, die dich persönlich ansprechen.

Anmerkungen zu den Fragen 1 bis 4

Die erste Frage – Was zieht deine Aufmerksamkeit kontinuierlich an? – ist offensichtlich und in ihrer Tiefgründigkeit einfach. Die Fragen 2 bis 7 brauchen eine Einführung. Sie wurden mir von den Lesern meiner Newsletter häufig gestellt. Also sind sie in diesem Sinn universelle Fragen, die sich viele Suchende stellen. Falls dich diese Fragen ansprechen, hoffe ich, dass dir dieses Kapitel Klarheit bringen wird.

> »Ist es nicht so, dass ich um göttliche oder spirituelle Führung bitten und danach warten sollte, was meine Bestimmung ist? Ich bin der Meinung, dass dies nicht meine Angelegenheit ist.«

Viele von uns glauben, dass Führung aus der spirituellen Welt kommen muss und dass sie irgendwo ober- oder außerhalb von uns entspringt. Daraus resultiert die Überzeugung, dass wir selbst keine wichtigen Entscheidungen treffen sollen. Diese Geisteshaltung entspringt einem tief verankerten Glauben, dass wir vom Göttlichen getrennt sind. Es gibt einen schmalen Grat, dem Geist (was wir in Essenz selbst sind) in uns zu folgen oder etwas, das außerhalb von uns ist.

Ich glaube, dass wir in der physischen Welt mit der spirituellen Welt zusammenarbeiten. Natürlich gibt es Situationen, in denen einige das, was wir als die Stimme Gottes oder die geistige Welt wahrnehmen, sehr laut und klar wahrnehmen. Ein solches Erlebnis kann uns zu großartiger Transformation führen. Sehr oft ist diese göttliche Stimme jedoch sanft und kommt von innen. Dies kann sich in ganz gewöhnlichen Dingen im Alltag zeigen: ein Straßenschild, etwas, das dir ein Freund oder eine Freundin sagt, ein Lied im Radio, ein Naturerlebnis usw.

Es geht darum, deinem Herzen zuzuhören, und es liegt einzig in deiner Verantwortung, den Mut zu haben, diesen Nachrichten zu folgen. Der Prozess, tief in dein Herz zu gehen und dich mit deiner Seele zu verbinden, ist kraftvoll und gleichzeitig mit dem Austausch der sanften Stimme des Göttlichen in dir verbunden. Welche Entscheidung du auch immer treffen wirst: Ich ermutige dich, dir selbst zu vertrauen und ohne zu zweifeln zu handeln.

Ich sehe oft Menschen, die nicht vorwärtskommen und unfähig sind, eine Entscheidung zu treffen, weil sie die sanfte Stimme in sich ignorieren und immer noch auf diese laute und klare Stimme aus der spirituellen Welt warten. Die spirituelle Welt schreit jedoch nicht, sie flüstert. Indem die Menschen dieses innere Flüstern nicht wahrnehmen, geben sie sich selbst und ihre Träume auf.

Es braucht Übung, Selbstvertrauen aufzubauen und darauf zu vertrauen, dass wir tatsächlich spirituelle Wesen in einem menschlichen Körper sind. Wenn wir uns jedoch eins mit der göttlichen inneren Stimme sehen, unseren Herzen folgen und uns mit Freude verbinden, dann erkennen wir, dass – egal welche Entscheidung wir treffen – ein wunderbarer Schritt in unserem Leben gemacht wurde und dass sich dies auch positiv auf andere auswirkt.

Als ich 2008 zum ersten Mal nach Hawaii kam, fing ich an zu erkennen, dass ich ein Teil dieser göttlichen Zusammenarbeit bin. Ich erkannte, dass mich die spirituelle Welt genauso braucht, wie ich Unterstützung von ihr brauche. Bis zu dieser Offenbarung vermied ich es so gut wie möglich, die volle Verantwortung für mein Leben zu übernehmen.

Stattdessen erlaubte ich anderen, Entscheidungen für mich zu treffen. Von da an erkannte ich jedoch, dass dies eine von vielen Taktiken meines Verstands und Egos war, das hinauszuschieben und zu verzögern, was für mich am wichtigsten war. Ich bin sehr dankbar, dass ich nun ein anderes Leben lebe und dass ich das, was ich gelernt habe, anderen Menschen rund um die Welt mitteilen kann.

Anmerkungen zu den Fragen 5 bis 7

> *»Ich habe mich bereits mit so vielen Dingen wie positivem Denken, Visualisierungen, Affirmationen und Meditation sowie mit meinen Zielen und Träumen auseinandergesetzt. Jedoch scheint nichts davon wirklich zu helfen, und ich bin oft frustriert. Was stimmt nicht mit mir?«*

Auch mir scheint es manchmal so, als würde nichts vorwärts gehen, egal, wie sehr ich mich auch anstrenge. Es kann ärgerlich und frustrierend sein. Manchmal denke ich, wie langsam alles vorwärts geht, und beschwere mich dann. Wenn ich jedoch mein Leben damit vergleiche, wie es vor zwölf Jahren war, bin ich erstaunt, wie viel ich seitdem erreicht habe. Ich habe mich seit 2008 sehr verändert.

Als ich 2011 auf Kauai studierte, fand ich meine wunderbare Lebenspartnerin Eunjung, und wir haben zahlreiche wertvolle Freundschaften mit Gleichgesinnten aus vielen verschiedenen Ländern geschlossen. Seit 2012 sind wir in fast 40 Länder gereist, und wir haben vielerorts Workshops und Seminare abgehalten. Ich habe mit Menschen und Tieren aus vielen Ländern mit unterschiedlichem Background gearbeitet und lebe nun auf der wunderschönen Garteninsel Kauai.

Wenn du also sagst: »Nichts scheint zu funktionieren und sich zu verändern«, lade ich dich ein, dein Leben zu überprüfen. Gibt es irgendeinen Bereich, in dem du einen Fortschritt feststellst? Wir neigen dazu, Fortschritte, Entwicklungen zu übersehen. Statt einen Moment innezuhalten und anzuerkennen, was wir erreicht und bewältigt haben, schaffen wir kontinuierlich neue Ziele. Wir fahren fort, das Ziel vor uns zu verfolgen. Also scheint es, dass wir nie dort ankommen, wo wir gerne sein möchten.

Wir übersehen unseren Fortschritt. Statt unsere Errungenschaften anzuerkennen, schaffen wir kontinuierlich neue Ziele.

Eine der grundlegendsten Erkenntnisse ist es, ein Schöpfer bzw. eine Schöpferin zu sein. Durch den Schöpfungsakt entdecken wir unsere Gaben und machen uns auf den Weg, ein Leben zu erschaffen, das in Übereinstimmung ist mit den Dingen, die uns *wirklich* wichtig sind. Wenn sich jedoch etwas nicht sofort ereignet, heißt dies nicht, dass es sich nie zeigen wird. In dieser dreidimensionalen Welt kann es oft viel länger dauern, bis wir die Resultate und Wirkungen unserer Absichten (Ursachen) sehen, als wir es uns wünschen und erhoffen.

Wir brauchen Übung, Ausdauer, eine fokussierte Aufmerksamkeit und viel Geduld! Es kann überwältigend sein, dich auf Ziele zu konzentrieren, die schwierig zu erreichen sind. Fang also mit kleinen Schritten an! Erstelle einen Aktionsplan, mit dem du konkrete Schritte umsetzen kannst! Teile die Ziele auf, die du täglich erreichen willst, und sei dankbar für alles, was du bereits erreicht hast! Danach wirst du selbst die höchsten Ziele und Absichten viel leichter und realistischer erreichen und bewältigen als vorher.

Erinnere dich: An dich zu glauben ist ein wichtiger Teil des Prozesses. Wenn du auf einer transformativen Reise bist, ist es völlig normal, dass Zweifel und Ängste hochkommen. Als ich mich auf meine Reise aufmachte, war eines der ersten Dinge, die ich wahrnahm, dass ich selbst das größte Hindernis auf meinem Weg war. Es braucht viel Entschlossenheit, auf das, was wir erschaffen wollen, fokussiert zu bleiben. Es ist wichtig, dass wir jeden Meilenstein, den wir erreicht haben, erkennen und anerkennen.

Genauso wichtig ist es, dass wir jegliche Form von Errungenschaften, Veränderungen oder Änderungen bewusst wahrnehmen und feiern. Statt diese kleinen Erfolge zu ignorieren und zum nächsten Ziel überzugehen, schlage ich vor, dass du eine neue Gewohnheit schaffst. Sei dir bewusst, wofür du dankbar bist. Schreibe jeden Tag mindestens fünf Dinge auf, für die du dankbar bist. Entschleunige danach und reflektiere, was du bisher erreicht hast. Zelebriere es!

Wenn du sagst: »Ich habe mich bereits sehr angestrengt«, so frage dich, ob du dir völlig bewusst bist, worauf du deine Aufmerksamkeit lenkst. So viele Menschen sind frustriert und unglücklich, weil sie nicht gegenwärtig, nicht auf den Moment fokussiert und achtsam bezüglich der kleinen Veränderungen sind, die sich an jedem einzelnen Tag ereignen. Viele sind vor allem oft durch die vielen sozialen Netzwerke abgelenkt. Sie ignorieren diese Veränderungen und laufen stattdessen einer niemals endenden Reihe neuer Ziele nach. Jeden Tag 15 Minuten Affirmationen auszuführen, ist jedoch noch nicht genug, um die von dir gewünschte Veränderung zu erreichen. Es braucht kontinuierliche Übung, einen Fokus und positive Energie, um deine Ziele nicht aus dem Auge zu verlieren und deine Träume zu verwirklichen.

Ich habe mich während vieler Jahre selbst dabei ertappt, dass ich nach Meditationen, Visualisierungen oder Affirmationen immer wieder einen Rückschritt machte und mir einredete, dass es nicht funktioniert habe. Kommt dir das bekannt vor? Wir tun etwas in die Richtung des von uns gewünschten Resultats, und danach verneinen wir umgehend, worauf wir uns gerade fokussiert haben. Dies ist einer von vielen Gründen, warum so viele Menschen festgefahren sind und nicht vorwärtskommen.

Sei also ehrlich mit dir selbst: Wie fühlst du dich, nachdem du meditiert, deinen Verstand auf ein Ziel fokussiert oder deine Fähigkeit bekräftigt hast, etwas zu erreichen? Bleibst du in einem Raum der Dankbarkeit und Wertschätzung, oder gehst du zurück zur Überzeugung, dass es nicht funktioniert hat?

Viele Menschen sind festgefahren, weil sie Visualisierungen und Affirmationen im Beta- und Alpha-Zustand machen, statt hierzu in einen Theta- oder sogar Delta-Zustand zu gehen. Es gibt viele Schichten in unserem Bewusstsein und der menschlichen Psyche, und in diesen Schichten gibt es Teile, die uns abhalten, vorwärtszukommen.

Wir können tiefer gehende Veränderungen in unserem Bewusstsein erleben, wenn wir uns mit den unteren Bewusstseinsebenen befassen. Mehr zu den verschiedenen Formen von Gehirnströmen findest du im Abschnitt *Segen der Entspannung* (siehe Seite 128 ff.).

Falls du fühlst, dass du bereits alles Mögliche getan hast und immer noch nicht vorwärtskommst, kann es sein, dass du nach einem tiefen Glaubenssatz lebst, der dich zurückhält. Selbst wenn du es mit dem bewussten Teil deines Verstands versuchst, kann es immer noch große Blockaden im Unterbewusstsein und Unbewusstsein geben, die dich bei deinen Veränderungen hindern und Fortschritte blockieren.

Wenn du von Zweifeln überwältigt bist, wirst du letztlich die von dir gewünschte Transformation nicht erreichen. Du kannst für mehrere Stunden meditieren, und es wird immer noch nicht funktionieren, falls du einen tief in dir verankerten Teil hast, der dir sagt, dass es nutzlos sei. Wenn du die Fragen in diesem Kapitel beantwortest und die Übungen machst, wird dir dies helfen, dieses Hindernis zu überwinden und dich zurück auf den Weg zu begeben, wo sich deine Träume verwirklichen lassen. Bist du bereit?

Frage 1: Was zieht immer wieder deine Aufmerksamkeit auf sich?

- Wenn du durch eine Straße gehst, arbeitest, fernsiehst, im Internet surfst oder reist:
- Was fällt dir immer wieder auf?
- Was nimmt deine Aufmerksamkeit immer wieder ganz in Anspruch?
- Was siehst, hörst oder fühlst du besser, stärker und intensiver als die meisten anderen Menschen?
- Nimmst du zum Beispiel Werbung wahr?
- Fällt dir auf, wie Schaufenster dekoriert sind?
- Wie Mitarbeiter eines Kundendiensts ihr Unternehmen repräsentieren?
- Wie Politiker Reden halten und ihre Argumente darlegen?
- Wie nimmst du den Service in einem Restaurant, einem Hotel, einer Fluggesellschaft oder eines Autoverleihs wahr?

Wenn du besonders sensibel bist, merkst du vielleicht, wie sehr verschiedene Menschen ihre Seelen oder ihren Körper vernachlässigen oder ehren. Oder vielleicht nimmst du wahr, wie lieblos oder liebevoll Eltern mit ihren Kindern umgehen. Halte dies für dich schriftlich fest, sobald dir bewusst ist, was deine Aufmerksamkeit regelmäßig auf sich zieht. Was denkst und fühlst du in solchen Momenten?

Vielleicht hast du dich gefragt, weshalb andere weniger bewusst oder weniger aufmerksam auf bestimmte Situationen, Aussagen oder Verhaltensweisen reagieren als du. Alles, *was du wahrnimmst*, können Hinweise sein, die dich deiner Bestimmung näherbringen. Ich ermutige dich, mit dieser Frage zu arbeiten und dir vertieft bewusst zu werden, was deine Aufmerksamkeit auf sich zieht. Führe Tagebuch zu deinem Bewusstsein und mach dir Notizen, was du beobachtest und wie es sich für dich *anfühlt*. Finde heraus, ob du einige sich wiederholende Themen findest – vielleicht entdeckst du dabei Hinweise auf deine Herzenswünsche!

Frage 2: Was tust du mit viel Liebe und Freude, was liegt dir am Herzen?
- Womit verbringst du deine Freizeit am liebsten?
- Was bereitet dir in solchen Momenten am meisten Freude?
- Was würdest du deinen Mitmenschen am liebsten schenken?
- Was würdest du den Tieren und der Natur am liebsten Gutes tun?
- Wofür und wo würdest du dich am liebsten ehrenamtlich engagieren, wenn du dies noch nicht tust?
- Inwiefern und wo möchtest du helfen?
- Bei welchen Beschäftigungen vergeht für dich die Zeit wie im Flug?

- Welche Beschäftigungen geben dir viel Energie und Freude?
- In welchem Lebensbereich wärst du am liebsten die Nummer eins auf der Welt? (Mehrere Nennungen sind möglich!)

Halte auch hier die Antworten zu diesen Fragen in deinem Tagebuch fest. Schreibe einige Absätze zu den wichtigsten Punkten auf und führe deine Gedanken aus. Wie fühlt es sich für dich an, wenn du daran denkst, etwas zu tun, was du liebst und was dich mit Leidenschaft erfüllt?

Frage 3: Worüber willst du immer mehr wissen?
- Gibt es etwas, was sich so anfühlt, als ob du dazu noch nicht genug weißt?
- Gibt es ein Thema, das dich so sehr interessiert, dass du dich verpflichtet fühlst, mehr dazu zu lernen?
- Gibt es ein Thema, das deinen Geist und dein Herz mit Freude und Wertschätzung füllt?
- Liest du immer wieder bestimmte Bücher und Zeitschriften?
- Liebst du es, dir Filme und DVDs zu bestimmten Themen oder Studien anzuschauen?
- Gibt es ein bestimmtes Thema, das du gerne mit anderen diskutierst und von dem du hoffst, mehr darüber erfahren zu können?
- Gibt es Themen, über die du dich in einer Bibliothek informieren würdest, selbst wenn es dich einige Stunden kosten würde?

Finde erneut einen ruhigen Raum und etwas Zeit, um über deine Antworten zu diesen Fragen nachzudenken und darüber Tagebuch zu führen. Vielleicht wirst du dir eines Gedichts oder einer Geschichte bewusst, die aus deinem Unterbewusstsein auftaucht. Schreibe einfach alles auf!

Frage 4: Wann bist du besonders inspiriert und kreativ?

- Gibt es Tätigkeiten, bei denen Kreativität, Inspiration und viele neue Ideen nur so aus dir heraussprudeln?
- Was fühlst du in solchen Momenten?
- Wo in deinem Körper oder Wesen fühlst du es am stärksten?
- Hast du wahrgenommen, dass sich etwas in dir erweitert, wenn du etwas Bestimmtes getan hast?
- Ist etwas, das du geschaffen hast, kraftvoller geworden, als du es erwartet hattest?
- Was sind die Zeichen und Synchronizitäten, die sich dir offenbaren, wenn du besonders kreativ und inspiriert bist? (Mehr dazu im Abschnitt Durch Synchronizität geführt, siehe Seite 186 ff.)
- Hast du jemals erlebt, dass sich etwas, an dem du gearbeitet hast, wie von selbst erledigt hat, so, als ob du kaum nachdenken musstest, weil sich die Worte, Bilder, Farben und Ideen perfekt ergaben und wie von selbst aus dir herauskamen?

Schreib es auf! Oder drücke es durch Kunst aus, indem du deine Lieblingsfarben, Muster und Texturen nutzt!

Ich lade dich ein, mit diesen Fragen zu arbeiten und dir bewusst zu werden, was für dich in deinem Herzen Bedeutung hat. Tauche tief in die Dinge ein, über die du mehr wissen willst, und fang an, dir der Momente bewusst zu werden, in denen du dich inspiriert, kreativ und engagiert fühlst.

Frage 5: Wofür bekommst du Komplimente von anderen?
Unsere ersten vier Fragen fokussieren sich auf *interne* Themen. Wir schauen in uns hinein, um unsere Leidenschaften und das, was wir gerne tun, zu entdecken. Andererseits fokussiert sich diese Frage auf ein *externes* Thema, das uns Hinweise auf unsere Bestimmung geben kann. Für viele Menschen mag es einfach sein, selbst die geringste Kritik von anderen ernst zu nehmen und zu verinnerlichen, aber schwierig, Komplimente anzunehmen. Jedoch können Komplimente auf Talente hinweisen, die dir vielleicht nicht bewusst sind, und sie können dir zeigen, dass gerade etwas Großes in dir erwacht.

Frage dich also: »Welche Komplimente bekomme ich wiederholt von anderen?« – »Welche Komplimente begleiten mich schon seit längerer Zeit?« – »Gibt es Talente, die in mir schlummern und die ich immer wieder verleugne?« Hast du dich dabei ertappt, dass du Dinge gedacht hast wie: »Ach, das kann doch jeder!« Oder: »Naja, ich habe nicht wirklich etwas Spezielles getan?«

Deine Bestimmung vereint immer drei Aspekte: Inspiration, Leidenschaft und Fähigkeit! Es reicht noch nicht, eine Vision zu haben, oder etwas wirklich gerne zu tun.

Denk zum Beispiel an einen Teilnehmer einer Talentshow, der sich nach einer Karriere als Sänger sehnt und viele Jahre Gesang studiert hat. Jedoch ist er immer noch kein Virtuose. Vielleicht ist er ein guter Künstler, aber er hat einfach nicht die perfekte Stimme. Vielleicht ist er im richtigen Bereich, aber auf dem falschen Weg. Vielleicht kommt für diesen Menschen der Erfolg, wenn er oder sie ein Lied komponiert, Liedtexte schreibt oder eine Rolle in einem Musical übernimmt. Es gibt immer den richtigen Weg für jemanden, jedoch kann es schwierig sein, ihn zu finden!

Um den Weg zu finden, der für dich bestimmt ist, ist es hilfreich, von anderen begleitet zu werden. In meiner Arbeit als Coach arbeite ich mit einem Tool, das offenbart, wie wir uns selbst und wie uns andere wahrnehmen. Hast du schon einmal mit einem solchen Tool gearbeitet? Wie waren die Resultate? Was waren deine Einsichten? Notiere sie in deinem Tagebuch. Gerne teile ich dieses Tool auf der Buchwebsite *www.hawaiianrebirth.com* mit dir!

Frage 6: Was würdest du tun, wenn du wüsstest, dass du nicht scheitern kannst?
Diese Frage wird oft dem amerikanischen Priester *Robert Schuller* zugeschrieben. Ob du erfolgreich bist oder scheiterst, hängt oft von deiner Einstellung ab. Wusstest du, dass dein Verstand entweder dein bester Freund oder dein Feind sein kann?

Dein Verstand dient dir als dein Freund, wenn er dich auf Möglichkeiten aufmerksam macht, die dir dienen und wenn er dich von unsinnigen oder sogar gefährlichen Vorhaben abhält. Jedoch kann dein Verstand auch dein Feind sein, wenn du dir der unbewussten Programmierungen nicht bewusst bist oder wenn du Risiken falsch einschätzt. Falls dies geschieht, kann es sein, dass du eine Möglichkeit verpasst, die dir helfen könnte, während du gleichzeitig andere inspirierst.

- Wenn du absolute Gewissheit darüber hättest, dass du deinem Verstand als Freund vertrauen kannst, einem Freund, der dir Wege aufzeigt, auf denen du nicht scheitern kannst, der dir zeigt, wie du dich in deinem Leben fortbewegen kannst, was würdest du tun?
- Weshalb, wo, inwiefern und mit wem würdest du es tun?
- Wie würden die Ergebnisse aussehen?

Du weißt immer, wann dein Verstand dein Freund ist, wenn du dich inspiriert und von Ideen erweitert fühlst, die dich erheben. Du fühlst es emotional, spirituell und physisch – tief in deinem Herzen.

Finde Zeit für dich allein, wenn du Tagebuch zu dieser Frage führst und die folgende Übung versuchst. Sie stammt vom Zeremonienleiter *Andrew Soliz*, einem meiner Lieblingssprecher im Film *Die Gabe* (Discover the Gift). Soliz gibt den Ratschlag, dass wir, wann immer wir eine Frage haben, unsere Hand aufs Herz legen sollen. Hör danach genau hin! Du wirst die sanfte, ruhige Stimme des Herzens hören, wie sie dir die Antwort gibt. Schreib auf, was du hörst!

Frage 7: Was willst du in deinem nächsten Leben tun?
Wenn du dir diese Frage stellst, hilft es dir, den kritischen Verstand zu umgehen, der mit Aussagen wie: »Es geht nicht!« – »Ich darf dies nicht!« und: »Ich sollte jenes nicht tun!« programmiert ist. Sie kann deine Lebensaufgabe offenbaren, weil sie diese einschränkenden Programme umgeht. Mit dieser Frage muss sich der Verstand nicht mit allen Gründen auseinandersetzen, weshalb du etwas nicht tun kannst, und dich damit davon abhält, deine Ideen und Träume *jetzt*, in diesem Leben, umzusetzen.

Schließe also deine Augen, verbinde dich mit kraftvoller Energie und visualisiere dein nächstes Leben!

- Wie, wo und mit wem würdest du dein nächstes Leben gerne verbringen?
- Wie würdest du dich fühlen?
- Wer möchtest du sein?
- Welchen Unterschied möchtest du in der Welt machen?

Nimm dir Zeit für dein Tagebuch. Geh in die Stille und schreib deine Träume und Visionen deines idealen *nächsten Lebens* auf, die du bereits *in diesem Leben* erreichen kannst. Kannst du die Inspiration fühlen? Diese sieben Fragen werden dich im Prozess unterstützen, Klarheit in deine individuelle Bestimmung im Leben zu bringen.

> *Zusammenfassung der sieben Fragen:*
>
> *Frage 1:* Was zieht immer wieder deine Aufmerksamkeit auf sich?
>
> *Frage 2:* Was tust du mit viel Liebe und Freude, was liegt dir am Herzen?
>
> *Frage 3:* Worüber willst du immer mehr wissen?
>
> *Frage 4:* Wann bist du besonders inspiriert und kreativ?
>
> *Frage 5:* Wofür bekommst du Komplimente von anderen?
>
> *Frage 6:* Was würdest du tun, wenn du wüsstest, dass du nicht scheitern kannst?
>
> *Frage 7:* Was willst du in deinem nächsten Leben tun?

Ich ermutige dich, dir bereits ab heute Zeit zu nehmen und vertieft mit diesen sieben Fragen zu arbeiten. Je intensiver du dich mit dem Prozess auseinandersetzt, desto besser werden die Resultate sein. Nimm dich oft bewusst wahr, während du mit dieser Arbeit fortfährst. Fühlst du dich dabei inspiriert, bereichert und motiviert?

Im nächsten Kapitel werden wir mit zwölf Schritten arbeiten, um dir zu helfen, deine einzigartige Bestimmung zu finden. In den Anmerkungen wirst du eine Frage oder einen Kommentar finden, die bzw. den ich aus den Rückmeldungen vergangener Jahre von vielen Klienten ausgewählt habe.

Teil 2
Zwölf Schritte

Als ich 2008 erstmals nach Hawaii reiste, suchte ich nach meiner Bestimmung. Durch eine Serie von Ereignissen, die ich nur dem Gesetz der Resonanz zuordnen kann, hörte ich erstmals von *Alan Cohen*, einem Psychotherapeuten und Autor vieler inspirativer Bücher, der auch in Hawaii lebt. Eines der Themen, mit denen er sich befasst, bezieht sich auf die Lebensaufgabe. Er spricht davon, wie wichtig es ist, dem *Segen zu folgen* (»Follow your blessing«). Alans System hat mich lange Zeit inspiriert, und ich stelle es hier mit großer Freude vor, ergänzt durch meine eigenen Reflexionen seines Materials und unterstützt mit Fragen und Tools. Ich bedanke mich herzlich bei Alan, der mir seinen Segen gab, dir diese zwölf Schritte zu präsentieren. Besuche seine Webseite (www.alancohen.com), wenn du mehr über Alans großartige Arbeit erfahren willst. Bitte beachte dabei, dass ich so frei war, die Titel seiner ursprünglichen Schritte leicht anzupassen. Wie du dir vorstellen kannst, hat mich Alans Philosophie zutiefst berührt und meine Entscheidung stark beeinflusst, als Coach zu arbeiten. Ich bin mir sicher, dass diese zwölf Schritte auch dich beeinflussen und inspirieren werden. Ich lade dich ein, dein Bewusstsein zu öffnen, deine innere Kraft zu entdecken und deine Reise zur Entdeckung deines Selbst jetzt zu beginnen.

Anmerkungen zu den Schritten

Anmerkungen zu den Schritten 1 bis 4

Im ersten Schritt werden wir erkunden, was es bedeutet, völlig gegenwärtig und ehrlich mit sich zu sein. Danach werden wir zum zweiten Schritt übergehen und anfangen, dir dabei zu helfen, dein Leben zu verändern. Diese beiden Schritte bieten dir eine hilfreiche Grundlage. Zuerst lernst du, wie du mit deinem authentischen Selbst in Berührung kommst und wie du von dort aus bekräftigt und verpflichtet zu deinem höchsten Potenzial findest und zu dem wirst, wozu du geboren wurdest.

In den Schritten drei und vier befassen wir uns näher mit Aufschub und Motivation. Ein Klient hat mir einmal folgende Frage gestellt, die ein großartiges Lehrwerkzeug für alle ist:

> *Auch wenn ich mir bewusst bin, welche Veränderungen ich in meinem Leben durchführen sollte, schiebe ich diese Dinge immer wieder auf. Hast du vielleicht einen Rat, wie ich aufhören kann, Dinge weiter aufzuschieben, und wie ich anfangen kann, tätig zu werden?*

Dinge aufschieben
Etwas aufzuschieben bedeutet, absichtsvoll und gewohnheitsmäßig etwas zurückzustellen, was vermutlich sofort getan werden sollte. Das Wort *Aufschub* hat generell eine negative Bedeutung. Ob du es glaubst oder nicht: Aufschub kann jedoch auch etwas Positives sein. Aktivitäten, wie beispielsweise an einer Yoga-Klasse teilzunehmen oder deinen Kleiderschrank aufzuräumen, können dich mental und kreativ auf eine wichtige Aufgabe vorbereiten.

Falls jedoch das Hinausschieben von Dingen bis zur letzten Minute deine Karriere, Aus- und Weiterbildungen, Familie oder andere wichtige Lebensbereiche ernsthaft erschwert oder behindert, ist die Zeit gekommen, einen ehrlichen Blick darauf zu werfen, wieso du Dinge auf die lange Bank schiebst, und Strategien zu finden, wie du dieses destruktive Muster überwinden kannst.

Wenn du erkennst, dass du Dinge hinausschiebst, kannst du aufschreiben, worin deine Unsicherheit liegt. Halte dich möglichst kurz: Verbring nicht zu viel Zeit damit, sonst fügst du einen weiteren Grund hinzu. Schreib danach alle Gründe auf, wieso du nicht aktiv wirst, und finde heraus, ob einige dieser Gründe wirklich gültig sind. Mit großer Wahrscheinlichkeit werden viele es nicht sein, jedoch können sich einige auch stimmig anfühlen.

Der nächste Schritt ist, einige kleine Strategien aufzuschreiben, die dir helfen, dein Zögern zu überwinden. Danach wendest du einige dieser Strategien an. Vertraue in diesem Prozess deiner Intuition, verbinde dich mit deiner Weisheit und nutze deine Fähigkeiten, wie Zeitmanagement, Zielsetzung oder Selbstmotivation. Es kann auch hilfreich sein, dich an jemanden zu wenden und dich mit ihm oder ihr ab und zu über deinen Fortschritt auszutauschen. Nachstehend werde ich auf drei weitverbreitete Gründe des Zögerns eingehen:

- Angst vor Misserfolg
- Angst vor Erfolg
- Perfektionismus

Ich werde dir auch einige einfache Strategien vorstellen, wie du aktiv werden und dich in die Richtung deiner Ziele bewegen kannst.

Angst vor Misserfolg
Du hast Angst, dass du trotz aller Bemühungen scheitern wirst, und du wartest bis zur letzten Minute, bis du tätig wirst. Wenn du dies tust, kannst du anschließend sagen, dass du gescheitert bist, weil du nicht ausreichend Zeit hattest. Falls dich Angst zurückhält: Stell dir einfach das schlimmste Szenario vor, das sich ereignen könnte, wenn du scheitern würdest.

Vielleicht verpasst du eine lebensverändernde Karrieremöglichkeit, weil du deine Bewerbungsunterlagen nicht rechtzeitig einreichst. Oder vielleicht verlierst du eine bedeutsame Beziehung, indem du einen Anruf nicht beantwortest. Natürlich enden unsere Bemühungen – selbst die nicht erfolgreichen – selten in einer solchen Desaster. Jedoch kann es einigen Menschen helfen, tätig zu werden, wenn sie ihre Angst vor dem Versagen in völlige Absurdität und eine angemessene Perspektive verwandeln. Etwas anderes, was du tun kannst, ist, dich daran zu erinnern, als du in der Vergangenheit Erfolg hattest. Mit großer Wahrscheinlichkeit warst du bereits erfolgreich, und du kannst dies wiederholen.

Angst vor Erfolg
Hast du Angst vor deinem eigenen Erfolg? Vielleicht befürchtest du, dass dir noch mehr Aufgaben oder noch größere Verantwortung auferlegt werden, wenn du eine Aufgabe erfolgreich bewältigst. Dies kann eine unangenehme Vorstellung sein. Es ist jedoch nicht sinnvoll, sich Sorgen über etwas zu machen, das sich vielleicht, aber vielleicht auch nicht ereignen wird.

Die spirituelle Lehrerin *Marianne Williamson* sagt: »Unsere tiefste Angst ist nicht, dass wir ungenügend sind. Unsere tiefste Angst ist, dass wir sehr kraftvoll sind. Es ist unser Licht und nicht unsere Dunkelheit, was uns am meisten Angst macht.«

Um mit Angst und Ungewissheit umzugehen, fokussierst du dich nur auf die Aufgabe, mit der du dich gerade beschäftigst. Bleib im Jetzt. Du wirst nie wirklich wissen, was die Zukunft bringt, und du kannst immer *Nein* sagen zu weiteren Aufgaben und dich entsprechend abgrenzen.

Perfektionismus
Wie weißt du, ob du ein Perfektionist bist? Du setzt dich zu sehr unter Druck, um eine Aufgabe perfekt zu erledi-

gen. Perfektionisten sind mit ihren Resultaten nie zufrieden. Weil es unmöglich ist, die Normen zu erfüllen, die du für dich selbst erschaffen hast, kann es sein, dass du die Motivation verlierst, bevor du überhaupt angefangen hast. Der französische Philosoph *Voltaire* sagte: »Perfektionismus ist der Feind des Guten.«

Falls du also vermutest, dass Perfektionismus deinen Fortschritt sabotiert, bitte ich dich, deine eigenen Erwartungen nochmals zu überdenken. Sind deine Erwartungen wirklich realistisch? Falls sie unnötig Stress, Angst und Druck verursachen, passe alle zu hohen Erwartungen an. Erinnere dich, dass das, was wir als Fehler wahrnehmen, wertvolle Einsichten bieten kann. Fehler bieten dir immer eine weitere Möglichkeit zu lernen und dich weiterzuentwickeln.

Anmerkungen zu den Schritten 5 und 6

> »Wie kann ich mit mehr Klarheit kommunizieren, was ich gerade durchmache? Wie kann ich meine neuen Lebensperspektiven mit Familienangehörigen oder Freunden diskutieren, die anscheinend nicht den gleichen Lebensweg teilen?«

Manchmal finde ich mich selbst in einer Phase, in der es schwierig für mich ist, anderen mitzuteilen, was ich während meiner transformativen Reise erlebe. Wenn ich zurückschaue, war es 2008 und am Anfang meiner Reise besonders schwierig, mich auszudrücken. Ich kehrte damals nach einem fast viermonatigen Aufenthalt in Hawaii in die Schweiz zurück.

Mein Leben hatte sich während meiner Zeit auf Oahu völlig verändert, und ich kam als ein anderer Mensch in der Schweiz an. Ich hatte mich verändert, die Umstände und Menschen in meinem Umfeld aber waren immer noch die gleichen. Es war schwierig für mich, diese alltäglichen Situationen mit meiner drastisch veränderten Weltansicht in Übereinstimmung zu bringen. Wenn ich auf diese Übergangsphase zurückblicke, war es eine wertvolle Erfahrung, die ich nicht missen möchte. Meine Anpassungsschwierigkeiten motivierten mich stark, weiterhin meinen Weg zu gehen. Ich gab mir selbst das Versprechen, täglich die Dinge anzuwenden, die ich in Hawaii gelernt hatte. Ich war stark motiviert, neue Heilungstechniken zu studieren, und fing an, spirituelle Seminare (unter anderem auch vom Giger Verlag) sowie Yoga-Klassen zu besuchen. Und ich erkannte, wie wichtig es ist, nicht nur über die Erlebnisse in Hawaii zu sprechen, sondern auch aktiv hinzuhören, was andere mir sagen wollten. Ich musste lernen, wie ich anderen gegenüber kommunizieren kann, dass ich mich verändert hatte, und dies mit der Person abzugleichen, die ich vorher war.

Ich möchte auf ein paar Punkte hinweisen, von denen ich weiß, dass sie essenziell und relevant sind, um zu lernen, wie wir gut kommunizieren können. Natürlich ist das Thema Kommunikation sehr vielschichtig und umfassend. Es gibt unzählige Bücher zu diesem Thema. Und es gibt sowohl für das Geschäftsleben wie für private Situationen viele Workshops und Seminare, die du besuchen kannst, um deine Kommunikationsfähigkeiten zu verbessern.

Basierend auf meiner persönlichen Erfahrung sowie vielen Erlebnissen, die ich in der Zusammenarbeit mit Klienten gesammelt habe, erkannte ich etwas Wichtiges: Viele glauben, dass wir als Basis guter Kommunikation zuerst lernen müssten, wie wir unsere Gedanken und Emotionen effektiver zum Ausdruck bringen können. Doch in Wirklichkeit müssen wir zuerst lernen, wie wir *anderen* aktiv zuhören können.

Aktive Kommunikation setzt voraus, dass eine Person spricht und die andere Person zuhört. Lass uns zuerst einen Blick auf die vier üblichen Hindernisse aktiver Kommunikation werfen:

- Filtern
- Ratschläge erteilen
- Werten
- Es anderen recht machen

Zuerst musst du dir der Hindernisse bei der Kommunikation mit anderen bewusst werden. Im zweiten Schritt geht es darum, einfache und effektive Strategien zu finden, wie du die Hindernisse überwinden kannst.

Filtern
Ertappst du dich dabei, dass du oft das filterst, was andere dir sagen? Filtern geschieht so natürlich, dass wir es unbewusst tun. Filtern kann nützlich sein, wenn du dich bewusst

entscheidest, den Einfluss eines Themas zu vermindern, das du vermeiden möchtest. Es kann auch nützlich sein, wenn du nicht viel Zeit hast, mit jemandem zu sprechen.

Falls dir jedoch bewusst wird, dass du über einen längeren Zeitraum filterst, empfehle ich Folgendes: Finde den Grund oder die Bedeutung heraus, die hinter deinem Bedürfnis steht, Informationen nicht aufzunehmen, die dir jemand gibt. Versuche auch, dir selbst und der anderen Person mehr Zeit zu schenken, wenn ihr euch austauscht. Wenn du entschleunigst, wirst du deinen Austausch mit anderen viel bereichernder und ansprechender empfinden.

Ratschläge erteilen

Wenn du anderen sagst, wie sie denken, fühlen und sogar wie sie sich verhalten sollen, kann es sein, dass du sie unbewusst herabsetzt. Einige Menschen mögen es, Ratschläge zu erteilen, statt aktiv hinzuhören; es gibt ihnen das Gefühl, dass sie dadurch nützlich sind. Andererseits kann sie dieses Verhalten von anderen Menschen und ihren wahren Gefühlen distanzieren. Wann immer es möglich ist, solltest du die andere Person um Erlaubnis fragen, bevor du Ratschläge gibst oder ein Coaching anbietest.

Es gibt Unterschiede zwischen Coaching und psychologischen Beratungen, die du beachten solltest. Beratungen und das Erteilen von Ratschlägen erfolgen oft, um erlittene Wunden oder Traumata zu heilen (sobald ein Klient dazu sein Einverständnis gegeben hat). Ein Coaching dagegen ist eher zukunftsorientiert. Es will helfen, dass Menschen sich positiv verändern oder bestimmte Ziele in ihrem Leben erreichen können. Meistens geschieht dies, indem die richtigen Fragen gestellt werden, auf die ein Coachee selbst Antworten findet. Wenn ich Klienten coache, fokussiere ich mich auf die richtigen Fragen, um ihnen zu helfen, Fortschritte und Ressourcen festzuhalten und sie für ihre Aktionen verantwortlich zu machen. Wenn ich mich in der Rolle eines Beraters finde, was üblicherweise geschieht, wenn ich Heilarbeit leiste, dann bin ich darauf fokussiert, meine Klienten in den gegenwärtigen Moment zu bringen.

Wertend sein
Alles, was wir als unsere Wahrheit oder Realität wahrnehmen, basiert darauf, *wie* wir Dinge wahrnehmen. Wenn du eine negative Wahrnehmung von jemandem hast, hörst du sofort auf, offen hinzuhören, was er oder sie zu sagen hat. Du fängst bewusst oder unbewusst an, Beweise zu sammeln, die deine Vermutungen belegen und stützen. Daraus resultiert, dass du noch stärker von deiner Meinung überzeugt und unfähig bist, authentisch hinzuhören, was dir mitgeteilt wird.

Es anderen recht machen
Das Gegenteil von Werten ist, es anderen recht zu machen. Weil wir gerne geliebt und wertgeschätzt sein möchten, fällt es vielen Menschen schwer, Nein zu sagen und sich abzugrenzen, wenn andere nicht mit ihren Leidenschaften übereinstimmen. Basierend auf deinem Wunsch, es anderen recht zu machen, hältst du dich selbst davon ab, aktiv hinzuhören, was der andere dir sagen möchte.

Falls es dir wichtig ist, Frieden aufrechtzuerhalten und alle glücklich zu stimmen, kann es hilfreich sein, dich tiefer damit auseinanderzusetzen, worauf deine Beziehungen beruhen, und herauszufinden, wieso du dich verpflichtet fühlst, es bestimmten Menschen recht machen zu wollen.

Strategien zum Zuhören

Wie kannst du deine Kommunikationsfähigkeiten durch aktives und effektives Zuhören verbessern? Falls du Schwierigkeiten damit hast, besser hinzuhören, dann frage dich: Was sind einfache und wirksame Strategien, um solche Hindernisse zu überwinden?

Wenn du wirklich und ehrlich beabsichtigst, effektiv mit jemandem zu kommunizieren, ist es zunächst hilfreich, dir bewusst zu machen, weshalb Zuhören für dich wichtig ist. Als Nächstes empfehle ich dir, mit den folgenden vier Strategien zu arbeiten:

Schaff Klarheit

Stell Fragen zu dem, was dir die andere Person mitteilt und frag dich, ob du sie aus Neugier, einer unterstützenden Haltung und mit Mitgefühl stellst. Klarheit zu schaffen beinhaltet nicht, dass du manipulierst, jemanden zu etwas zwingst oder ihn bzw. sie herabsetzt. Stattdessen stellst du sicher, dass du völlig engagiert bist und achtsam zuhörst und dass du mehr davon erfahren willst, was er oder sie zu sagen hat. Um praktisch umzusetzen, kannst du Fragen wie: »Wie meinst du das?« – »Was hast du gedacht, als ich … sagte?« oder: »Wie hast du dich gefühlt, als ich dich unterbrochen habe?« stellen.

Formuliere um
Umformulieren hilft, Missverständnisse in dem Moment, in dem sie sich ereignen, zu korrigieren. Umformulieren hält dich und die andere Person davon ab, sich unverstanden zu fühlen und eine Verteidigungshaltung zu vermeiden. Verwende Aussagen wie: »Wenn ich dich richtig verstehe, sagst du mir …« oder: »Was ich gerade verstanden habe, ist …« Dadurch zeigst du nicht nur ehrliches Interesse an der anderen Person. Es hilft dir auch, dich wirksamer daran zu erinnern, worüber dein Gegenüber gerade gesprochen hat.

Gib eine Rückmeldung
Wenn du konstruktive Rückmeldungen gibst, teilst du deine Ideen und Einsichten der anderen Person mit. Stell sicher, dass du deine Gedanken, Gefühle und Meinungen ruhig, sanft und konstruktiv ausdrückst, wann immer du Feedback gibst. Drücke dich dabei so *kurz und präzise* aus wie möglich. Erinnere dich daran, dass deine Rückmeldungen eine Möglichkeit für deinen Partner sind, zu erkennen, ob du verstanden hast, was er dir mitteilen wollte.

Reagiere
Gib der anderen Person sowohl verbale als auch nonverbale Antworten. Zum Beispiel kannst du mit deinem Kopf nicken, lächeln oder die Stirn runzeln, wenn es passend ist, oder etwa sagen: »Ja, ich verstehe dich« oder: »Dies ist ein sehr interessantes Argument.« Am wichtigsten ist es, andere nicht zu unterbrechen, solange sie sprechen. Lass dein

Gegenüber die Gedanken beenden. Halte Augenkontakt, während die andere Person spricht, und achte auf eine offene Körperhaltung. Verschränke deine Arme und Beine nicht. Eliminiere auch Ablenkungen, wenn du mit jemandem sprichst. Schalte dein Smartphone, den Laptop, das Radio oder den Fernseher aus.

In den Schritten fünf bis acht stelle ich Fragen, Schritte, Tools und Techniken vor, wie du mit anderen effektiver interagieren kannst (siehe Seiten 95 ff.). Wenn du anfängst, mit diesen Schritten zu arbeiten, nimmst du Dinge völlig anders wahr als vorher. Dies kann sich am Anfang ziemlich unangenehm anfühlen, weil dir nun bewusst wird, wie deine bisherigen Gedanken, Emotionen und Handlungen waren. Vielleicht erschrickst du sogar, wenn du an dein bisheriges Verhalten sowie deine bisherigen Überzeugungen und Interaktionen denkst. Die gute Nachricht ist, dass du dich auf einen neuen Weg hin zu deinem neuen Selbst begeben hast! Erinnere dich jedoch daran, dass es mindestens 30 Tage dauert, um sich eine neue Gewohnheit anzueignen. Warum also nicht sofort damit beginnen?

Etwas, was vielen zuerst auffällt, wenn sie sich auf ihre transformative Reise begeben, ist, dass die größten Hindernisse in ihnen selbst liegen. Sie erkennen, dass es Zeit ist, aufzuhören, anderen dafür Vorwürfe zu machen. Es gibt tatsächlich drei deutliche Zeichen, woran du erkennen kannst, ob du oder der andere in seiner Geschichte blockiert ist: Schuldzuweisung, Schamgefühl oder Rechtfertigung.

Du beschuldigst andere für etwas, worüber auch du unglücklich bist. Du fühlst dich dafür schuldig, inwiefern du zu dieser Situation beigetragen hast. Oder du rechtfertigst dich, wieso bestimmte Dinge so sind und wieso du nicht bereit bist, sie zu ändern. Da du dieses Buch liest, bist du bereit, dich zu verändern! Dies ist bereits der erste Schritt, ein Problem zu lösen.

Nachdem du erkannt hast, welche Veränderungen erforderlich sind und wo die Herausforderungen in deinem Leben liegen, ist es Zeit, sich den Herausforderungen zu stellen. Es ist Zeit für einen Paradigmenwechsel! Um dein Leben positiv und nachhaltig zu verändern, ist Hingabe notwendig. Du benötigst eine inspirierte und auf die notwendigen Veränderungen fokussierte Haltung sowie viel Geduld und Ausdauer. Bist du dazu bereit?

Dich zu verändern erfordert Inspiration, Hingabe, den Fokus auf das Wesentliche, Geduld und Ausdauer. Bist du bereit?

Anmerkungen zu den Schritten 7 und 8

Nachdem du Schritt 6 gelesen hast, ist dir bewusst geworden, auf welche Weise du an der Kunst des aktiven Zuhörens teilnehmen kannst. Mit großer Wahrscheinlichkeit wirst du aufmerksamer wahrnehmen, wie die Menschen in deinem Leben mit dir und anderen kommunizieren.

In den Schritten 7 und 8 untersuchen wir nun, wie wir die Kommunikation mit anderen weiter verbessern können. Eine Teilnehmerin eines Workshops trug einmal mehr zur Grundlage bei, um dabei Klarheit zu finden. Sie fragte:

> »Was kann ich tun, wenn andere das Thema mitten in einer Konversation wechseln, mich unterbrechen, während ich noch spreche, oder sich von mir abwenden, sobald sie fertig gesprochen haben?«

Meine Antwort: Sei gegenwärtig und authentisch, wann immer du mit anderen kommunizierst. Frage sie, ob du mit ihnen einige wertvolle Kommunikationsregeln austauschen kannst. Lass sie wissen, dass du dich bemühst, von nun an anders mit ihnen zu kommunizieren. Lade sie ein, bei ihrem Austausch mit dir ebenfalls authentisch zu sein.

Was passiert jedoch, wenn diejenigen, mit denen du kommunizierst, sich auch nach deinem einfühlsamen Input nicht ändern wollen? An diesem Punkt kann es das Beste sein, sie so zu akzeptieren wie sie sind und vielleicht etwas mehr Abstand in euren Austausch zu legen. Falls es jedoch zu schmerzhaft für dich ist oder es keinen Wert mehr hat, die Beziehung weiterzuführen, empfehle ich dir, loszulassen. Sei dankbar für ihre Freundschaft und begrüße die Gelegenheit, neue Beziehungen zu kultivieren, in denen du als dein wirkliches, authentisches Selbst kommunizieren kannst. Erinnere dich: Wenn du dich veränderst, fallen einige Beziehungen mit der Zeit natürlich weg und schaffen Raum für neue Freundschaften.

Anmerkungen zu den Schritten 9 und 10

> »Yves, ich erkenne, dass Kreation ein Tanz zwischen aktiver und passiver Haltung ist. Wenn ich zum Beispiel deine Meditation anhöre, bin ich offen und empfänglich. Ich nehme sie in mich auf und lasse sie danach los. Jedoch scheint eine dünne Linie zu bestehen zwischen Handeln und Empfangen. Wie kann ich diese dünne Linie meistern?«

Klienten stellen mir oft solche Fragen. Wie können sie sowohl empfänglich als auch flexibel und gleichzeitig kreativ sein? Wie können sie im Alltag ihre Sehnsucht zur Verwirklichung ihrer Träume und Wünsche mit der Verantwortung für sich selbst und ihre Familien vereinbaren? Sie baten mich um Tools, wie sie eine ideale geistige Haltung anpassen und mit ihren Gedanken umgehen können, wie sie das Vertrauen aufrechterhalten können, dass ihre Ziele erreichbar sind, und wie sie kreativ sein können, um ihre Träume zu verwirklichen.

Ich hatte mit meiner Partnerin Eunjung über diese Themen im Sommer 2015 eine lange Diskussion, als wir im wunderschönen Rocky Mountains Nationalpark in Colorado wanderten. Im Folgenden eine Zusammenfassung unserer Einsichten und Erkenntnisse, die sich bei unseren Diskussionen und Meditationen ergaben. Sie basieren auf den Nachrichten, die Eunjung von ihren spirituellen Begleitern während einer unserer Meditationen erhielt.

Neun Prinzipien zur Kreation und Manifestation

Vereinige dich mit dem, wonach du suchst
Erkenne, dass das, was du erschaffen und erleben willst, bereits in dir ist. Letztlich gibt es keine Lücke zwischen dir und dem, was du willst. Du bist eins mit deinem Ziel. Deine Kreation ist nicht getrennt von dir, sondern etwas, das aus dir geboren wird. Alles ist bereits in dir, ob es nun materiell, mental, emotional oder spirituell ist.

Halte für einen Moment inne. Nimm einige tiefe Atemzüge, lenke deine Aufmerksamkeit auf dein Herz und visualisiere etwas, was du gerade jetzt wirklich willst. Es ist wesentlich, dir vorzustellen, dass du bereits eins bist mit dem, was du erschaffen willst, und dass du nicht davon getrennt bist. Sobald du erkennst und darauf vertraust, dass du nicht getrennt bist von dem, was du erschaffen willst, gibt es keine Einschränkungen.

Wenn du erkennst, dass du bereits eins mit deiner Kreation bist, gibt es keine Zweifel, Ängste oder Enttäuschung mehr. Fühle, wie Frieden, Dankbarkeit und Harmonie aus dieser Erkenntnis emporsteigen. Es fehlt nichts, und es gibt nichts, was deinem Leben hinzugefügt werden muss. Letztlich bist du bereits alles, was ist.

Wenn wir mit dem Wissen agieren, dass wir bereits eins mit allem sind und darauf vertrauen, dass wir die Regisseure unserer eigenen Filme sind, handeln wir aus einem Raum der Freude und Inspiration. Wenn Zweifel in dir hochkommen, gib dein Bestes, deine Erwartungen loszulassen. Der

Wunsch, etwas zu manifestieren, was mit deiner Absicht und Schwingung übereinstimmt, entsteht aus der riesigen Fülle kreativer Energien. Es gibt keine Einschränkungen, sobald du erkennst und vollkommen darauf vertraust, dass du nicht getrennt bist von dem, was du erschaffen willst.

Erinnere dich! Wahrnehmung bestimmt Kreation
Das Verlangen, etwas zu manifestieren, was mit deiner Intention und Schwingung übereinstimmt, entsteht aus dem Überfluss kreativer Energie. Du bist der ultimative Regisseur deines Lebensfilms, die meisterhafte Dirigentin im Orchester der Kreation. In der Kunst der Manifestation bist du verbunden mit deinem höheren Selbst, deinen multidimensionalen Aspekten und vielen Helfern und Begleitern anderer Bereiche.

Spüre während dieses Prozesses der Kreation und Manifestation die Emotionen von Erfüllung, Freude und Befriedigung. Eine weitere Möglichkeit zu praktizieren, dass du bereits eins bist mit dem, wonach du suchst, ist, dich selbst zu sehen, wie du deine größten Herzenswünsche und Visionen in einem Film deines Lebens realisierst.

Wisse, wann du aktiv und wann du passiv sein kannst
Es besteht eine große Synergie zwischen aktiv und passiv sein. Selbst wenn du empfängst und passiv bist, sind andere Teile von dir aktiv und umgekehrt.

Werde aktiv, wenn du fühlst, dass du aktiv sein willst. Wenn du passiv sein und zuhören willst, dann sei passiv. Wenn du aktiv sein wolltest und es nicht konntest, so ist das auch in Ordnung. Wir können jegliche Rolle annehmen: die Rolle des Zuhörers oder die des Kommunikators oder die des passiven Empfängers oder aktiven Ansprechpartners. Lass die Überzeugung los, dass du jemanden verändern musst, wenn du anderen hilfst. Selbst wenn wir zu zögern scheinen, wenn wir den falschen Weg eingeschlagen oder uns noch nicht auf den Weg gemacht haben, gibt es andere Teile von uns, die automatisch weitergehen. Sie arrangieren die unendlichen Elemente der Kreation in jene Realität, die wir manifestieren wollen. Es gibt unendlich viele Wege zu erschaffen. Mit diesem vertieften Verständnis lässt du den Stress und die Sorgen los, ob etwas richtig oder falsch ist. Es ist einfach so.

Fließe wie ein Fluss
Um das Konzept der Kreation und Manifestation vertiefter zu verstehen, können wir uns einen Fluss sinnbildlich vorstellen. Ein Fluss folgt dem Naturgesetz, dass Wasser nach unten fließt. Wenn du einen Stein in den Fluss wirfst, fließt es um den Stein herum oder darüber hinweg. Wasser findet immer einen Weg zu fließen. Auf dieselbe Art findet Kreation immer einen Weg zu erschaffen. Wir sind Erschaffer, Wieder-Erschaffer und Erlebende der Kreation. Es ist nichts daran auszusetzen, was wir erschaffen oder nicht erschaffen. Was auch immer wir erschaffen, ist immer perfekt, genauso wie ein Fluss immer perfekt ist.

Anerkenne und respektiere deine Emotionen
So wie ein Fluss Ausdruck von fließendem Wasser ist, sind unsere Emotionen Ausdruck der kreativen Energie, die

durch uns fließt. Es ist wichtig, unsere Emotionen anzuerkennen und zu ehren, weil das Ausmaß ihrer Intensität auf die Stärke oder Schwäche unseres Wunsches zu kreieren und zu manifestieren hindeutet. Richte deine Aufmerksamkeit darauf, wie sich deine Emotionen anfühlen. Wenn du zum Beispiel wütend oder enttäuscht bist, fokussierst du dich auf das Gegenteil von dem, wonach du suchst. Kreativität entspringt viel einfacher aus der Freude! Wenn du also Freude empfindest und zufrieden bist, zeigt dies, dass du im Einklang bist mit dem, was du dir wünschst.

Visualisiere deine Ziele
Ein essenzieller Teil zur Verwirklichung deiner Träume liegt darin, dass du genau weißt, wonach du suchst. Als Erschaffer ist es wichtig zu wissen, was du kreierst, und zwar bis ins kleinste Detail. Du solltest dir bewusst machen, was du aus dem unendlichen und unlimitierten Potenzial von Möglichkeiten wieder erschaffen willst. Statt deinen Fokus auf das zu richten, was du in deinem Leben *nicht* erleben willst, leg deine Absicht fest, *was* und *weshalb* du es erschaffen und erleben willst. Schreib es auf! Sei spezifisch! Sobald du Klarheit gefunden hast, bist du bereit, dich mit dem, was erschaffen wird, und mit dem Ziel, das manifestiert wird, zu vereinigen.

Transformiere negative Erlebnisse
Vielleicht hast du eine tief in dir verwurzelte Überzeugung, dass du das, was du wirklich willst, nicht haben kannst. Deshalb funktionieren Affirmationen manchmal

nicht. Vielleicht wiederholst du immer wieder: »Ich bin ein erfolgreicher … *(ergänze die Lücke)*« Jedoch kann keine noch so große Anzahl an Wiederholungen deine Einstellung ändern, wenn ein anderer Teil von dir sagt: »Nein, ich bin in … (ergänze die Lücke) überhaupt nicht erfolgreich.«

Vielleicht hast du mit dem Manifestationsprozess negative Erfahrungen gemacht. Vielleicht hast du etwas wiederholt visualisiert und affirmiert, jedoch immer noch nicht verwirklicht, was du wirklich wolltest, und du fühlst dich deshalb enttäuscht. Vielleicht hast du etwas hundertmal versucht und hattest ein positives Erlebnis, während die Ergebnisse für die anderen 99 Versuche negativ waren. Statt dich durch neue Affirmationen noch stärker festzufahren, ist dies ein guter Moment, zu versuchen, andere Fragen zu stellen, zum Beispiel: »Welche Beweise gibt es, dass ich erfolgreich war mit …?« – »Welche Beweise gibt es, dass ich als … erfolgreich war?« – »Welche Beweise gibt es, dass ich teilweise erhielt, was ich mir wünschte?«

Was du vielleicht entdecken wirst, wenn du dir solche Fragen stellst, ist, dass du negative Wahrnehmungen umwandeln kannst und dadurch positive Aspekte findest. Danach kannst du die positiven Resultate als Basis nutzen, um bei der Manifestierung deiner Wünsche voranzukommen.

Suche nach Beweisen, die deine neue Überzeugung unterstützen

Fahre damit fort, Beweise zu suchen und wahrzunehmen, dass du dich näher auf ein Ziel bewegst, egal wie klein oder unbedeutend sie sind. Wenn du dir die Zeit nimmst, um nur drei Beweise zu finden, kannst du mühelos weitere finden. Manchmal sind wir zu streng mit uns selbst, wir minimieren und übersehen, was wir bereits erreicht haben. Falls das der Fall ist, richte deinen Fokus auf die Dinge, die in der Vergangenheit funktionierten, und die Dinge, die gerade jetzt funktionieren. Frage dich, welche Beweise es gibt, dass du das, was du erschaffen willst, erreichbar ist. »Was beweist, dass ich es tun kann?« Schreib auf, was auch immer dir in den Sinn kommt. Vervollständige folgende Aussage: »Was ich *wirklich* will, ist …« Richte deine volle Aufmerksamkeit auf jegliche Zweifel, nachdem du den Satz vervollständigt hast. Transformiere deine Zweifel von: »Ich kann nicht« zu: »Ich kann.« Fühle den Funken der Inspiration und nutze ihn!

Betrachte Beispiele anderer Leben

Wenn du nach Beweisen suchst, dass dein Ziel erreichbar ist, musst du nicht nur dein eigenes Leben betrachten, sondern dich auch mit dem Leben anderer Menschen beschäftigen. Wenn du zum Beispiel denkst, dass du zu alt bist oder nicht genug Geld hast, um etwas Neues anzufangen, dann suche nach Beispielen, die zeigen, wie andere etwas Großartiges in einem späten Lebensabschnitt und trotz finanzieller Schwierigkeiten erreicht haben. Du wirst erkennen, dass es viele Menschen gibt, die aus armen Familien kamen oder unter schwierigen Umständen aufwuchsen und aus diesen Problemen und Sorgen etwas Tolles erschufen. Andere erfolgreiche Menschen sind auf Hindernisse gestoßen, als sie älter waren. In einigen Fällen waren es externe Hindernisse. In anderen Fällen haben sie sich beinahe der Depression, dem Zynismus oder dem Opferbewusstsein ergeben. Trotzdem haben sie es geschafft, durch diese dunkle Zeit hindurchzugehen und erfolgreich zu sein. Erinnere dich daran, dass nichts unmöglich ist. Wir erschaffen nochmals, was bereits erschaffen wurde. Wir suchen nach neuen Wegen, das auszudrücken, was bereits da ist.

Hier ist eine Übersicht zu den neun Prinzipien der Kreation und Manifestation
- Vereinige dich mit dem, wonach du suchst.
- Erinnere dich: Wahrnehmung bestimmt Kreation.
- Wisse, wann du aktiv und wann du passiv sein kannst.
- Fließe wie ein Fluss.
- Anerkenne und respektiere deine Emotionen.
- Visualisiere deine Ziele.
- Transformiere negative Erlebnisse.
- Suche nach Beweisen, die deine neue Überzeugung belegen und stützen.
- Beschäftige dich mit Beispielen anderer Leben.

Anmerkungen zu den Schritten 11 und 12

> »Deine Ausführungen zum Thema Bestimmung haben mich sehr inspiriert. Ich habe nun mehr Klarheit, wie ich das, was du mir gesagt hast, umsetzen kann, und verschiedene Dinge haben angefangen, sich in vielen Bereichen positiv zu verändern. Manchmal bin ich jedoch immer noch von negativen Emotionen überwältigt. Mitunter scheint etwas die Kontrolle zu übernehmen oder sogar außer Kontrolle zu geraten. Was kann ich tun, wenn das geschieht?«

Deine Emotionen akzeptieren
Wenn es um Emotionen geht, kann das, was wir zuerst als negativ wahrnehmen, viel Wertvolles in sich tragen. Es kann uns helfen, näher zu unserer Bestimmung zu gelangen.

Heutzutage sind die sozialen Medien, speziell in spirituellen Kreisen, voller Beiträge über positive Schwingungen. Oft wird geschrieben, dass wir negative Energien oder Gedanken verdrängen und uns ausschließlich mit positiven, unterstützenden Menschen umgeben sollen. Falls du jedoch versuchst, schwierige Erfahrungen zu vermeiden, so kann es sein, dass du emotional gehemmt bleibst.

Viele Emotionen zeigen uns, welche Möglichkeiten es gibt, uns weiterzuentwickeln und über gegenwärtige emotionale und spirituelle Zustände oder Engpässe hinauszuwachsen. Wenn wir uns Zeit nehmen und schwierige Emotionen annehmen, haben wir eine großartige Gelegenheit, alle Teile von uns zu integrieren und authentisch zu leben.

> »Gefühle wie Enttäuschung, Verlegenheit, Irritation, Groll, Ärger, Neid und Angst sind in Wirklichkeit Momente großer Klarheit, die uns lehren, wo wir uns bisher zurückhielten. Sie sind wie Botschafter, die uns mit erschreckender Deutlichkeit mitteilen, wo genau wir blockiert sind.«
> Pedma Chödrön, buddhistische Lehrerin und Autorin

Ich habe einen Artikel des englischsprachigen Magazins *Psychology Today* (Psychologie Heute) gelesen, der aufzeigt, dass negative Emotionen auch eine positive Seite haben. Hier die Quintessenz des Artikels: Der Autor des Artikels erklärt, dass Emotionen, die wir als negativ wahrnehmen, auch Vorteile haben können. Sie motivieren uns, uns zu ändern. In den vergangenen Jahren wurde so viel Aufmerksamkeit darauf gerichtet, wie wir mehr Glück finden, und negative Emotionen wurden als ungesund bezeichnet.

Emotionen sind jedoch von Natur aus weder negativ noch positiv. Sie sind schlichtweg ein Teil des menschlichen Daseins. Manchmal können unangenehme Gefühle auch Auslöser für eine wichtige Veränderung sein. Und mitunter können unangenehme Gefühle auch ein Katalysator für eine wichtige Veränderung sein. Wenn wir zum Beispiel neidisch auf jemanden sind, kann das dazu führen, dass wir anfangen, unsere Wahrnehmung zu verändern. Vielleicht werden wir plötzlich dankbar für das, was wir bereits haben. Oder wir kommen zu der Erkenntnis, dass die Person, deren Leben so perfekt aussieht, mit enormen Herausforderungen in ihrem Leben zu kämpfen hat.

Wie du sehen wirst, können uns jegliche negativen Emotionen dazu drängen, uns auf unsere Ziele hinzubewegen, falls wir uns derer bewusst sind und unsere Emotionen positiv annehmen. Im Folgenden geht es um Emotionen, die wir üblicherweise als *negativ* wahrnehmen.

Ärger und Frustration
Ärger und Frustration zeigen sich oft, wenn wir uns unterschätzt fühlen. Wenn wir von diesen Emotionen überwältigt werden, kann es sich so anfühlen, als ob wir unsere Kontrolle darüber verlieren. Wenn daraus Wut entsteht, kann sich die Situation oft weiter verschärfen. Allerdings kann unterdrückte Wut, zumal wenn dies über einen längeren Zeitraum geschieht, auch fehlgeleitet sein, weil sie oft zu Depressionen und gesundheitlichen Problemen führen kann. Ärger und Frustration werden manchmal als angestaute Energie wahrgenommen. Wenn du verärgert oder frustriert bist, gehst du vielleicht Risiken ein, die zu noch mehr Ärger und stärkerer Frustration führen. Manchmal ist es allerdings notwendig, dass du dir erlaubst, tätig zu werden, wenn du dich ärgerst oder frustriert fühlst, besonders dann, wenn die Alternative darin besteht, etwas zu verlieren, was dir sehr wichtig ist.

Es gibt jedoch eine Möglichkeit, wie wir diese Emotionen positiv betrachten können. Während uns viele negative Situationen ermutigen, etwas zu vermeiden, sind Ärger und Frustration üblicherweise Anreize, uns mit einem Problem direkt zu befassen. Dies kann ein gesunder, bestärkender Weg sein, eine Herausforderung zu beseitigen und eine positive Lösung zu finden.

Verwirrung und Langeweile
Verwirrung, Langeweile und Ärger führen zu einer gerunzelten Stirn, physischer Indikator dafür, dass wir emotional blockiert sind, unsere Ziele zu manifestieren. Wenn Verwirrung anhält, kann es sein, dass du frustriert und ärgerlich wirst. Jedoch kann das Unbehagen von Chaos und Ungewissheit aus Ärger und Frustration und die daraus entstehende Ungewissheit dich auch dazu drängen, tätig zu werden. Also kann selbst Verwirrung produktiv sein. Falls du nicht tätig wirst, wenn du dich verwirrt fühlst, kann es sein, dass du dieselbe Tätigkeit ständig wiederholst und schließlich nirgendwohin gelangst. Nach einer Weile kann sich Langeweile daraus ergeben. Jedoch kann dich auch Langeweile dazu bringen, tätig zu werden und nach Lösungen zu suchen, wie du mehr Inspiration und Leidenschaft in dein Leben bringen kannst.

Während du dich in der Niedergeschlagenheit der Langeweile blockiert fühlst, inspiriert dich das vielleicht dazu, neue Träume zu erschaffen und neue Herausforderungen anzunehmen, durch die unerwartet großartige Ideen und Lösungen entstehen können.

Neid und Eifersucht
Unser Glücksgefühl und unsere Zufriedenheit sind stark davon beeinflusst, wie wir uns mit anderen vergleichen. Wenn wir uns nach etwas sehnen, was eine andere Person

hat, fühlen wir uns vielleicht neidisch. Wenn wir glauben, dass eine dritte Person eine wichtige Beziehung gefährdet, können Gefühle von Eifersucht hochkommen. Jedoch haben auch diese Emotionen große Vorteile. Neid und Eifersucht motivieren uns durch zwei Vorgehensweisen, das zu verändern, was wir als Minderwertigkeit wahrnehmen. Entweder erhöhen wir unseren Selbstwert, oder wir vermindern den Wert der anderen Person. Wenn wir unser Leben so gestalten, dass wir stolz darauf sind, erhöhen wir unseren Selbstwert. Indem wir uns nach innen wenden und unseren Fokus von außen nach innen richten, erlauben wir uns nicht länger, unseren Selbstwert darüber zu definieren, was andere von uns denken.

Furcht und Angst
Furcht und Angst sind unsere Verteidiger. Unter gewissen Umständen sind sie idealerweise eine angemessene und natürliche Antwort auf etwas, was wir als Bedrohung wahrnehmen. Sie erhöhen unsere Wahrnehmung und bereiten den Körper darauf vor, einer gefährlichen Situation zu entkommen. Angst stimuliert lebhafte Bilder, was schiefgehen könnte, und alarmiert uns vor drohender Gefahr, sodass wir einer Situation entkommen, bevor sie zustande kommt. Ohne Furcht und Angst würden wir vielleicht zu willkürlichen Risiko-Trägern. Furcht und Angst davor, wie wir unser Leben führen, können uns auch zeigen, wo wir nicht ehrlich zu uns selbst sind. Diese Emotionen zeigen uns, inwiefern unsere Handlungen nicht mit unseren tiefsten Überzeugungen übereinstimmen.

Bedauern und Enttäuschung
Oft bedauern wir etwas, wenn wir darüber nachdenken, was hätte sein können, wenn wir etwas anders gemacht hätten. Positiv betrachtet, können Bedauern und Enttäuschung auch Lektionen sein, wie wir durch unsere Fehler lernen können. Etwas zu lernen, indem wir es tun, ist ein wichtiger Teil unserer Weiterentwicklung auf Seelenebene. Bedauern und Enttäuschung können auch als positive Faktoren in unserem Leben wirken. Sie motivieren uns, Situationen zu verbessern, die wir verursacht haben. Vielleicht bedeutet das, dass wir uns bei einem Freund (einer Freundin) entschuldigen oder dass wir einen übereilten Einkauf zurückbringen.

Es kann unter einem solchen Umstand heilend sein, zwischen Gefühlen des Bedauerns und Gefühlen der Enttäuschung zu unterscheiden. Wenn wir zum Beispiel eine Entscheidung, die wir in unserem Leben getroffen haben, bedauern, kann uns das dazu motivieren, ein Ziel nicht mehr weiterzuverfolgen, statt hartnäckig dranzubleiben. Während Enttäuschung die Auswirkung eines nicht erfüllten Traums sein kann, kann sie auch einem bestimmten Zweck dienen. Manchmal ist es kein Fehler, etwas aufzugeben, sondern eine neue Möglichkeit, dem wirklichen, ehrlichen Weg näherzukommen.

Traurigkeit und Kummer
Traurigkeit und Kummer antworten auf einen wirklichen oder potenziellen Verlust. Wir sind zum Beispiel besonders nach dem Verlust einer geliebten Person oder eines

geliebten Tieres traurig. Ich erlebte dies besonders stark im Jahr 2005 nach dem Verlust von drei Familienmitgliedern innerhalb von nur acht Monaten. Was auch immer die Ursache unserer Traurigkeit ist, es signalisiert uns, dass nun Erholung, Rückzug und mehr Zeit für uns selbst notwendig sind. Wenn Traurigkeit und Kummer unser Leben beinträchtigen, finden wir es vielleicht geboten, bedeutende Veränderungen vorzunehmen, um wieder zu glücklich zu sein und damit wieder Freude in unser Leben einkehren zu lassen. Vielleicht ist auch die Zeit gekommen, andere Menschen zu kontaktieren und sie wissen zu lassen, dass wir Unterstützung brauchen. Vielleicht ist es auch an der Zeit, unseren Lebensstil zu ändern, eine neue Philosophie anzunehmen oder etwas Neues zu verfolgen.

Auch Traurigkeit und Kummer können positive Auswirkungen auf unser Leben haben. Zum Beispiel kann das Erleben von Traurigkeit und Kummer mehr Mitgefühl für Schwierigkeiten bringen, mit denen andere kämpfen. Wenn wir Traurigkeit und Kummer im Jetzt akzeptieren und umarmen, statt zu versuchen, diese Gefühle zu verdrängen, können wir auf längere Sicht das Risiko vermeiden, einen noch größeren Kampf mit Depressionen zu führen.

Scham- und Schuldgefühl
Wenn wir Teil einer Gesellschaft oder Gemeinschaft sind, setzt das voraus, dass alle Menschen gewissen sozialen und moralischen Normen folgen. Wenn wir diese Normen verletzen, signalisieren uns die Emotionen Scham- und Schuldgefühle und legen uns nahe, uns angepasster zu ver-

halten. Ohne diese Emotionen wären wir auch nicht fähig, anderen und uns selbst zu vertrauen. Wenn wir uns unangepasst verhalten und etwas tun, wofür wir uns schämen oder schuldig fühlen, so fühlt sich das unangenehm an. Dann dient uns diese Emotion dazu, uns nach innen zu wenden und herauszufinden, was dazu geführt hat. Während es von Vorteil ist, unser eigenes Verhalten zu analysieren, sollten wir andere nicht verurteilen und in ihnen keine Schuldgefühle für ihr Verhalten wecken. Wir verbringen oft zu viel Zeit damit, andere zu verurteilen oder zu versuchen, sie zu ändern. Wie der weltbekannte und 2015 verstorbene Autor *Wayne Dyer* sagte: »Wenn ihr euch gegenseitig verurteilt, definiert ihr nicht die anderen, sondern euch selbst.«

Manchmal wäre es besser, uns *Michael Jacksons* Lied *Man in the Mirror* (Mann im Spiegel) zu Herzen zu nehmen und in unseren eigenen Spiegel zu schauen. Momente der Selbstbetrachtung – die das ganze Spektrum von schmerzhaft bis wunderbar abdecken – können uns mehr Klarheit darüber bringen, was wir bei uns selbst ändern sollten.

Falls du jedoch kontinuierlich von Gefühlen der Scham oder Schuld (oder von anderen starken emotionalen Zuständen) überwältigt bist, hast du vielleicht ein tiefer liegendes Problem. Wenn du dich zum Beispiel selbst kritisierst, leidest du vielleicht unter dem Eindruck, dass du von Natur aus nicht gut genug bist. Vielleicht hast du auch unrealistische Erwartungen an dich selbst. Ist das der Fall, kann es sein, dass du den Ruf erhältst, innere Arbeit zu leisten oder die Hilfe eines Psychologen, Therapeuten oder Coaches in Anspruch zu nehmen.

Wie wir bewusster mit Emotionen umgehen können, zeigt der Film *Inside Out* (Alles steht Kopf). Er spielt im Verstand eines jungen Mädchens, in dem fünf personifizierte Emotionen – Freude, Trauer, Ärger, Angst und Ekel – versuchen, sein Leben zu beeinflussen. Wenn du diesen Film gesehen hast, wird sich deine Einstellung zu Emotionen, die du selbst oder andere erlebt haben, völlig verändern.

In den Schritten 11 und 12 zeige ich an einigen Beispielen, dass es Möglichkeiten gibt, wie wir mit unseren Emotionen umgehen können. Diese Beispiele wollen nicht das gesamte Spektrum des Themas abdecken. Sie werden dir jedoch Tipps geben und Strategien zeigen, wie du mit Herausforderungen auf emotionaler Ebene umgehen kannst. Wenn du also bereit bist, dann such dir einen Ort, an dem du ungestört bist. Halt inne. Nimm dein Tagebuch und einen Stift, um dir Notizen zu machen. Geh danach in deine Kraft, freu dich über deine Kreativität und nutze diese zwölf Schritte, um dein ganzes Potenzial zu erreichen und dein Leben zu transformieren.

Die Schritte

Schritt 1: Sei ehrlich!

Wenn wir nicht achtsam und bewusst sind und mit geschlossenen Augen durchs Leben gehen, stolpern wir auf unserem Weg immer wieder über Hindernisse. Mit einer solchen Perspektive ist es schwierig, die Richtung zu finden, in der unsere Bestimmung liegt.

Solange unsere Augen geschlossen sind, gehen wir blind durchs Leben. Wir gehen von einem Schulabschluss zum nächsten, von einem Bürogebäude ins nächste oder wechseln von einer Partnerin bzw. einem Partner zum bzw. zur nächsten. Später wundern wir uns, warum wir mit unserem bisherigen Leben unzufrieden sind. Letztlich fangen wir an, uns zu fragen, was uns immer noch fehlt, obwohl wir doch die Familie gefunden haben, die wir uns immer gewünscht haben, oder obwohl wir die Wohnung perfekt eingerichtet oder ein tolles Auto vor der Tür stehen haben. Und obwohl wir uns beruflich so sehr anstrengen und uns Jahr für Jahr mehr Verantwortung auf die Schultern legen, bleibt eine tiefe Leere zurück, die zunehmend wächst und wächst.

> Um die innere Leere zu vergessen, arbeiten die meisten Menschen noch mehr oder sie lenken sich ab. Andere erwachen.

Viele Menschen wählen grundsätzlich eine der folgenden zwei Möglichkeiten: Sie arbeiten noch mehr oder sie lenken sich ab, um die innere Leere so lange wie möglich nicht wahrnehmen zu müssen. Ich tat dies zuerst nach den drei Todesfällen in meiner Familie. Andere kommen an den Punkt des Erwachens: Sie öffnen ihre Augen und setzen sich intensiv mit sich selbst und ihrem Umfeld auseinander.

Auf meiner Reise führten mich zwei Burn-outs an wichtige Kreuzungen auf meinem Lebensweg, an denen mir keine andere Wahl blieb, als meine Augen zu öffnen und tief in mich hineinzuhören. Widme dich mit aller Leidenschaft und Freude der Schönheit des Lebens. Dies ist ein wichtiger Schritt des Erwachens, mit dem du deine eigene, tiefe Wahrheit findest.

Dies ist der erste Schritt im Zwölf-Schritte-Prozess. Hierzu empfehle ich die folgende Übung:

Nimm ein leeres Blatt Papier und zieh in der Mitte einen vertikalen Strich von oben nach unten! Auf eine Seite schreibst du all die Dinge, die du liebend gern, mit Leidenschaft, mit Freude und von Herzen gern tust. Auf die andere Seite schreibst du die Dinge, die du im Arbeits- und im Privatleben ungern tust oder die dir innere Schwierigkeiten bereiten.

Sei ehrlich zu dir, wenn du diese Übung machst! Halte deine Selbstvorwürfe und Zweifel so gut es geht zurück. Niemand außer dir wird das Blatt jemals lesen, weder dein Vorgesetzter noch die Menschen aus deinem privaten Umfeld. Werde dir einfach der Dinge bewusst und sei absolut ehrlich zu dir: Was liebst du? Und was verabscheust du?

Schritt 2: Beginne langsam! Beginne heute!

Der zweite Schritt bringt mehr Leidenschaft und Lebendigkeit in dein Leben zurück. Er kann dir helfen, in die von dir gewünschte Richtung zu gehen. Nicht überstürzt, sondern indem du die ersten kleinen Schritte bereits ab heute machst. Ich empfehle dir, tätig zu werden, unmittelbar nachdem du dieses Kapitel fertiggelesen hast. Zum Beispiel könntest du einfach etwas tun, was du schon lange einmal tun wolltest. Vielleicht wolltest du schon lange einen bestimmten Film sehen oder ein spezielles Konzert besuchen. Vielleicht sehnst du dich schon lange danach, mit einem Freund oder einer Freundin in einem sehr schönen Restaurant zum Essen zu gehen. Vielleicht wolltest du eine Reise buchen, von der du schon lange träumst. Leiste es dir, wenn du die finanziellen Mittel dazu hast.

Natürlich müssen die Dinge, die du haben oder tun möchtest, nicht nur materiell sein. Es gibt viele Fragen, die du dir dazu stellen kannst: Wann hast du dir das letzte Mal wirklich Zeit für dich genommen? Nicht vor dem Fernseher oder am Computer, sondern ausgiebig in einem Spa oder in deiner Badewanne entspannt? Wie lange ist es her, seit du dich das letzte Mal ausgeruht oder meditiert hast? Wann hast du dir das letzte Mal für einen Spaziergang in einer wunderschönen, natürlichen Umgebung Zeit genommen?

Etwas anderes, was du tun kannst, ist, anzufangen, dich von negativen Gedanken zu befreien und positive Energien zu verbreiten. Vielleicht hast du auch schon vom Gesetz der

Anziehungskraft gehört. Dieses Gesetz besagt, dass du das anziehst, worüber du am meisten nachdenkst. Im Wesentlichen gibt es zwei Szenarien: Entweder schaffst du ein positives Leben durch positive Gedanken, oder du erlaubst negativen Gedanken, Schwierigkeiten in dein Leben zu bringen.

Wir alle strahlen positive oder negative, hohe oder niedrige Energie aus. Wir strahlen in jedem Moment höhere oder tiefere Schwingungen aus, die andere empfangen, ohne es zu erkennen. Wenn du also eine negative Wahrnehmung von bestimmten Situationen, Menschen oder Erlebnissen hast, wirst du weitere Negativität anziehen.

Um diesen ungesunden Zyklus zu durchbrechen, musst du zuerst dein Denkmuster verändern. Fang an, negative Gedanken durch ein erhöhtes Bewusstsein und durch Achtsamkeit zu identifizieren. Wenn du sie erlebst, dann sag zum Beispiel einfach: »Raus jetzt aus meinem Kopf!« Oder etwas Ähnliches, das sich für dich in diesem Moment richtig anfühlt. Am Anfang mag sich das ziemlich albern anhören. Aber es ist ein weiteres einfaches und wirksames Mittel, und es funktioniert! Sei ehrlich mit dir selbst! Verschiebe dies nicht auf später, sondern fang *heute* damit an, die ersten kleinen Schritte zu machen!

Schritt 3: Entschleunige! Halt inne!

Du musst dir selbst erlauben, die Vergangenheit loszulassen, damit etwas Neues aus dem ruhigen und leeren Raum entstehen kann, den du dadurch erschaffen hast. Erfahrungsgemäß kann es manchmal schwirig sein, sich von vertrauten Dingen zu trennen. Es sind nicht nur situative Veränderungen, wie zum Beispiel ein Umzug in eine neue Wohnung, die uns auffordern, uns weiterzuentwickeln. Wenn wir hoffen, dass wir vorwärtskommen, ist es äußerst wichtig, dass wir alte Gedanken und Verhaltensmuster sowie überholte Programme überwinden. Wenn wir uns näher mit solchen Programmen befassen, entdecken wir oft, dass wir diese mehr oder weniger ungefiltert von unseren Eltern, der Gesellschaft, in die wir hineingeboren wurden, oder dem kollektiven Bewusstsein übernommen haben. Rituale oder Zeremonien können ein effektiver und kraftvoller Weg sein, das hinter dir zu lassen, was dir nicht mehr länger dient. Dazu musst du nicht unbedingt mit einem Schamanen arbeiten. Du kannst für dich selbst ein einfaches Ritual oder eine Zeremonie schaffen, wenn du dich mit der Natur und ihren verschiedenen Elementen verbindest.

Eine Zeremonie kann so einfach sein: Zum Beispiel deinen Raum mit Salbei zu reinigen, Glaubenssätze, die du nicht brauchst, in einer Sauna auszuschwitzen, oder zu visualisieren, wie heilendes Licht durch deinen Körper fließt. Falls du Schwierigkeiten hast, dich aus einer überholten Beziehung zu lösen, kannst du visualisieren, wie du die energetischen Linien, die dich an diese Person binden, durchtrennst. Falls du jemand bist, der mit schamanischen Ritualen oder Zeremonien weniger in Resonanz ist, gibt es viele andere praktische Anwendungen, die du im Alltag umsetzen kannst. Vielleicht bist du Teil einer Unternehmung oder Organisation, die für dich nicht mehr länger von Bedeutung ist. Vielleicht machst du eine Weiterbildung, die dich nicht mehr interessiert, oder du erfüllst eine Aufgabe, für die du nicht mehr verantwortlich bist.

Falls du einer Beschäftigung nachgehst, bei der die Zeit einfach nicht verstreichen will, kann dies ein Hinweis darauf sein, dass dich diese Tätigkeit nicht mehr mit ganzer Leidenschaft erfüllt. Dich von Dingen zu lösen, die dir in sämtlichen Lebensbereichen nicht mehr länger dienen, kann deine Energie reinigen, und dadurch kannst du neue, frische und kreative Schwingungen anziehen.

Gehst du zum Beispiel auf Partys, Konzerte oder andere Treffen, nur um nichts zu verpassen oder einfach nur, um ein Teil dieser Gesellschaft zu sein oder um dazuzugehören, dann kannst du dich von solchen gesellschaftlichen Ereignissen lösen und damit Raum schaffen, deinen Kreis zu erweitern und dich Menschen anzuschließen, mit denen dich mehr Leidenschaften verbinden. Hältst du an teurem Eigentum fest, mit dem alleinigen Zweck, andere damit zu beeindrucken, dann kannst du dich von diesen Besitztümern lösen und nur diejenigen Dinge behalten, die du wirklich liebst und die dich in deinem Herzen berühren.

Wenn wir mit solchen Gewohnheiten aufhören und uns von unserer bisherigen Arbeit, unserem sozialen Umfeld und unserem Eigentum trennen, erkennen wir oft, dass Loslassen viel einfacher ist, als wir befürchtet hatten. Nochmals: Auch hier musst du nicht einen riesigen ersten Schritt tun. Beginne mit etwas Kleinem! Fange jedoch *jetzt* damit an!

Schritt 4: Entdecke und entwickle deine Talente!

Der Begriff Talententwicklung ist besonders im Berufsleben verbreitet. Ich habe vor vielen Jahren während meiner Weiterbildung zum Personalfachmann erkannt, dass die zielgerichtete Förderung und Entwicklung von Mitarbeitern ein entscheidender Wettbewerbsfaktor für Unternehmen ist. Hierzu zählt unter anderem die Entwicklung von Talenten mithilfe individuell vereinbarter Entwicklungspläne. Der Fokus liegt hier darauf, Stärken auszubauen und Schwächen auszumerzen. Um Führungskräfte langfristig an ein Unternehmen zu binden, werden attraktive Laufbahnmodelle und Karrierewege entwickelt. Sie geben Mitarbeitern einen Einblick, wie sie gemeinsam mit dem Unternehmen wachsen können. Vielleicht hast auch du bereits die Erfahrung von solchen Mitarbeitergesprächen gemacht.

Natürlich gibt es Talententwicklung nicht nur im Berufsleben. Vielmehr können wir sie ganz allgemein auf unser Leben übertragen. Vielleicht hast du dich schon gefragt: »Was habe ich für Talente und Gaben?« Vielleicht zweifelst du an deinen Fähigkeiten, selbst wenn man dir immer wieder Anerkennung entgegenbringt und dich für bestimmte Dinge, die du geleistet hast, lobt. Uns wird beigebracht, bescheiden zu sein. Wenn du jedoch deine Fähigkeiten entwickeln willst, musst du sie feiern. Frag dich selbst, in welchen Lebensbereichen du besonders begabt bist. Was glaubst du, würden deine Freunde sagen, wenn du sie fragst, was dich von anderen unterscheidet? Wenn du die Fragen beantwortet und die Übungen gemacht hast, die ich in diesem Buch vorgestellt habe, hast du vielleicht Talente gefunden, die dir bisher noch gar nicht bewusst waren.

Was also sind deine Gaben? Betrachte dein Leben genauer, und sei dankbar für alles, was du hast. Nachdem du diese Dankbarkeit gefühlt und ausgedrückt hast, kannst du dir Zeit nehmen, die verborgenen Talente zu offenbaren, die bisher noch nicht in dir erwacht sind. Nutze die Übungen in diesem Kapitel, um in deine Kraft zu finden und mit diesen Gaben weiterzugehen. Die Übungen werden dir helfen, Herausforderungen und Ängste zu überwinden. So setzt du unvorhergesehene Möglichkeiten frei und spürst, wer du wirklich bist!

Schaffe ein bedeutsames Ritual oder eine Zeremonie! Gib dir etwas Zeit, dich mit der Natur und ihren verschiedenen Elementen zu verbinden. Fahre damit fort, dich selbst und deine Freunde zu fragen, was für Dinge du besonders gut kannst. Richte danach deine Aufmerksamkeit auf die Antworten. Die Bereiche in deinem Leben, in denen du wirklich begabt bist, werden sich dir danach offenbaren.

Schritt 5: Lerne, dich zu entscheiden!

Wann immer dir etwas nicht mehr dient, sich deine bisherigen Entscheidungen und dein Streben nicht mehr richtig anfühlen und sich dir neue Möglichkeit zeigen, ist der Moment für dich gekommen, neue Entscheidungen zu fällen.

Nachdem ich 2008 in Hawaii meine ersten kraftvollen und transformativen Erfahrungen mit Heil- und Energiearbeit gemacht hatte, habe ich, als ich nach Europa zurückgekehrt war, zusätzliche persönliche Weiterbildungen absolviert. Dabei erlebte ich noch vor dem Beginn meiner Coaching-Ausbildung ein systemisches Coaching aus Sicht des Klienten. Am Ende dieses Prozesses war mir klar, dass auch ich als zertifizierter Coach arbeiten will.

Obwohl ich mich nun berufen fühlte, diesen starken inneren Ruf weiterzuverfolgen, fühlte ich mich lange nicht bereit, mich beruflich selbstständig zu machen. Nach meiner Burn-out-Erfahrung im Jahr 2010 war es mir endlich möglich, meinen Weg weiterzugehen. Während dieser schwierigen Zeit sammelte ich viele wertvolle Erfahrungen. Am meisten lernte ich, welche Tools und Strategien mich unterstützen und für mich funktionierten und welche nicht.

Ich möchte dir eine Übung und ein Tool zur Entscheidungsfindung vorstellen, die ich sowohl für mich als auch bei Klienten anwende und die sicher auch dir sehr gut helfen werden. Schreibe zuerst dein Problem auf! Anschließend schreibst du auf zwei Blätter zwei Optionen zu einem bestimmten Szenario: Lösung A oder B, sicher oder unsicher. Danach legst du die beiden Blätter auf den Boden und stellst dich zuerst mit beiden Füssen auf das eine Blatt und danach auf das andere. Schließe deine Augen und nimm dein Gefühl dabei wahr, was die beiden Optionen mit sich bringen werden.

Durch diese Übung kultivierst du dein Bauchgefühl, das stärker ist als deine Gedanken. Die Übung ermutigt dich, eine ganzheitliche und geerdete Lösung zu finden, die sich sowohl für deinen Verstand als auch für dein Herz richtig anfühlt. Viele Klienten teilten mir mit, dass ihnen die Blätter mit den beiden – oder auch mehreren – Optionen sehr gut geholfen haben, auf ihr Gefühl zu vertrauen. Seit sie diese Klarheit haben, brauchen sie die Blätter nicht mehr.

Wenn du an einer Weggabelung stehst und unsicher bist, welchen Weg du gehen willst, ist eine andere Technik sehr hilfreich: Schließ deine Augen und fokussiere dich auf deinen Atem. Stell dir die Folgen jeder möglichen Entscheidung vor, und lass dein Gefühl entscheiden. Welcher Weg fühlt sich für dich am lebendigsten, aufregendsten und ehrlichsten an? Das ist immer der richtige Weg. Viele Menschen, die diese Übung gemacht haben und ihr Bauchgefühl entscheiden ließen, sind damit sehr zufrieden. Jedes Mal, wenn du die Übung durchführst, lernst du mehr über dich und wirst sicherer dabei, was du wirklich willst. Wenn du dies beibehältst, wird dein Bauchgefühl mit der Zeit immer stärker und zuverlässiger.

Schritt 6: Lass dich von deinen Leidenschaften leiten!

Geld ist einer der Hauptgründe, wieso viele Menschen glauben, sie könnten ihre Situation nicht verbessern und fangen deswegen nicht an, ein Leben mit Leidenschaft und Bestimmung zu führen. Sie sagen: »Wenn ich mehr Geld hätte, würde ich beginnen, meine Träume zu verfolgen und dies nicht weiter hinausschieben.« – »Wenn ich mehr Geld hätte, würde ich anfangen, um die Welt zu reisen.« Oder: »Wenn ich mehr Geld hätte, würde ich diese schreckliche Arbeitsstelle verlassen und etwas Besseres tun.«

Nachfolgend findest du drei Aussagen, die du für dich selbst vervollständigen kannst:

- Wenn ich totalen Wohlstand erlebe, fühle ich mich …
- Wenn ich im Wohlstand bin, möchte ich Folgendes tun: …
- Wenn ich im Wohlstand lebe, kann ich zu Folgendem beitragen, indem ich …

Schlussendlich bringt Geld allein kein dauerhaftes Glück. Wenn jemand versucht, sich ausschließlich durch materielle Werte zu verwirklichen, fehlt etwas in seinem Leben. Natürlich ist es kein Nachteil, nach Wohlstand für sich und seine Familie zu streben. Genug Geld zu haben, kann dir viele Möglichkeiten eröffnen und dich von der Sorge befreien, wie du die nächsten Rechnungen bezahlen sollst. Ich lade dich ein, dir folgende Frage zu stellen: »Wie würde ich mich fühlen, wenn ich eines Tages alles verlieren würde, was mir gehört?« Würdest du das Gefühl haben, dass du wertlos bist, nur weil du alles verloren hast? Würdest du dir Sorgen machen, dass du nicht mehr du selbst bist?

Auch wenn Geld in materieller Hinsicht Glück bringt, hören viele Menschen, die sich die größten Häuser, schönsten Autos und faszinierendsten Spielzeuge leisten können, nicht auf, sich nach noch mehr Geld und materiellen Dingen zu sehnen. Sie sind unzufrieden, und statt dankbar zu sein für das, was sie bereits haben, und es mit anderen zu teilen, fahren sie damit fort, zu kaufen, was ihnen in der Werbung angeboten wird. Sie hoffen, dass sie dadurch eines Tages Frieden finden. Selbst wenn diese Menschen alles Geld der Welt hätten, könnte dieses Geld niemals ihre innere Leere füllen. Es ist wichtig, zuerst die eigene Bedeutung und wahre Bestimmung zu finden, bevor wir finanzielle Verpflichtungen eingehen. Für viele Menschen ist bei Entscheidungsfindungen das erste Kriterium, welche Option am meisten Gewinn abwerfen wird.

Zum Beispiel musst du dich vielleicht entscheiden, einen gut bezahlten Job zu kündigen, um das Leben trotz verringertem Einkommen mit Tätigkeiten zu genießen, die du liebst und die du sinnvoll findest. Vielleicht musst du dich für ein Studium entscheiden, das dir Freude bereitet und dich inspiriert, statt für ein Studium wie Medizin, Recht oder Betriebswirtschaft, das mehr Einkommen verspricht. Vielleicht musst du dich zwischen Lebenspartnern entscheiden: Entscheidest du dich für den finanziell etablierten konservativen Geschäftspartner oder für den Artisten mit weniger finanziellen Möglichkeiten, der jedoch inspirierend und liebevoll ist?

Dies sind Beispiele für schwierige Entscheidungen. Viele von uns glauben vielleicht immer noch, dass Geld die Welt regiert. Wenn du jedoch Dinge in die richtige Perspektive bringst, kann sich deine wahre Bestimmung nicht an Geld oder Besitz festmachen. Die meisten selbstständigen und erfolgreichen Menschen sind ihrem persönlichen Weg gefolgt und nicht dem Weg, der ihnen am meisten Geld gebracht hätte. Also müssen wir aufhören, nach außen zu blicken, um unsere Bestimmung zu finden. Wir müssen aufhören, was uns andere – ob dies nun Menschen oder Unternehmen sind – sagen, was wir tun oder wer wir sein sollen. Blick in dich hinein! Dort wirst du deine eigenen Einsichten und Antworten finden!

Werde dir bewusst, in welchen Lebensbereichen du Dinge aufgeschoben hast, und fang an, Entscheidungen für dich selbst zu treffen! Vervollständige die drei Aussagen zum Thema Geld, und frage dich jeden Tag: »Wie kann ich am besten mit meinen Talenten und Leidenschaften einen Beitrag in der Welt leisten?«

Schritt 7: Folge deiner Intuition!

Hörst du eine sanfte Stimme tief in dir, die dir zuflüstert? Sagt dir diese Stimme, wohin, wann und mit wem du etwas Bestimmtes tun sollst? Hörst du hin? Bist du dir bestimmter gesellschaftlicher Veränderungen bewusst? Setzt du deine Ideen in die Tat um? Welche Bedeutung gibst du deinen Tag- und Nachtträumen?

Ein gutes Werkzeug zur Vertiefung deiner Intuition ist es, ein Traumtagebuch zu führen. *René Descartes*, der Vater der Logik, entwickelte seine wegweisende Methode der philosophischen Recherche, basierend auf einem Traum. Ich ermutige dich, mehr zu Techniken wie Traumarbeit, Hypnose, Energiearbeit, Meditation und Intuition zu lernen. Wirf einen Blick auf meine Angebote auf *www.yvesnager.com*.

Es ist wichtig, dass du dir täglich etwas Raum und Zeit schaffst, um dir deiner Intuition bewusst zu werden. Der schnellste Weg, mit deiner Intuition in Kontakt zu kommen, ist es, mindestens 20 Minuten am Morgen oder am Abend regelmäßig zu meditieren. Bewusstes Atmen durch den Tag kann ebenfalls große Unterstützung sein, deine Intuition zu verstärken. Erfahrungsgemäß sind Meditation, bewusstes Atmen und auf die innere Stimme zu hören sowie spezielle Momente während des Sonnen-Auf- und -Untergangs besonders kraftvoll.

Ein großes Missverständnis vieler Menschen, die selbst nicht meditieren, ist, dass diejenigen, die meditieren, vor etwas flüchten und *woanders* hingehen. Beim Meditieren geht es jedoch darum, das Bewusstsein zu erweitern, während du das Hier und Jetzt *bewusster* wahrnimmst. Wenn du ruhig wirst und dir des *Hier und Jetzt* bewusst wirst, kannst du dich mit deinem inneren Wesen verbinden und deinen intuitiven Sinneswahrnehmungen erlauben, zum Vorschein zu kommen. Werde einfach still, und höre hin!

Viele versuchen, ihr Leben zu kontrollieren. Speziell in der westlichen Welt wird dies als ziemlich normal betrachtet. Die meisten Menschen planen gerne oder treffen Vorsichtsmaßnahmen. Grundsätzlich ist nichts daran falsch. Jedoch ist es unmöglich, die Welt und die Menschen um uns herum zu kontrollieren. Menschen, die sehr stark kontrollieren, vergeuden viel Energie, um alles genauso zu haben, wie sie es möchten. Sie sind immer bereit, anderen zu sagen, was, wann und wie sie es am besten tun sollen. Sei ehrlich mit dir selbst: Falls du solche Tendenzen in dir wahrnimmst, dann mach dir bewusst, wie sehr du von deinem wahren Selbst und den Menschen um dich herum getrennt bist. Wenn wir unserer Intuition nicht folgen und stattdessen versuchen, alles zu kontrollieren, schaden wir anderen. Wir halten sie davon ab, sich selbst und ihre eigenen Lebensziele zu entdecken und ihrer Intuition zu folgen.

Schritt 8: Bleib offen, empfänglich und flexibel!

Wenn deine alten Träume über die Jahre verblasst sind und dir immer weniger Freude bereiten, ist die Zeit gekommen, neue Träume und Ziele zu entwickeln. Es spielt keine Rolle, ob dies das Berufs- oder das Privatleben betrifft. Wenn dich diese Situation und deine Erlebnisse nicht mehr erfüllen, ist der Moment gekommen, deinen Fokus zu verlagern.

Viele Menschen scheinen sich vor Veränderungen zu fürchten, weil sich das Unbekannte unheimlich und beschwerlich anfühlt. Andere glauben, es werde bei manchen den Anschein erwecken, dass sie auf ihrem bisherigen Weg gescheitert seien, wenn sie nach vielen Jahren einen komplett anderen Weg einschlagen. Sie fürchten, vor anderen das Gesicht zu verlieren.

Wenn du empfänglich wirst für Veränderungen und dich neuen Möglichkeiten öffnest, tauchen Alternativen auf, die dir großartige Gelegenheiten bieten, proaktiv und bewusst neue Erlebnisse und neues Wachstum zu schaffen. Wenn mich Menschen erstmals für ein Coaching oder eine Heilsitzung kontaktieren, sind sie meistens im Drama ihrer Lebenssituation blockiert. Etwas, was ich ihnen als Erstes sage, ist, dass sie sich dadurch vor anderen bedeutsamen Erfahrungen verschließen. Wenn du dich vom Drama entfernst und dich darauf konzentrierst, empfänglich und flexibel zu bleiben, werden plötzlich neue Möglichkeiten auftauchen, durch die du deine Gaben und deine Bestimmung verwirklichen kannst.

Demian Lichtenstein und *Shajen Joy Aziz* – die beiden Köpfe hinter dem Film und dem Programm *Discover the Gift* (Entdecke deine Gabe) (*www.discoverthegift.com*) – teilen uns mit, dass es bei Empfänglichkeit um Offenheit geht und dass sich Flexibilität darauf bezieht, im Fluss zu bleiben. Wenn du empfänglich wirst, nimmst du vielleicht wahr, dass sich Dinge rasch öffnen. Zwei Dinge können dabei geschehen: Die eintreffenden Dinge mögen alltäglich aussehen oder fühlen sich so an, dass es mehr ist, als du im Moment bewältigen kannst. Du musst am Anfang nichts davon analysieren. Sei dir dessen einfach bewusst! Empfange es mit Flexibilität und Dankbarkeit, und lass los! Sei aufmerksam, was sich als Nächstes ereignet. Wenn du bereit bist, offen, empfänglich und flexibel zu sein, ist das Leben von Überraschungen und Synchronizitäten erfüllt. Schaff täglich etwas Raum und Zeit, um dir deiner Intuition zunehmend bewusst zu werden! Höre hin! Kannst du die stille Stimme wahrnehmen, die tief in dir flüstert?

Schritt 9: Lerne, wie und wann du am besten ausruhen solltest!

Auch wenn wir anfangen, dem richtigen Weg hin zu unserer Bestimmung zu folgen, sind wir nicht vor Burn-out geschützt, wenn wir zu viel arbeiten. Ärzte und Therapeuten, die sieben Tage die Woche verfügbar sind, Musiker, die rund um die Uhr spielen, Autoren, die sich nicht von der Tastatur lösen, und Maler, die in der Nacht mit dem Pinsel unter dem Arm schlafen, werden früher oder später gezwungen, aufzuhören und sich auszuruhen.

Überarbeitung kann sich in unangenehmen Symptomen manifestieren. Abgesagte Termine, weggelegte Instrumente, ausgeschaltete Laptops und beiseite gelegte Pinsel sind die Folge. Es ist offensichtlich besser, nicht an diesen Punkt zu kommen! Manchmal fühlt sich ein Burn-out an wie ein inneres Feuer, das einmal stark brannte und nun plötzlich erloschen ist. Manchmal kommt die Erschöpfung jedoch so, als ob die Flamme langsam immer kleiner werden würde. Atme! Dein inneres Feuer braucht Sauerstoff, um weiter zu brennen. Vielleicht hast du bereits wahrgenommen, dass – wenn du dir Zeit zum Erholen nimmst – Entspannung, Verjüngung, neue Inspirationen, Visionen und Ideen aus deinem Unterbewusstsein auftauchen. Vergiss nicht, regelmäßig Arbeitspausen einzulegen und einen Tag pro Woche überhaupt nicht zu arbeiten!

Es ist wichtig, dich gut um dich selbst zu kümmern, sodass du deine Lebenskraft erneuern kannst. Das ist eine wichtige Voraussetzung, um deine Bestimmung erfüllen zu können. Zum Glück gibt es viele praktische Möglichkeiten, wie du dir selbst etwas Gutes tun kannst: Mach zum Beispiel regelmäßig Spaziergänge in der Natur, triff dich mit Freunden, aber bitte ohne Smartphone und Laptop, verbringe Zeit mit Tieren, mach Yoga oder Sport, jedoch keinen Leistungssport, führe Tagebuch oder meditiere regelmäßig.

Übrigens gibt es sowohl aktive als auch passive Meditationsformen. Eine aktive Meditation ist beispielsweise, spazieren zu gehen, an einem Strand nach Muscheln zu suchen, zu gärtnern oder ein Instrument zu spielen. Eine passive Meditation ist zum Beispiel, in Stille zu sitzen, über ein spirituelles Wort oder einen spirituellen Satz nachzudenken, ein Mantra zu singen oder stille Möglichkeiten zur Selbstreflexion zu nutzen.

Wie erwähnt, kann Tagebuch schreiben eine weitere Möglichkeit sein, dich zu entspannen und dein Bewusstsein zu erweitern. Wenn du über dein Leben schreibst, kann es dir helfen, die täglichen Eindrücke und Erlebnisse zu verarbeiten. Vielleicht möchtest du dich auf positive Dinge in deinem Leben konzentrieren, indem du zum Beispiel aufschreibst, wofür du dankbar bist. Oder du kannst die Fragen aus diesem Buch beantworten, um dir über deine Bestimmung klarer zu werden. Natürlich werden die hilfreichen Übungen dieses Buches eine großartige Ergänzung zu deinem Tagebuch sein!

Wenn du dir mehr Zeit nimmst, dich um dich selbst zu kümmern und um Zeit zum Ausruhen und Kräfte sammeln zu finden, wirst du viele andere Möglichkeiten zur Entspannung entdecken. Vielleicht gönnst du dir auch eine Massage, oder du besuchst ein Thermalbad oder machst eine Wanderung in der Natur. Natürlich ist ausreichend zu schlafen auch eine sehr gute Möglichkeit zum Kräfte sammeln. Was auch immer du tust, um deine Lebenskraft zu erneuern: Es wird dir ungemein helfen, während du dich darauf vorbereitest, deinen nächsten Traum zu verwirklichen!

Schritt 10: Nimm die Geschenke des Lebens wahr!

Bemühst du dich bereits längere Zeit, deine wahre Bestimmung zu finden, und trotzdem scheinen sich deine Ziele immer weiter von dir zu entfernen? Vielleicht ist dann der Moment gekommen, einen neuen Weg zu gehen. Wie *Ken Robinson*, ein international anerkannter Autor und Sprecher, uns in *Discover the Gift* (Entdecke deine Gabe) zeigt, ist das Leben nicht linear, sondern organisch. Jedoch ist das herkömmliche Ausbildungs- und Weiterbildungssystem im Westen nach wie vor linear aufgebaut.

Ob wir nun ein Sprach- oder Gesangstraining besuchen, einen Universitätsabschluss anstreben oder eine vielversprechende berufliche Karriere verfolgen: Wir verbringen viel Zeit damit, ein Ziel zu verfolgen, das entweder wir oder andere zu einem bestimmten Zeitpunkt festgelegt haben. Unsere Existenz scheint aufgeschoben, bis wir schlussendlich geschafft haben, was wir uns vorgenommen hatten. Folglich steht unser Leben oft still, bis wir unser nächstes Ziel oder einen weiteren Meilenstein erreicht haben, statt im *Jetzt* völlig gegenwärtig zu sein und uns in jedem Moment bestmöglich weiterzuentwickeln.

Abschlüsse, Lizenzen, Zertifikate etc. können attraktiv sein. Sie belegen, dass wir unsere Zeit nicht vergeudet haben. Das Problem liegt darin, dass wir uns verändern und transformieren. Wenn du Ziele verfolgst, von denen du das Gefühl hast, dass sie nicht mehr wichtig sind, dann suche andere Möglichkeiten, in die du deine Zeit und Energie besser investieren kannst.

Bist du wirklich auf dem richtigen Weg? Wenn du dir die Leben vieler sehr erfolgreicher Menschen ansiehst, wirst du oft feststellen, dass sie ursprünglich eine völlig andere Karriere verfolgt haben. Dann hat sie etwas oder jemand inspiriert, sich von ihrem linearen Weg zu entfernen und ihr Leben *organisch* entwickeln lassen. Das Resultat: Sie haben sich ihre Träume erfüllt und ihre wahre Bestimmung entdeckt!

Mein eigener Werdegang war alles andere als linear. Egal, was ich gemacht habe, ich bin immer einem *organischen* Weg gefolgt. Alles fing mit meinem Wunsch an, Grundschullehrer zu werden. Später habe ich eine Karriere in der Wirtschaft angestrebt und mich auf den Bereich Sozialversicherungen spezialisiert. Ich hatte verschiedene Positionen im Krankenversicherungsbereich sowie in der Pensionskasse, und ich arbeitete als Freiwilliger für den Fahrdienst des Schweizerischen Roten Kreuzes. Auch war ich als Mitarbeiter einer Tierschutzvereinigung tätig. Später habe ich angefangen, soziokulturelle Animation zu studieren und absolvierte danach eine Ausbildung zum Personalfachmann. Nun bin ich selbstständig, bin Autor und habe Angebote in den Bereichen Coaching, Energiearbeit und Spiritualität.

> Intuition und glückliche Zufälle können dir Hinweise geben, welchen Weg du besser verfolgen solltest.

Auf meiner eigenen transformativen Reise kam ich oft an Weggabelungen. Es waren immer mein Bauchgefühl und meine Intuition – wie auch synchronistische Erlebnisse und

Begegnungen –, die mir Hinweise gegeben haben, welchen Weg ich am besten verfolgen sollte. Durch ein höheres Bewusstsein erhältst du mehr Klarheit darüber, wie du tatsächlich etwas erschaffst. Vielleicht kannst du auch mit einem Coach, einem Therapeuten, einem guten Freund oder einer guten Freundin entdecken, ob der Weg, auf dem du dich gerade befindest, sich immer noch richtig für dich anfühlt.

Lerne, wie und wann du dich entspannen kannst. Nimm bewusst wahr, was für neue Inspirationen, Visionen und Ideen aus deinem Unterbewusstsein auftauchen. Hör auf, etwas mit viel Anstrengung erreichen zu wollen. Erlaube dir stattdessen, einen ruhigen und entspannten Ort zu genießen. Werde dir deines Bauchgefühls bewusst und achte auf deine Intuition, wenn du Entscheidungen triffst!

Schritt 11: Lies die Zeichen und nimm Synchronizitäten wahr!

Um deiner Bestimmung näherzukommen, ist das Wahrnehmen von Zeichen ein weiterer wichtiger Schritt. Fang an, wahrzunehmen, was um dich herum geschieht: Ereignisse, Synchronizitäten und Dinge, die dir Menschen mitteilen oder die sie tun. Du wirst rasch entdecken, dass dir das Leben kontinuierlich Hinweise gibt, die dich auf den richtigen Weg hin zu deinen Zielen führen.

Der bekannte Autor *Paolo Coelho* findet Zeichen sehr wichtig. Viele Jahre hat er sich auf ein chinesisches Werk, das *I Ching*, verlassen, ein jahrtausendealtes Buch. Dies half ihm, die Zeichen und Synchronizitäten zu entschlüsseln, die in seinem Leben auftauchten. Falls du am Thema Zeichen interessiert bist, wird dich Coelhos Buch *Der Alchimist* inspirieren. Vielleicht wählst du irgendeinen Abschnitt in einem dieser renommierten Bücher und findest genau die Antworten auf die Fragen, nach denen du suchst! Das nenne ich Synchronizität!

Der bekannte Psychologe und Psychoanalytiker *Carl Gustav Jung* bezeichnete *Synchronizitäten* als Ereignisse, die miteinander verbunden sind – Ereignisse, die als aufeinander bezogen wahrgenommen und gedeutet werden. Einige Menschen glauben, dass sich kosmische Hinweise durch die Intervention einer höheren Kraft oder durch die spirituelle Welt zeigen. Andere wiederum fühlen, dass es wertvolle Schnittpunkte sind, die sie zu großen Einsichten führen.

Synchronizitäten ereignen sich, wenn sich ein äußeres, physisches Ereignis als Analogie eines inneren Zustands durch einen Traum, eine Vision, eine Emotion oder eine bewegende Idee manifestiert. Um ein solches Ereignis tatsächlich als synchronistisch zu definieren, muss das innere Ereignis vor oder genau gleichzeitig (synchron) mit dem äußeren Ereignis geschehen. Wenn du dich öffnest und diese bedeutsamen Hinweise wahrnimmst und sie nutzt, um dadurch deine Tätigkeiten zu lenken, wirst du überall in deinem Alltag Synchronizitäten wahrnehmen. Vielleicht hast du auch schon erlebt, dass dich jemand genau dann anruft, wenn du an ihn denkst, und er bestätigt, dass er auch gerade an dich gedacht hat. Vielleicht befindest du dich in einer bestimmten Situation und hast plötzlich das

Gefühl, dass du diese Situation schon erlebt hast, ein sogenanntes Déjà-vu.

Vielleicht hattest du einen Traum, und etwas aus diesem Traum ereignet sich am nächsten Tag oder auch einige Zeit später. Vielleicht sagt dir jemand etwas, und am nächsten Tag hörst du, wie ein anderer darüber spricht. Oder du wirst dir bestimmter Zahlenkombinationen bewusst, die sich dir immer wieder zeigen, und nach einiger Zeit entdeckst du die Bedeutung dieser Zahlen in deinem Leben. Wenn du anfängst, danach Ausschau zu halten, wirst du überall in deinem Leben Synchronizitäten finden!

Schritt 12: Sei mutig! Geh Risiken ein!

Wenn wir unser volles Potenzial erreichen wollen, müssen wir oft eine Veränderung in unserem Leben vornehmen. Es braucht ein bestimmtes Risiko zur Veränderung, wenn wir das erreichen wollen, was für uns Bedeutung hat. So könnte beispielsweise der Kündigung einer unangenehmen Arbeitsstelle eine Phase der Arbeitslosigkeit folgen. Während dieser Zeit findest du vielleicht mehr Klarheit, in welchem Umfeld du lieber arbeiten möchtest, und du entdeckst vielleicht, wie du dich am besten auf deine ideale Stelle bewirbst. Zu träumen wagen kann dich verletzbar machen. Wenn du deine größten Visionen und Hoffnungen mit anderen teilst, kann dies (wenn du dich der falschen Person anvertraust) möglicherweise dazu führen, dass du als unrealistisch und als jemand bezeichnet wirst, der sich auf sogenannte Luftschlösser statt auf tatsächlich realisierbare Träume konzentriert. Erinnere dich jedoch daran: Ihre Träume sind nicht dieselben Träume, die du hast. Wähle also deine Freunde, Liebhaber und Vertrauten sorgfältig aus. Träume deine Träume und bemühe dich, sie zu erreichen!

Die Suche nach aufrichtiger Liebe oder Freundschaft kann uns möglichen Verletzungen aussetzen. Jedoch musst du in diesem Lebensbereich bereit sein, Risiken einzugehen. Vielleicht weist dich die Person ab, zu der du dich hingezogen fühlst, wenn du sie ansprichst. Jedoch könnte sie sich aber auch so sehr darüber freuen, dass ihr ein paar Jahre später eine Familie miteinander gründet. Du weißt es nicht, solange du es nicht versucht hast! Wenn wir offen, empfänglich und bewusst sind, zeigen sich Möglichkeiten, die wie aus dem Nichts auftauchen. Nimm also einen tiefen Atemzug und gehe Risiken für die Dinge ein, die für dich *wirklich* von Bedeutung sind! Deine Bestimmung ist so wichtig, dass sie es wert ist, dafür auch Risiken einzugehen und das Bedürfnis nach Sicherheit aufzugeben. Egal, wie stark dieses Sicherheitsbedürfnis auch sein mag.

Werde dir der Synchronizitäten bewusst und lerne die Zeichen zu lesen, die dir das Leben jeden Tag zeigt. Sei mutig und gehe Risiken ein. Frag dich: »Was ist für mich von Bedeutung?« – »Was ist für mich wertvoll?« Lass dich danach durch deine Inspiration leiten!

Ich hoffe sehr, dass ich dich mit diesem Buch dabei unterstützen kann, deine Gaben zu entdecken, damit du zu deiner Bestimmung findest und deine Leidenschaft mit anderen und der Welt teilen kannst. Es würde mich glücklich stimmen, wenn du dadurch mehr Klarheit und Vertrauen gewinnen würdest. Die hier vorgestellten Tools, innovativen Techniken und konkreten Schritte helfen dir, effektiv und effizient an deiner Veränderung zu arbeiten.

> *Zusammenfassung der zwölf Schritte*
> *Schritt 1:* Sei ehrlich!
> *Schritt 2:* Beginne langsam! Beginne heute!
> *Schritt 3:* Entschleunige! Halte ein!
> *Schritt 4:* Entdecke und entwickle deine Talente!
> *Schritt 5:* Lerne, dich zu entscheiden!
> *Schritt 6:* Lass dich von deinen Leidenschaften leiten!
> *Schritt 7:* Folge deiner Intuition!
> *Schritt 8:* Bleib offen, empfänglich und flexibel!
> *Schritt 9:* Lerne, wie und wann du am besten ausruhen solltest!
> *Schritt 10:* Nimm die Geschenke des Lebens wahr!
> *Schritt 11:* Lies die Zeichen und nimm Synchronizitäten wahr!
> *Schritt 12:* Sei mutig! Geh Risiken ein!

Teil 3

Inspirierende Geschichten

Im Folgenden stelle ich verschiedene Beispiele vor, wie Tiere und Menschen ihre Bestimmung leben oder lebten. Wir werden auch miteinander in Teile der Welt reisen, die ich auf der Suche nach meiner eigenen Bestimmung besucht habe. Ferner wirst du mich auf Reisen begleiten, die mir den größten Segen (sowie meine schwierigsten Herausforderungen) gebracht haben und mir dabei halfen, auf mein Herz zu hören und mich weiterzuentwickeln. Ich hoffe, dass dich diese Geschichten inspirieren, deinem Herzen zu folgen, deine Bestimmung zu finden und dein Schicksal zu erfüllen!

Segen aus Hawaii

Hawaii war und ist für mich eine Quelle der Inspiration und ein Ort spiritueller Wiedergeburt, also werde ich dir zuerst fünf kraftvolle Geschichten aus dieser wunderschönen Inselgruppe vorstellen. Sie heben wertvolle Qualitäten des *Aloha Spirits* hervor, die mich auf meiner Reise segneten:

- Segen der Dankbarkeit
- Segen der Klarheit
- Segen der Vergebung
- Segen der Entspannung
- Segen der Heilung

Ich bin überzeugt, dass dir diese Geschichten Mut und Kraft geben werden, ein Leben mit Bestimmung zu visualisieren und deine Träume zu realisieren.

Segen der Dankbarkeit
Weil meine Partnerin Eunjung auf einer Dienstreise an der Ostküste der USA war, feierte ich am 28. April 2015 meinen 39. Geburtstag allein. Wir trafen uns zwei Tage später wieder auf Oahu. Bevor ich zum Flughafen von Honolulu fuhr, um Eunjung abzuholen, entschloss ich mich, einen kurzen Spaziergang zu machen. Diese Entscheidung führte zu einem unvergesslichen Erlebnis: Als ich am Meer entlang zum Waikiki Aquarium ging, sah ich eine hohe Bretterwand, die ins Meer hinausragte. Wie ein Blitz traf mich die Erinnerung: Ich hatte den Strand sieben Jahre zuvor oft besucht, nachdem eine unter einem unglücklichen Stern stehende Beziehung auseinandergegangen war. Ich erinnerte mich, dass ich zu dieser Zeit geglaubt hatte, ich hätte meine Traumfrau getroffen.

Nachdem wir uns während eines Monats oft verabredet hatten, haben die Frau und ich erkannt, dass wir keine feste Beziehung miteinander haben können, und ich hatte unter großem Liebeskummer gelitten. Während dieser schwierigen Zeit hatte ich alles versucht, um mich von diesem Schmerz zu befreien. Ich hatte mich nach einem Rückzugsort in einiger Entfernung vom belebten Waikiki Strand gesehnt.

Ungefähr zehn Minuten Fußweg weiter entfernt hatte ich einen kleineren und ruhigeren, schönen Strand gefunden, der direkt vor einem Hotel lag. Nach meinem Englischunterricht bin ich dorthin gegangen, um die Bücher *The Mastery of Love* (Vollendung in Liebe) und *The Four Agreements* (Die vier Versprechen) des mexikanischen Autors *Don Miguel Ruiz* zu lesen. Ich hatte auch Tagebuch darüber geführt, was ich während dieses Lebensabschnitts und beim Lesen der Bücher über spirituelle Weisheit gelernt habe.

Die erste Erkenntnis war, wie wertvoll Momente der Einsamkeit sind. Für mich war allein zu sein, zu meditieren und die Umstände dieser herausfordernden Zeit so anzunehmen wie sie eben waren, einer der ersten Schritte, um meine Angst vor dem Alleinsein zu überwinden. Zum ersten Mal in meinem Leben hatte ich die Gefühle der Einsamkeit und Traurigkeit völlig zugelassen.

Als ich anfing, mein wahres Ich anzunehmen und ich mir erlaubte, präsent zu sein, fühlte ich, wie sich meine Gefühle veränderten. Ich entdeckte dabei, dass sich uns Wunder offenbaren, wenn wir unsere Ängste ablegen und offen und empfänglich sind. Später habe ich gelernt, dass es dafür einen Begriff gibt: *Synchronizität!*

Viele Menschen haben Angst vor der Einsamkeit. Wie oft hast du dich in letzter Zeit nur dir gewidmet? Wenn du bereit bist, lade ich dich ein, dir einfach etwas Zeit für dich zu nehmen. Erlaube dir, dich auszuruhen, dich zu erholen und dich durch die Gnade der Stille zu entwickeln und in deine Kraft zu finden.

Die zweite Erkenntnis war die Kraft der Dankbarkeit. Während dieser Zeit saß ich jeden Tag am selben Ort, lehnte mich an die Bretterwand und schaute aufs Meer hinaus. Manchmal hatte ich Tagträume, und ich stellte mir vor, welch wunderbare Zeit meine Traumfrau und ich gemeinsam hier am Strand hätten verbringen können.

Mit der Zeit wurde mein Schmerz jedoch weniger. Er wurde durch Gefühle der Dankbarkeit ersetzt dafür, dass ich jemanden getroffen hatte, der mein Herz wieder für die Liebe und letztlich zur Selbstliebe geöffnet hatte. Ich war dankbar dafür, dass ich – wenn auch nur kurz – fähig war, diese Liebe zu erleben, nachdem ein Jahr zuvor meine letzte siebenjährige Beziehung in der Schweiz in die Brüche gegangen war. Ich erkannte, dass Dankbarkeit sogar in den schwierigsten Situationen mehr Möglichkeiten und Synchronizitäten bringt und dass sie uns näher zu unserer Bestimmung führt.

Die Tagträume hatte ich an diesem friedlichen Strand im Juni 2008. An diesem Morgen im April 2015 wurde mir bewusst, dass ich wieder am selben Strand war. Ich übernachtete sogar im selben Hotel, das ich sieben Jahre zuvor bewundert hatte! Nun würde ich meine geliebte Partnerin Eunjung sehr bald wiedersehen und sie hier an den gleichen Ort bringen.

Diese verblüffende Erkenntnis berührte mich zutiefst und rührte mich zu Tränen. Dieses Mal weinte ich jedoch nicht aus Trauer, sondern weil ich zutiefst dafür dankbar war, dass ich mit Eunjung zusammen war. Meine Rückkehr an diesen Ort war nun geprägt von einer völlig neuen Perspektive und von einer Klarheit auf meinem Weg und meiner Bestimmung.

Wenn ich heute auf die schwierige Zeit vor zwölf Jahren zurückschaue, erkenne ich, dass mein Liebeskummer für meine Reise enorm wertvoll war. So schmerzhaft es auch war, half mir die Erfahrung doch, Klarheit über mich und meine ideale Beziehung zu finden. Noch viel wichtiger aber war, dass ich wieder anfangen konnte, Frieden, Selbstliebe und Harmonie in mir zu entdecken.

Die dritte Erkenntnis war, mich auf das hinzubewegen, wofür ich mich bewusst entschieden hatte, und die Gewissheit, dass ich es als Nächstes erleben würde. Nach der Mitte Juni 2008 in Honolulu in die Brüche gegangenen Beziehung hatte ich mich taub gefühlt und außerstande, loszulassen und nach vorne zu schauen. Ich jogge gerne, meine Traurigkeit hatte jedoch dazu geführt, dass meine Fußsohlen derart schmerzten, dass ich nicht mehr joggen konnte. Drei Wochen später machte ich meinen ersten Fallschirmsprung, weil ich das Gefühl hatte, mich damit aus meinem unglücklichen und blockierten mentalen und emotionalen Zustand befreien zu können.

Eine der wirksamsten Möglichkeiten, dich aus einer verfahrenen Situation zu lösen, ist etwas zu tun, was du vorher noch nie getan hast. Als ich in dem kleinen Flugzeug saß und in den Himmel aufstieg, fühlte ich mich noch taub und ohne jegliche Emotion. Mein Instruktor war überrascht, dass ich nicht wie andere Probanden aufgeregt war vor dem bevorstehenden Sprung. Ich werde den Moment nie vergessen, als wir aus einer Höhe von über 4200 Metern aus dem Flugzeug sprangen.

> Um dich aus einer verfahrenen Situation zu lösen, musst du etwas tun, was du vorher noch nie getan hast.

Nachdem ich die herrliche Landschaft der Nordküste von Oahu und den türkisblauen Pazifischen Ozean von oben sah, strömte Adrenalin durch meinen Körper. Durch diesen extremen Akt konnte ich endlich die festgefahrenen Emotionen sowie die bis dahin völlig unterdrückten Gefühle des Schmerzes und Verlustes wieder spüren. Ich war drei Wochen lang verspannt, und der freie Fall beim Fallschirmspringen gab mir die dringend nötige Befreiung.

Segen der Klarheit
Nachdem ich drei Jahres später, Ende Juni 2011, meine Weiterbildung beim *Pacific Center for Awareness and Bodywork* auf Kauai abgeschlossen hatte, spürte ich einen starken inneren Drang, auf eine Visionssuche zu gehen und auf alle hawaiianischen Inseln zu reisen. Eine meiner vielen Absichten war es, während meiner Reise einen *Kahuna* oder eine *Kupuna* zu treffen.

Beide Wörter sind in Mythen und alten Legenden geheimnisumwoben. *Kahuna* bezieht sich auf einen hawaiianischen Priester bzw. eine Priesterin oder einen Heiler bzw. eine Heilerin, während *Kupuna* einen hawaiianischen Stammesältesten oder Weisheitslehrer bezeichnet. Als ich mich am 30. Juni 2011 auf meine Visionssuche begab, war mir klar, was ich suchte, jedoch hatte ich keine Ahnung, *wie* ich einen solchen Weisheitslehrer bzw. Weisheitslehrerin finden könnte.

Ich reise zunächst nach Big Island und anschließend nach Maui. Ich besuchte viele *Heiau* (alte hawaiianische Tempel), um meine Dankbarkeit und meinen Respekt auszudrücken und um für Harmonie und Frieden für die hawaiianischen Inseln zu beten. Ich erlebte während dieses ersten Teils meiner Reise viele magische Momente und hatte tiefe Einsichten, jedoch traf ich niemanden, der mich zu einem wahren Kahuna oder Kupuna führen konnte.

Als ich nach Molokai flog, ahnte ich noch nicht, dass ich bald finden würde, wonach ich gesucht hatte. Am zweiten Tag nach meiner Ankunft wurde ich durch eine Serie von Synchronizitäten zum Halawa Tal geführt, das sich am östlichen Ende von Molokai befindet. Während des ersten Abendessens in einem einheimischen Restaurant empfahl mir der Musiker, der dort spielte, nach *Pilipo Solatorio* (auch bekannt als *Anakala* »Onkel Pilipo«) im Halawa Tal zu suchen, als ich ihm von meinem großen Interesse an hawaiianischer Kultur erzählte.

Als ich in dieses abgelegene und heilige Tal fuhr, war ich von der unglaublichen Schönheit und herzöffnenden Energie überwältigt. Nach meiner Ankunft sah ich zuerst einige hawaiianische Familien, die den Strand genossen. Ich fragte einen älteren Mann, ob er wisse, wo ich Pilipo finden könne. Er war freundlich und fragte mich, wieso ich Pilipo treffen wolle. Nachdem ich ihm von meiner Absicht erzählte, sagte er mir, ich solle einfach ins Tal hineingehen und dass ich ihn treffen würde, falls *Ke Akua Mana Mau* (Hawaiianisch: ewiger, mächtiger Gott) dies wolle.

Während ich dem Weg ins Tal folgte, sah ich verschiedene Schilder, auf denen »*No Trespassing*« (Zutritt verboten) und »*Private Property*« (Privatgrundstück) stand. Ich begann zu zweifeln, ob es eine gute Idee war, ohne Begleitung weiterzugehen, und ich fragte mich, ob es vielleicht besser wäre, wieder umzukehren. Doch fühlte ich, dass ich auf mein Herz hören und Vertrauen haben sollte und ging weiter.

Nachdem ich ungefähr 15 Minuten dem Weg gefolgt war, sah ich linkerhand ein Haus. Genau in diesem Moment kam ein älterer, würdevoll aussehender Mann mit einer kraftvollen Präsenz heraus. Er kam direkt auf mich zu und fragte mich, wonach ich suche, was mich auf die Insel gebracht habe, wie meine Beziehung zu meinen Familienangehörigen sei und was der Grund sei, ihn zu besuchen. Ich freute mich riesig, dass ich zur richtigen Person geführt worden war und antwortete so gut ich konnte.

Auf diese Weise verband ich mich mit Pilipo. Er sagte mir, dass er an Sonntagen üblicherweise das Tal verlasse, um Familienangehörige in einem anderen Teil der Insel zu besuchen. Er hatte jedoch in der Nacht zuvor eine Vision, dass ihn jemand besuchen werde. Pilipo stellte mir weitere Fragen, und ich beantwortete sie ehrlich, mit offenem Herzen und viel Respekt. Durch diese erste Unterhaltung spürten wir eine solch tiefe Verbindung, dass wir uns hinsetzten und mehr als fünf Stunden Geschichten austauschten. Während unserer wertvollen gemeinsamen Zeit lernte ich viel über Pilipos Leben, die hawaiianische Kultur und Geschichte und wie er als Kind im Tal aufgewachsen war. Der bewegendste Moment war, als Pilipo zu weinen anfing, während er mir erzählte, wie das Land illegal von den Einheimischen entwendet wurde. Es war so berührend, dass ich selbst zu weinen anfing. Wir umarmten uns lange. Anschließend teilte er mir folgende Weisheit mit:

> »Viele Hawaiianer leiden unter dem, was sich in der Vergangenheit ereignete. Einige reagieren mit Ärger und Wut, während andere einen friedlicheren Weg wählen. Egal, was auf einer persönlichen, kollektiven oder globalen Ebene geschieht: Wir haben in jedem einzelnen Moment die Wahl, worauf wir uns fokussieren wollen, und ob wir unseren Gedanken und Überzeugungen erlauben, unser Leben zu bestimmen.«

Als ich am Abend zu meinem Hotel zurückfuhr, war mein Herz weit offen, und ich war zutiefst berührt von allem, was Pilipo mir erzählt hatte. Die Worte Pilipos, dass wir unsere Gedanken unser Leben bestimmen lassen, berührten mich sehr. Nach diesem ersten Treffen mit Pilipo auf meiner Visionssuche bin ich noch dreimal in dieses heilige Tal zurückgekehrt, um ihn zu besuchen. Ich bin jedes Mal mit einem *E komo mai. Nou ka hale!* (Komm hinein, du bist in diesem Haus willkommen!) herzlich begrüßt worden.

Das Hauptproblem bei all den Geschichten, die du dir kontinuierlich immer wieder erzählst, sowie mit den Überzeugungen, an denen du festhältst, ist, dass sie sich entweder auf etwas beziehen, was sich in der Vergangenheit ereignet hat, oder darauf, was sich vielleicht in der Zukunft ereignen wird. Falls du an diesen Geschichten festhältst, die für dein Leben schon längst nicht mehr relevant sind, bringst du dich in einen schwächeren Zustand. Dies macht es für dich schwer, dich bewusst dafür zu entscheiden, was für dich in der Gegenwart am wichtigsten ist.

Segen der Vergebung
In der folgenden Geschichte stelle ich dir eine weitere einfache Methode vor, die dir hilft, die Kraft der Vergebung freizusetzen.

Pilipo war 71 Jahre alt, als ich ihn vor neun Jahren auf der Insel Molokai traf, sein Gesicht war noch beinahe faltenfrei. Vielleicht liegt dies an seinem Leben im abgelegenen und ursprünglichen Halawa Tal, wo er aufgewachsen war und sechs Kinder großgezogen hatte. Vielleicht kommt seine Stärke auch aus einem Wildschweinzahn, der an seinem *Kukui Nut Lei* (Hawaiianischer Kranz) hängt. Die Geschichte des Kukui Nut Lei geht auf die Ankunft der frühen Polynesier auf den hawaiianischen Inseln zurück. Sie brachten die Kukui-Bäume und -Nüsse von Südostasien mit und kultivierten sie auf den hawaiianischen Inseln. Die Nuss von diesen Bäumen ist aufgrund ihrer vielfältigen Verwendung von spiritueller Bedeutung in der hawaiianischen Kultur.

Während unseres ersten Treffens sprach Pilipo von einem alten hawaiianischen Ritual zur Vergebung. Es wurden viele Bücher über diesen bedeutsamen religiösen Brauch geschrieben, und viele Menschen auf der ganzen Welt haben diese Praxis in den letzten Jahren bereits kennengelernt. Ich wäre nicht überrascht, wenn auch du bereits von *Ho'oponopono* gehört hättest. Das Wort ist vielleicht etwas schwierig auszusprechen, jedoch ist es in seiner Anwendung ein einfacher und leichter Prozess.

Das Prinzip hinter Ho'oponopono ist, dass viele wegen ihrer Gedanken und Gefühle in Bezug auf ihre Vergangenheit leiden. Wir halten an Erlebnissen und Erfahrungen fest, selbst wenn sie ihre wahre Auswirkung schon längst verloren haben. Unser Leiden entsteht aus dem Widerwillen, Geschichten loszulassen, die wir zur Vergangenheit zählen. Ho'oponopono ist eine großartige Methode, die du anwenden kannst, wenn du das Gefühl hast, von deiner Geschichte zurückgehalten zu werden.

Als ich Pilipo zum ersten Mal traf, fragte er mich, wie meine Beziehung zu meiner Familie sei. Er erklärte mir später ausführlich, wieso dies eine wichtige Frage ist. Er sagte, wenn nur ein einziges Familienmitglied ein Problem hat, dass dann die ganze Familie und schließlich eine ganze Generation davon beeinflusst werde, und zwar weit stärker, als sich die meisten Menschen bewusst sind. Die guten Neuigkeiten aber sind, dass wir uns selbst und anderen vergeben können. Dieser Akt der Vergebung kommt nicht nur unseren direkten Familienangehörigen zugute, sondern beeinflusst auch unsere Ahnen auf positive Weise. Ho'oponopono ist ein Schlüsselelement dieses Vergebungsrituals.

Die Essenz von Ho'oponopono ist, dass sich deine Gedanken und Emotionen als Gesundheit oder Krankheit in deinem Körper manifestieren. Ho'oponopono ist ein einfaches Hilfsmittel, um Frieden zu finden und zur spirituellen Reinigung, durch die du dich von Sorgen und Ängsten, destruktiven Gewohnheiten, alten Glaubenssätzen und anderen negativen Bereichen befreien kannst.

Nachdem ich diese Praxis zur Vergebung gelernt hatte, habe ich sie regelmäßig auf meiner eigenen Reise angewandt. Die Resultate haben manchmal meine Erwartungen bei Weitem übertroffen. Ho'oponopono kann uns zurück in die Einheit, zu innerem Frieden und in Harmonie führen. Hier sind die vier einfachen Aussagen des Ho'oponopono:

- Es tut mir leid.
- Bitte vergib mir.
- Danke sehr.
- Ich liebe dich.

Die Ursprünge von Ho'oponopono sind sehr alt. Es ist ein essenzieller Teil eines Systems von hawaiianischer Weisheit, die *Huna* genannt wird. In Hawaii wird die Gruppe aus acht Inseln auch als *Das Land des Aloha* beschrieben, was einfach übersetzt *Das Land der Liebe* heißt. *Aloha* ist die Essenz des *Huna*, und es bildet die Basis dieses alten Rituals.

Weder Ho'oponopono noch Huna sind feste Systeme. Du kannst Ho'oponopono als einen von vielen Wegen nutzen, um innere Blockaden aufzulösen und dich von Programmen zu befreien, die dich sabotieren und dich davon abhalten, im Fluss des Lebens zu sein und die Geschenke des Universums zu erhalten.

Eine weitere Anwendung ist die sogenannte Familienkonferenz, eine hawaiianische Tradition, die in der Jugendarbeit und Sozialarbeit eingesetzt wird. Im Folgenden die sechs Schritte, die mir Pilipo während meines ersten Besuchs im Halawa Valley mitteilte. Sie sind ein essenzieller Teil dieses großartigen hawaiianischen Rituals zur Vergebung.

- Verbindung mit der ursprünglichen Quelle (Akua), den Lichtwesen und Ahnen.
- Kontemplation (Hala) und Akzeptanz (Hihia) des Problems im Herzensraum.
- Volle Verantwortung übernehmen (Kuleana) für die Existenz des Problems in deinem Leben.
- Bereitschaft, anders zu handeln (Ho'o), nachdem du dir selbst und allen anderen, die in das Problem involviert sind, vergeben hast.
- Gegenseitige Vergebung und Verzeihung (Mihi).
- Dankbarkeit und abschließendes Gebet (Pule Ho'opau).

Auf Molokai folgten die Einheimischen einem Ho'oponopono oft mit der Darbietung eines aus der Frucht des Hawa-Baums gefertigten Lei. Wenn du möchtest, kannst du nach einem Ho'oponopono der von dir geliebten Person ein kleines, jedoch bedeutsames Geschenk machen. Jedoch ist das größte Geschenk, das du machen kannst, ein durch Ho'oponopono vertieftes Verständnis.

Es gibt zwei Bücher zu diesem Thema, die besonders hilfreich sind. Falls du an einer kurzen Übersicht und Zusammenfassung interessiert bist, empfehle ich dir das Buch von *Ulrich Emil Duprée: Ho'oponopono. The Hawaiian Forgiveness Ritual as the Key to Your Life's Fulfillment* (Findhorn Press Ltd.). Wenn du inspiriert bist und in die Tiefe gehen willst, empfehle ich dir das Buch von *Joe Vitale: Zero Limits: The Secret Hawaiian System for Wealth, Health, Peace and More* (John Wiley and Sons).

Ich las Joe Vitales Buch im Oktober 2011 auf dem Flug von der Schweiz nach Hawaii, und ich machte mir dazu verschiedene Notizen. Die letzte Notiz in meinem Tagebuch lautete: »Ab hier und jetzt entscheide ich mich, alles, was ich gerade durch dieses Buch gelernt habe, in jeder schwierigen Situation anzuwenden, der ich begegnen werde.«

Dies war ungefähr eine Stunde, bevor wir nach einem langen Flug von der Schweiz auf einem Flughafen an der Westküste der USA landeten. Ich lebte bereits seit sieben Monaten in den USA, um zu studieren, und danach verließ ich das Land für nur elf Wochen. Bei der Rückkehr sah ich mich bei der Immigration unerwarteten Problemen gegenüber, ich wurde vier Stunden lang eingehend kontrolliert, sodass ich den Anschlussflug nach Hawaii nicht mehr erreichte.

Ich entschied mich bewusst, nicht in die Angst zu gehen, sondern das Beste zu machen, was in einer solch unangenehmen Situation möglich war. Ich blieb lösungsorientiert und versuchte, den verborgenen Segen der Situation zu finden. Ich wollte die vier Aussagen so lange wiederholen, wie das Problem andauern würde und ebenfalls die sechs Schritte anwenden, die Pilipo mir während meines Besuchs im Halawa Tal mitgeteilt hatte.

Dies hat die Energie der Situation so weit transformiert, dass die Immigrationsbeamtin sich bei mir am Ende der Untersuchung entschuldigte und sagte: »Willkommen zurück in den USA. Wir sind froh, dass du zu einem weiteren Besuch gekommen bist.« Bevor ich weiterging, umarmte sie mich sogar und lächelte.

Obwohl ich meinen Weiterflug verpasste und nach einer langen Reise sehr müde war, ging ich mit einem herzlichen Lachen im Gesicht weiter. Ich war stolz, dass ich eines der Konzepte, die ich gerade gelernt hatte, wirksam umgesetzt hatte, und ich war hocherfreut über die unglaublich kraftvolle Bestätigung dieses tollen Ho'oponopono-Prozesses.

Dies ist nur eines von vielen speziellen Erlebnissen, seit ich angefangen hatte, die vier Aussagen und sechs Schritte dieses kraftvollen Vergebungsrituals anzuwenden. Ich lade dich ein, dieses Ritual bei dir selbst anzuwenden, wann immer du in eine Situation gerätst, die Vergebung und Frieden verlangt.

Segen der Entspannung
Nachdem ich Big Island, Maui und Molokai besucht hatte, legte ich den nächsten Stopp auf der Insel Lanai ein. Es ist wunderbar, von einer hawaiianischen Insel zur nächsten zu fliegen. Am Morgen des 12. Juli 2011 war ich auf einem 20-minütigen Flug von Molokai nach Lanai.

Die wunderbaren Erlebnisse auf Lanai zeigen eindrücklich die Kraft der Synchronizität, die tiefe Verbindung, die wir mit Tieren eingehen, und die Dinge, die sie uns lehren können, wenn unser Herz dafür offen ist. Damit möchte ich dir eine weitere großartige Methode an die Hand geben, die dir dabei hilft, Spannungen zu überwinden, dich mit kraftvoller Energie zu verbinden und in Frieden und Ruhe zu handeln.

Obwohl es der kürzeste aller meiner Flüge war, war ich von der herrlichen Landschaft überwältigt, die sich unter mir ausbreitete. Ich fragte mich, mit welch neuen Erlebnissen, Verbindungen und Einsichten mich dieser nächste Teil meiner Reise beschenken würde. Nachdem ich mein Gepäck abgeholt hatte, hieß mich ein einheimischer Busfahrer willkommen. Während wir zur Autovermietung im Zentrum fuhren, erzählte er mir von seinem Zuhause, das wegen seiner landwirtschaftlichen Vergangenheit manchmal auch *Pineapple Island* (Ananasinsel) genannt wird.

Ich hatte kurz davor Zeit mit Pilipo verbracht und fühlte mich auch deswegen der ehemaligen Kultur von Hawaii wie nie zuvor verbunden. Der freundliche Busfahrer erzählte mir von den großen Veränderungen zwischen dem heutigen und dem früheren Leben auf der Insel, als die Einheimischen auf diesem üppig bewachsenen Land von Viehwirtschaft und Fischerei lebten.

Das stimmte mich traurig. Jedoch erinnerte mich das, was ich auf Molokai erlebt hatte, daran, dass sich ein Raum zur Heilung sowie für Wunder und Segen öffnet, wann immer unsere Herzen brechen. Also entschloss ich mich erneut, bewusst, offen und empfänglich zu bleiben und mich auf die Bestimmung meiner Reise zu fokussieren.

> Wann immer unsere Herzen brechen, öffnet sich ein Raum zur Heilung sowie für Wunder und Segen.

Nachdem mich der Fahrer vor der Autovermietung hatte aussteigen lassen, wurde ich von einem anhänglichen älteren Hund begrüßt. Er schien wie magnetisch von meinen Handflächen angezogen zu werden. Sobald ich anfing, ihn zu streicheln, legte er sich auf den Rücken und genoss die Energie, die er von mir erhielt. Die Frau, die dort arbeitete, sagte mir danach, dass sie den Hund noch niemals zuvor so sah und dass er normalerweise scheu und misstrauisch sei und Menschen nicht so rasch vertrauen würde.

Danach bezog ich mein Zimmer im historischen Hotel Lanai. Es wurde 1923 durch *James Dole* als Unterkunft für die Manager der Dole Plantage gebaut und war bis 1990 das erste und einzige Hotel auf Lanai. Auch wenn sich das Hotel im Ortszentrum befindet, fühlte es sich friedlich und ruhig an. Die entspannte Atmosphäre hat teilweise auch damit zu tun, dass es auf Lanai nahezu keine Autos gibt. Stattdessen herrscht im Ort ein Überfluss an Grün, und die Luft ist von einem herrlichen Kiefern- und Pinienduft erfüllt.

Im Hotelzimmer überprüfte ich mein Mobiltelefon und sah, dass meine Mutter versucht hatte, mich während meines Fluges zu erreichen. Als ich sie zurückrief, sagte sie mir, dass meine ehemalige Partnerin sie angerufen und darum gebeten hatte, mir mitzuteilen, dass *Cleo*, eine liebevolle Siamkatze, mit der ich mehr als sechs Jahre zusammenlebte, sehr krank sei. Sie fragte mich, ob ich ihr aus der Distanz etwas Heilung senden könnte. Ich hatte das Gefühl, dass es tatsächlich sehr dringend war, und entschied mich, in der Natur nach einer heiligen Stätte zu suchen. Als ich die Hotelrezeptionistin fragte, wo ich auf Lanai einen solchen Ort finden könnte, empfahl sie mir, zum Kulturzentrum in der Nähe des Hotels zu gehen und dort nachzufragen.

Kurz nach meiner Ankunft kamen drei ältere Damen ins Hotel. Sie fragten mich, was mich nach Lanai gebracht hätte und weshalb ich das Kulturzentrum besuchen wolle. Ich teilte ihnen mit, was ich gerade über Cleo erfahren hatte und sagte, dass ich Tiere leidenschaftlich bei ihrer Heilung unterstützen und heilige Stätten besuchen würde. Die Damen empfahlen, ich solle *Kathy Caroll*, die Frau eines Galerieinhabers, anrufen, die einen Zufluchtsort für Katzen auf der Insel geschaffen habe.

Zuerst dachte ich, dass ich all das wohl träumen würde! Ich drückte ihnen meine tiefe Dankbarkeit für ihre Hilfe sowie für die spirituelle Unterstützung aus, die diese bemerkenswerte Synchronizität kreierte. Dann fuhr ich sofort zum Lanai Animal Rescue Center (*www.lanaicatsanctuary.org*). Als ich dort ankam, traf ich *Kathy*, die gerade im Begriff war, ins Ortszentrum zurückzufahren. Ich erzählte ihr, wodurch ich hierhergeführt wurde, und sie stellte mir jemand vor, der im Lanai Animal Rescue Center arbeitete. Ich war früher für verschiedene Tierheime tätig, was ich jedoch vor mir sah, war völlig anders als das, was ich bisher kannte.

Der Rückzugsort ist mit 1400 m² weitläufig und befindet sich unter freiem Himmel. Es gibt Paläste aus Paletten, in denen sich die Katzen zurückziehen können, sowie 2,5 Meter lange Bewässerungsrohre und verschiedene Baumleitern zum Spielen. Die Umzäunung besteht aus einer Vielfalt an Büschen, hohem Gras und Bäumen, wo die

Katzen spielen, schlafen und klettern können. Einige dieser Bäume bieten auch Schlafplätze für die abenteuerlustigeren Katzen.

Ich legte mich ins Gras und sah, wie Katzen in Ästen und mit der Brise hin und her schaukelten. Sofort kamen etwa zehn Katzen auf mich zu. Einige liefen um mich herum, während sich andere direkt auf mich legten. Es gibt keine Worte dafür, die annähernd das Gefühl beschreiben können, das ich in diesem Moment hatte. Es war die perfekte Zeit, mich mit Cleo zu verbinden und anzufangen, mit ihr zu arbeiten. Üblicherweise mache ich diese Heilarbeit allein, dieses Mal hatte ich jedoch zehn weitere Katzen, die mich dabei unterstützten. Sie halfen mir nicht nur, heilende Energien an Cleo zu senden, sondern auch meine Traurigkeit zu besänftigen, die ich für das ursprüngliche Lanai und das, was für die Einheimischen damit verloren gegangen war, empfand. Ich blieb ungefähr zwei Stunden da und ging danach ruhig, entspannt und regeneriert weiter.

Falls du jemals nach Lanai kommen solltest, solltest du unbedingt diesen malerischen Rückzugsort besuchen, der Katzenliebhaber aus aller Welt täglich willkommen heißt. Während meines Besuchs lebten dort 261 Katzen. Mittlerweile gibt es über 500 Katzen, die an diesem Ort leben, den ich schlichtweg als Katzenhimmel bezeichnen möchte.

Wenn es darum geht, aus der Ruhe und Stille zu handeln, sind Katzen wahre Meister. Wir können so viel von ihnen lernen. Erwachsene Katzen verbringen bis zu 50 Prozent ihrer wachen Zeit damit, sich zu putzen. Ein Grund dafür ist, dass sie sich durch dieses selbstreinigende

Ritual entspannen. Ein weiterer Grund ist Freundschaft. Katzen reinigen sich gegenseitig, nicht nur als Ausdruck von Zuneigung, manchmal mögen sie es auch, durch diesen Akt Menschen ihre Liebe zu zeigen.

Forschungen belegen, dass Katzen normalerweise zwischen zwölf bis sechzehn Stunden am Tag schlafen. Auch wenn Katzen viel Zeit schlafend verbringen, schlafen sie dennoch nicht auf die gleiche Weise wie Menschen. Vielmehr verbringen sie einen Großteil ihrer Zeit in einem *hypnagogen* Zustand. Dies ist der Grenzbereich zwischen Schlaf und Wachsein, wo sich der Austausch zwischen unterbewussten und unbewussten Dimensionen gleichzeitig ereignet. Es gibt einen sehr effektiven Weg, wie du dich selbst mit diesem Zustand verbinden kannst, und das ist Yoga Nidra. Wenn du Yoga Nidra praktizierst, kommst du diesem Zustand, in den sich Katzen versetzen können, am nächsten.

Nachdem ich von meiner letzten Hawaii-Reise Mitte Mai 2015 nach Denver in Colorado zurückgekehrt war, absolvierte ich eine achttägige Lehrerausbildung für Yoga Nidra. Mein Freund *Jeremy* hatte mir die Einladung zugeschickt, kurz bevor ich nach Hawaii abreiste. Die Ausbildung passte perfekt in meine Agenda und fing einen Tag nach meiner Rückkehr an. Ich habe viele Schritte gelernt, die ich selbst in meine eigenen Yoga-Nidra-Sitzungen einfließen lassen kann. Auch erlebte ich während der Ausbildung aus erster Hand die tief heilenden und wiederherstellenden Effekte von Yoga Nidra.

Am Anfang der Ausbildung bei meinem Freund *Jeremy* war ich sehr erschöpft. Wir absolvierten zwei Ausbildungsblöcke, die jeweils vier Tage dauerten. Trotz dieser Momente, in denen ich mich anfangs kraftlos fühlte, ging ich nach den Ausbildungswochenenden jedes Mal total erfrischt, mit Klarheit und voller Energie nach Hause. Seither wurde Yoga Nidra für mich zu einer täglichen und sehr nützlichen Praxis. Weil Yoga Nidra liegend praktiziert wird und eine sehr sanfte Form von Yoga ist, ist es auch ideal für Menschen mit körperlichen Einschränkungen. Ich kann dir daher nur ans Herz legen, Yoga Nidra auszuprobieren.

Im Zustand des Yoga Nidra kann sich bemerkenswerte Heilung auf der tiefsten Ebene des Selbst ereignen, wo die Wurzeln von Krankheit und Unausgeglichenheit liegen. Hier kannst du unerwünschte, langfristige Prägungen ersetzen oder eliminieren und mit den tiefsten Ebenen des Verstands arbeiten. Du kannst dir auf der Ebene, auf der diese Programmierungen geschehen, neue Ideen einprägen, zum Beispiel Affirmationen.

Wenn du also deine Visualisierungen und Affirmationen effektiver gestalten willst, empfehle ich dir, dies zu tun, *nachdem* du meditiert oder Yoga Nidra praktiziert hast. Deine Affirmationen, Visualisierungen und Meditationen werden immens davon profitieren, wenn du lernst, dich durch unterschiedliche Frequenzzustände zu bewegen. Falls du bereit bist, Yoga Nidra zu lernen und es in deinem Alltag zu nutzen, bin ich gerne für dich da, um dir dabei zu helfen, durch die unbewussten Ebenen zu navigieren.

Yoga Nidra ist eine effektive Technik, mit der du dich zwischen verschiedenen Hirnströmen bewegen kannst. Durch eine Sequenz progressiver, geführter Meditationen und Entspannungstechniken kann ein Yoga-Nidra-Lehrer Praktizierende in einen Zustand völliger physischer, mentaler und emotionaler Entspannung bringen. Dein Bewusstsein kommt dadurch in einen Zustand innerer Achtsamkeit *im Jetzt*.

Klienten fragen mich oft, wie sie sich durch das Ändern ihrer Hirnströme effektiver auf etwas fokussieren können. Ein Klient schrieb beispielsweise:

> *»Du hast geschrieben, dass viele blockiert sind, weil sie Visualisierungen und Affirmationen im Alpha- und Beta-Zustand durchführen, statt tiefer zu gehen. Ich finde dies interessant und hoffe, du kannst etwas stärker auf dieses Thema eingehen und zeigen, wie meine Visualisierungen und Affirmationen effektiver werden können.«*

Um diese Frage zufriedenstellend zu beantworten, ist es hilfreich, auf eine kraftvolle und alte hawaiianische Heiltradition, die *Huna* genannt wird, einzugehen. Wie ich bereits erwähnte, werden die Priester und Weisheitsträger dieser Tradition *Kahuna* genannt. Sie glauben, dass wir aus drei Teilen bestehen:

- **Höheres Selbst** = Höheres Bewusstsein des Verstands
- **Mittleres Selbst** = Bewusste Aspekte des Verstands
- **Tieferes Selbst** = Unterbewusste und unbewusste Aspekte des Verstands

Auch Schamanen aus dem Amazonas-Gebiet sprechen von drei Welten, die ständig miteinander interagieren:

- **Hanan Pacha** = *Die obere Welt. Residenz des höheren Selbst. Die Welt der Engel. Das Reich des Condors.*
- **Kay Pacha** = *Die mittlere Welt. Die Welt des menschlichen Selbst und die Welt der Tiere. Das Reich des Jaguars.*
- **Ukhu Pacha** = *Die tiefere Welt. Die Welt des unbewussten Instinkts und des reptilischen Verstandes. Das Reich der Anaconda.*

Beide Traditionen der Kahuna und Schamanen besagen, dass das mittlere Selbst nicht direkt auf die höheren Ebenen der Existenz zugreifen kann. Es gibt jedoch verschiedene Verbindungen zwischen dem tieferen und dem höheren Selbst. Die neuesten wissenschaftlichen Forschungen zeigen, dass 95 Prozent unserer Erfahrungen im unbewussten Teil des Verstands erfasst und gleichzeitig im Unterbewusstsein gespeichert werden. Was wir alle individuell als unsere Wahrheit oder Realität wahrnehmen, ist nur eine Reflexion dessen, was in unserem Unterbewusstsein gespeichert ist. In der Sammlung all dieser Erfahrungen befinden sich unsere Konditionierungen inklusive unserer Ängste, unseres Ärgers, unserer Unsicherheiten und selbstlimitierenden Glaubenssätze. Basierend auf alten Programmen und Erlebnissen werden neue Informationen gefiltert, analysiert, verglichen und in diesem Archiv gespeichert.

Unser Gehirn besteht aus Milliarden von Gehirnzellen, die Neuronen genannt werden. Sie nutzen Elektrizität, um miteinander zu kommunizieren. Die Kombination aus Millionen Neuronen, die sich gegenseitig Signale senden, produzieren eine enorme Menge elektronischer Aktivitäten im Gehirn. Durch die Entdeckung dieser Gehirnströme wurde auch festgestellt, dass sich die elektrische Aktivität verändert, je nachdem, was eine Person gerade tut.

Die Gehirnströme im Schlafzustand unterscheiden sich erheblich von denen im Traum- und Wachzustand. Die Wissenschaft entdeckt immer mehr darüber, was genau diese Gehirnströme repräsentieren und inwiefern sie die Gesundheit und den Bewusstseinszustand einer Person beeinflussen. So hat man erkannt, dass Gehirnströme nicht nur unseren Geisteszustand wiedergeben, sondern dass sie auch stimuliert werden können, um den Geisteszustand einer Person zu verändern.

Dies kann bei vielen mentalen und emotionalen Problemen hilfreich sein – und es kann uns dabei helfen, unser volles Potenzial zu erreichen, wenn wir meditieren und bestimmte Themen visualisieren. Weiter oben habe ich gezeigt, dass Zustände von Beta und Alpha zur Erstellung von Affirmationen weniger ideal sind als Zustände von Theta und Delta (siehe Seite 45 ff.).

- *Beta-Gehirnströme* liegen zwischen 13 und 38 Hertz (Hz). Hier bist du sehr wach, aufmerksam und konzentriert. Wenn wir versuchen, diesen Zustand zu lange

aufrechtzuerhalten, kann dies zu Erschöpfung, Ängsten und Anspannung führen.
- *Alpha-Gehirnströme* haben zwischen 8 und 13 Hz. Dies ist der Bereich der Zentrierung und mentalen Stabilität, du bist entspannt und gleichzeitig wach. Dies hat viele Vorteile, zum Beispiel vermindern sich dadurch Kopfschmerzen, und durch die Freisetzung von Serotonin erhöht sich die Klarheit.
- *Theta-Gehirnströme* haben zwischen 4 und 8 Hz. Dies leitet eine Tiefenentspannung und den Tiefschlaf ein. Im Thetazustand erlebst du tiefen inneren Frieden und tiefe Meditation, dein Erinnerungsvermögen, deine Konzentration und deine Kreativität erhöhen sich.
- *Delta-Gehirnströme* liegen zwischen 0,5 und 4 Hz. Hier sinkst du in tiefen Schlaf, und es gibt keine Muskelbewegungen mehr. Du hast das Gefühl von Einheit mit allem, und der Zustand führt zu einem entspannten Schlaf und lindert Schmerzen.

Meditation ist eine großartige Möglichkeit, um von einem Beta- in einen Thetazustand zu kommen. Wenn du regelmäßig meditierst, bringt dir das viele Vorteile, zum Beispiel bessere Konzentration, erhöhte Kreativität und tieferes Mitgefühl wie auch weniger Ängste, Stress und Anspannung. Es gibt viele verschiedene Wege zu meditieren. Da es eine sehr persönliche Praxis ist, gibt es vermutlich mehr Wege, als uns bewusst ist. Für mich ist Yoga Nidra ideal. Falls du daran interessiert bist, Yoga Nidra zu lernen und es in deinem Alltag zu praktizieren, bin ich gerne für dich da, um dich in deinem Prozess zu unterstützen.

Segen der Heilung

Man kann nicht wirklich über die Wunder und den Segen von Hawaii sprechen, ohne seine heilende Magie zu erwähnen. Schon allein, dass du auf der Insel bist, verbindet dich mit dem *Aloha Spirit*. Wie du vielleicht weißt, wirst du hier in Hawaii freundlich mit einem Lei-Blumenkranz und einem Aloha begrüßt. Aloha ist jedoch weit mehr als nur ein Gruß oder eine Anrede. Aloha ist ein Zustand, eine Lebensart, eine Mentalität und eine Einstellung. Ich fand eine wunderbare Beschreibung zur vertieften Bedeutung von Aloha, und ich freue mich sehr, sie hiermit weitergeben zu können.

Auntie Pilahi Paki war bekannt als »Hüterin der Geheimnisse aus Hawaii«. Sie stellte mehreren ihrer Schüler die Aufgabe, auf die Zukunft vorbereitet zu sein, wenn die Welt zusammenbrechen würde. Sie sprach von der Zeit, wenn Hawaii das Heilmittel haben wird, die Welt zu retten, und dass das Heilmittel Aloha sei. Anlässlich einer Regierungssitzung im Jahr 1970 führte sie das moderne Hawaii in das vertiefte Verständnis von Aloha ein. Ich zitiere nachfolgend zuerst die englische Bedeutung und übersetze sie anschließend ins Deutsche:

A *Akahai – meaning kindness (grace), to be expressed with tenderness* (Freundlichkeit und Anmut, ausgedrückt durch Zärtlichkeit)

L *Lokahi – meaning unity (unbroken), to be expressed with harmony* (Unversehrte Einheit, ausgedrückt durch Harmonie)

O *Olu'olu – meaning agreeable (gentle), to be expressed with pleasantness* (Angenehme Sanftheit, ausgedrückt durch Umgänglichkeit)

H *Ha'aha'a – meaning humility (empty), to be expressed with modesty* (Unbelastete Bescheidenheit, ausgedrückt durch Anspruchslosigkeit)

A *Ahonui – meaning patience (waiting for the moment), to be expressed with perseverance* (Geduldig auf den passenden Moment warten, ausgedrückt durch Ausdauer)

Eine tiefere Bedeutung von Aloha findet sich in einem Zitat von *Queen Lili'uokalani* aus dem Jahr 1917: »Zugang zum Himmelsreich zu erhalten ist wie das zu hören, was nicht gesagt ist, zu sehen, was nicht gesehen werden kann, und zu wissen, was nicht erkennbar werden kann – dies ist Aloha. Alle Dinge in der Welt sind zwei; im Himmel ist es jedoch eins.«

Dieses Zitat ist über 100 Jahre alt, jedoch können wir uns nach wie vor auf ihre Aussage beziehen. Genauso wie Auntie Pilhai Paki es ahnte, leben wir in der Tat in einer Welt, die anscheinend zunehmend außer Kontrolle gerät und am Rand eines Zusammenbruchs steht. Viele Menschen fühlen, dass die Systeme und Strukturen, die ihnen vertraut sind, zusammenbrechen, und sie erkennen, dass eine große innere und äußere Veränderung unvermeidbar ist.

Wir leben auf unserem Planeten Erde in einer kritischen Phase und gehen wahrhaftig ins Ungewisse. Um ein Leben mit Bestimmung zu leben und unsere Herzenswünsche zu verwirklichen, sind wir alle dazu aufgerufen, innere Arbeit zu leisten, statt zu hoffen, dass andere unsere Probleme lösen werden. Während dieser massiven Zeit der Transformation kann uns altes Wissen aus indigenen Kulturen unterstützen.

Seit meinem ersten Besuch auf Hawaii fühlte ich eine tiefe Resonanz mit der hawaiianischen Kultur und der Weisheit, die immer noch auf allen Inseln verbreitet ist und entdeckt werden kann. Aloha bedeutet, in der Gegenwart des Lebens zu sein und die Essenz unseres Daseins mit Offenheit, Ehrlichkeit und Bescheidenheit zu leben. Es ist eine Verpflichtung, authentisch zu sein sowie andere zu akzeptieren und zu würdigen, wer sie sind und anzuerkennen, welche Gaben sie haben.

Während meiner Visionssuche im Jahr 2011 war es eine meiner Absichten, eine bzw. einen *Kahuna* oder *Kupuna* zu treffen. Meine Freundin *Joy*, die ich auf Maui im selben Jahr etwas früher getroffen hatte, brachte mich zu einem besonderen Heiau, bevor ich nach Molokai weiterflog. Es heißt *Kukuipuka Heiau* und ist ein Ort für Rückzug und Heilung. *Kukui* bedeutet Licht und *Puka* Eingang. Dies weist darauf hin, dass dieser spezielle Ort ein Zugang zum Licht ist.

Alle Heiau haben Beschützer, ob sie nun die Form eines Menschen, Tiers oder Spirits haben. Während meiner Visionssuche wusste ich noch nicht, wer die Beschützerin des Kukuipuka Heiau ist. Nach meiner Hawaiianischen Wiedergeburt im Jahr 2008 hatte ich Paul gefragt, wieso ich so lange darauf warten musste, bevor ich ihn schließlich für die Heilsitzung getroffen habe. Er sagte mir, dass ich diesen Tag auf Seelenebene wählte, bevor ich geboren wurde, und dass die Zeit für unser Treffen jetzt stimmig sei.

So war es auch mit der Beschützerin des Kukuipuka Heiau. Die passende Zeit, sie zu treffen, war, als Eunjung und ich im Mai 2017 für eine Woche nach Maui zurückkehrten. Ein sehr kraftvoller und klärender Prozess begann am 28. April, am Tag meines 41. Geburtstags, und ich suchte nach hawaiianischem Segen und hawaiianischer Heilung für das, was ich in dieser Zeit durchmachte. Als wir auf Maui ankamen, erinnerte sich Eunjung daran, dass *Lei'ohu Ryder* auf Maui lebt und dass wir vor einigen Jahren eine CD mit heilender Musik von ihr gekauft hatten. Zu meiner Erleichterung hatte Lei'ohu am folgenden Tag Zeit für uns. Nachdem wir eingetroffen waren, begrüßte sie uns mit Aloha und einem herzlichen Lachen, und ich wusste, dass ich am richtigen Ort war. Ich fühlte, wie sie durch das sanfte Weitergeben der kraftvollen Lehren des Aloha heilende Energien in sämtliche Zellen meines Wesens übertrug. Als Teil meiner Heilzeremonie führte uns Lei'ohu zu ihrem heiligen hawaiianischen Altar in ihrem Garten und arbeitete dort mit mir. Es war unglaublich schön und kraftvoll. Ich fühlte mich mit dem ursprünglichen Heilwunder verbunden, welches ich neun Jahre zuvor mit Paul erlebt hatte, weil ich erneut auf heiligem hawaiianischem Land unter freiem Himmel mit Bäumen und Vögeln um uns herum war.

Von Lei'ohu lernte ich auch, wie ich die Blätter der *Ti Plant*, dies ist eine heilige hawaiianische Pflanze mit großen Blättern, für heilende Zeremonien nutzen kann. Sie brachte uns bei, wie wichtig *Ho'ihi* (mit Respekt als heilig behandeln) ist, wann immer jemand ein Heiau besucht. Danach teilte sie uns mit, dass wir wiederholt zum Kukuipuka Heiau zurückkehren sollten, um dort mehr Heilung zu empfangen, und sie erwähnte, dass sie zusammen mit ihrer Partnerin *Maydeen* die Verwalterin dieses Heiau ist.

Eunjung und ich erkannten, dass unser Treffen mit Lei'ohu eine tiefere Bestimmung hatte und über die Heilsitzung hinaus bedeutsam war. Es war eine weitere Initiierung, die uns daheim willkommen hieß, während wir unseren Wohnsitz nach Kauai verlegten, um den Weg des Aloha mit einem vertieften Bewusstsein zu gehen und diese alten Lehren der Liebe und Weisheit zu praktizieren. Ich fühle mich gesegnet, dass ich diese weise Lehrerin, *Kahuna* und *Kupuna*, traf, die die wahre Bedeutung von Aloha in sich trägt.

Da Eunjung und ich nun das wunderschöne Hawaii, auf Englisch auch *Aloha State* genannt, unser Zuhause nennen, fühlen wir uns mehr als jemals zuvor verpflichtet, der Gemeinschaft, zu der wir gehören, sowie unseren Freunden auf der ganzen Welt so gut wir es können zu dienen. Wir fühlen uns verpflichtet, so vielen Menschen wie möglich zu helfen, zu ihrer Wahrheit zu finden und ein Leben in Freude, Bestimmung und in Freiheit zu leben.

Herzförmige Insel in Thailand

Wenn sie auf der Suche nach Bedeutung und Bestimmung im Leben sind, suchen Menschen manchmal Hilfe und Führung von spirituellen Organisationen oder Lehrern. Ich habe selbst mit einigen spirituellen Lehrern gearbeitet und mich mit Lehren verschiedener spiritueller Traditionen beschäftigt. Sie spielten alle eine wichtige Rolle und vertieften mein Verständnis darüber, wer ich bin, zu wem ich werden kann und wie ich in dieser Welt am besten dienen kann.

Auf meiner Reise habe ich ebenfalls gelernt, dass Lehrer auch nur Menschen sind. Auch diejenigen, die ihre Lehren genial und tiefgründig vermitteln. Sie sind nicht immun gegenüber menschlichen Schattenseiten wie Überidentifikation mit dem Ego und Missbrauch von Macht, Kontrolle und Ruhm. Dies zu wissen half mir, nicht selbst in eine solche Falle zu tappen und mein Urteilsvermögen zu schärfen. Einige dieser Lehrer und Organisationen verhalfen mir durch diesen Kontrast zu mehr Klarheit darüber, was für ein Lehrer und Mentor ich werden will. Ich habe allergrößten Respekt vor Lehrern und Mentoren, die ihren Worten während des Unterrichts auf der Bühne und im Hintergrund Taten folgen lassen. Sie sind meine größten Vorbilder.

Im folgenden Kapitel geht es um eine Geschichte, wie mir ein kranker Hund geholfen hat, hinter die Fassade einer beliebten Yoga-Schule in Thailand zu blicken und wie unsere Freundschaft eine meiner größten Leidenschaften zur Tierheilung vertiefte.

Oben: Hanalei Bay, Kauai.
Unten: Limahuli Garden and Preserve, Kauai

Royal Coconut Coast, Kauai.

Kalalau Valley, Kauai

Oben: Kukuipuka Heiau, Maui.
Unten links: Na Pali Coast, Kauai, rechts: Kalalau Valley, Kauai.

Ich hatte mich entschlossen, das Jahr 2014 achtsam und mit möglichst wenig Internet zu verbringen, und mich gut um meinen Körper, meinen Geist und meine Seele zu kümmern. Dazu reisten Eunjung und ich für einen Monat nach Koh Phangan in Thailand. Meine Absicht war es, meinen Fokus auf Yoga, Meditation und einen gesunden Lebensstil zu legen und gleichzeitig anderen zu helfen, sofern ich jemanden treffen würde, der Hilfe benötigte.

Basierend auf meinen ersten Erfahrungen in einer bekannten Yoga-Schule im Sommer 2013 fühlte ich, dass mir der Campus und die Gemeinschaft ideale Rahmenbedingungen dafür bieten würden, um mich darauf zu konzentrieren. Zum Schluss absolvierte ich dort eine 150-stündige Yoga-Ausbildung. Neben meiner eigenen persönlichen Weiterentwicklung und Gesundheit wollte ich auch neue Methoden und Techniken lernen, um sie in unsere Workshops und persönlichen Sitzungen zu integrieren.

Die intensive Level-1-Ausbildung, die ich in dieser Yoga-Schule absolvierte, war sehr wertvoll. Im Hinblick auf das Erlernen neuer Techniken und um mir einen Einblick zu verschaffen, wie ich das Wohlbefinden von anderen und mir selbst verbessern könnte, war es die umfangreichste und informativste Yoga-Einführung, die ich bis dahin erlebt hatte.

Jeden Vormittag und Nachmittag hatten wir jeweils eine zweistündige Ausbildung, gefolgt von einer eineinhalb- bis zweistündigen Vorlesung am Abend. Während des Unterrichts erklärten die Lehrer en détail, worauf wir unsere Aufmerksamkeit während und nach jedem *Asana* (Yoga

Pose) richten sollen, wie sie unsere *Chakren* (Energiezentren) beeinflussen und inwiefern wir durch die Berücksichtigung bestimmter Posen Beschwerden heilen können.

Ich genoss die meisten Klangmeditationen, die Teil des Programms waren, und hatte während und nach *Shavasana* (dies ist die abschließende Entspannungspose) profunde Erlebnisse. Indem sich meine Fähigkeit, mich zu konzentrieren und Energie auf etwas zu lenken, erhöhte, fühlte ich auch, wie die Ausbildung meine heilende Gabe verstärkte.

Die meisten Lehrer, die ich während meiner Ausbildung hatte, unterstützten uns und waren engagiert. Wenn ich ihnen jedoch Fragen zu meiner Yoga-Praxis stellte, konnten sie mir keine Antworten geben, ohne in ihre Unterlagen zu blicken. Die Antwort war meistens: »Ich muss zuerst *Swami* fragen.« Sie bezogen sich damit auf den spirituellen Führer der Schule. Unabhängig davon, um welchen Lehrer es sich handelte, war die Wortwahl zur Instruktion der Posen während des Unterrichts meistens dieselbe.

Eunjung und ich fanden später heraus, dass es große Unterschiede gab zwischen dem, was von den Schlüsselpersonen der Gemeinschaft gelehrt und was außerhalb des Unterrichts umgesetzt wurde. Wir erlebten in dieser Yoga-Schule ein gewisses Maß an fehlender Authentizität, und ich fühle mich verpflichtet, dies auch zu sagen. Ein Hund auf dem Campus half uns, hinter die Fassade zu blicken und die tiefere Wahrheit dieser Organisation zu ergründen.

Ich traf diesen besonderen Hund am ersten Tag beim Mittagessen im Restaurant des Campus. Er sah krank und verletzt aus. Ich sah oberhalb seines rechten Auges eine große Zecke und in seinem Hals einen großen Tumor. Jedoch wusste ich zu diesem Zeitpunkt noch nicht, wie schlimm sein körperlicher Zustand wirklich war. Er kam so auf mich zu, als ob er Heilung und Zuneigung bräuchte.

Weil Heilung und Verbindung mit Tieren eine meiner größten Leidenschaften sind, erlebe ich immer wieder, dass Tiere sich zu mir hingezogen fühlen, insbesondere wenn sie krank sind. Dank unserer Herzverbindung mit dem Hund endete unsere Yogareise in Thailand als eine der Reisen, die unsere Herzen so stark geöffnet hat, wie wir es noch nie erlebt hatten.

Vom ersten Tag an verbrachte ich nach jeder Yoga-Ausbildungs-Einheit viel Zeit mit dem Hund. Weil ich eine starke Herzverbindung zu ihm hatte, spielte ich mit ihm und leistete viel Energiearbeit. Nachdem ich ungefähr eine Woche lang Heilarbeit, die sich auf den Tumor im Hals des Hundes konzentrierte, geleistet hatte, wurde der Tumor deutlich kleiner.

Stattdessen verbreiteten sich jedoch unglücklicherweise weitere kleine Tumore über seinen ganzen Körper. Besonders unter seinen Augenlidern wuchsen einige rote Tumore, die sich rasch verschlimmerten. Mit der Zeit hatte er blutige Augen und weinte buchstäblich blutige Tränen. Es brach mir mein Herz, ihn in diesem Zustand zu sehen. Er setzte sich oft vor uns hin und ließ mich seine Augen mit Papiertaschentüchern reinigen. Nachdem sich sein Zustand stark verschlechtert hatte, fanden wir eine Tierschutzorganisation namens *Phangan Animal Care* (PAC), die wir um Hilfe baten. PAC wird durch eine Gruppe wunderbarer und warmherziger Freiwilliger aus aller Welt betrieben. Als wir dort die Situation des Hundes schilderten, wussten einige bereits Bescheid. Sie teilten uns mit, dass der Hund schon längere Zeit unter Krebs litt. Sie gaben uns einige Medikamente mit, die wir ihm zweimal täglich geben sollten, um seine Entzündungen und Schmerzen zu lindern.

Von diesem Tag an war es unsere Mission, dem Hund zu helfen, sodass er sich geliebt fühlte und unter weniger Schmerzen litt und kein Unwohlsein mehr hatte. Wir gingen jeden Tag in ein lokales Geschäft, um eine Wurst zu kaufen, mischten die Medizin unter die Wurst und verabreichten ihm so das Medikament zweimal täglich. Dies wurde zu unserem täglichen Ritual. Wir fragten uns manchmal, was wohl die Angestellten von uns denken mochten, weil wir immer um dieselbe Zeit kamen, um ein Stück Wurst zu kaufen.

Als Eunjung und ich den Hund eines Abends nach seinem Namen fragten, kommunizierte uns der Hund überraschenderweise, dass er *Delfin* genannt werden möchte. Er hatte tatsächlich sehr viel Delfinenergie in sich und war trotz seines schrecklichen Gesundheitszustands sehr spielerisch und authentisch. Delfin brachte mir bei, wie er gerne betreut und berührt werden wollte, und er reagierte besonders gut auf Massagen der Wirbelsäule.

Die Freundschaft zwischen Delfin und mir wuchs und vertiefte sich jeden Tag, jedoch erlebte ich traurigerweise auch, wie sich seine Gesundheit und sein Allgemeinzustand zunehmend verschlechterten. An einigen Tagen sah er um seine Augen so schrecklich aus, dass einige Schüler und Mitarbeiter des Campus Angst vor ihm hatten und ihm aus dem Weg gingen.

Natürlich trafen wir auch verschiedene andere fürsorgliche Menschen, die sich Zeit nahmen, bei Delfin zu sitzen und ihm liebevolle Energien zu senden. Delfin öffnete viele Herzen, er weckte Mitgefühl und verband durch die Brücke des gemeinsamen Mitgefühls verschiedene Menschen. Auf dem Campus hatte Delfin eine sehr aktive Freundin, eine Hündin, die *Muffin* genannt werden wollte. Muffin hat Delfin niemals als kranken Hund behandelt und spielte stattdessen wild mit ihm. Wenn sie gemeinsam spielten, schien Delfin seine Schmerzen vorübergehend zu vergessen oder nicht zu spüren. Eines Abends, als Eunjung und ich mit diesen beiden Hunden zusammen waren und Delfin seine Medizin verabreichten, zeigte uns Muffin in einer Vision, dass sie ein Engelhund mit Flügeln war. Sie half und beschützte andere Hunde, die auch Schmerzen hatten. Ich war so dankbar, diese wahre Freundschaft und Liebe zwischen den beiden Hunden miterleben zu dürfen.

Als ich erfuhr, dass Delfin Krebs hatte, verbrachte ich täglich mindestens zwei Stunden mit ihm und kümmerte mich um ihn. Ich gab ihm Medikamente, ging mit ihm spazieren, massierte ihn, und manchmal hielt ich ihn ganz einfach nur in meinen Armen. Als ich ihm eines Tages in die Augen schaute, erkannte ich schließlich, dass unsere besten Bemühungen, ihm Liebe und Heilarbeit zukommen zu lassen, nicht ausreichen würden, um ihn zu retten. Das brach mir das Herz.

Wir wollten herausfinden, ob ihm vielleicht eine Operation helfen könnte, um wenigstens die Tumore von seinen Augen zu entfernen. Nach Rücksprache mit PAC und am ersten Tag der vierten Woche der Yoga-Ausbildung nahmen wir einen Tag Auszeit. Wir reisten gemeinsam mit Delfin und zwei weiteren Tierfreunden von PAC, die einen anderen Hund mitnahmen, der dringend Hilfe benötigte, mit dem Boot zu einer größeren Tierklinik auf Koh Samui, der Nachbarinsel von Koh Phangan.

Wir starteten unsere Reise mit dem Boot um sechs Uhr morgens bei wunderschönem, strahlendem Sonnenaufgang, der uns daran erinnerte, dass uns das Licht in allen Situationen des Lebens begleitet. Es war eine lange Reise, um mit den beiden schwer kranken Hunden zur Klinik zu kommen, wo wir schließlich am späten Vormittag eintrafen.

Nachdem der Arzt der Tierklinik Delfin untersucht hatte, sagte er uns, dass er noch nie zuvor einen Hund mit so vielen Tumoren gesehen habe. Ein Bluttest ergab, dass Delfin unter einer aggressiven Krebsform litt, die von seinen Hoden ausging und die sich nun rasch im ganzen Körper verbreitete. Zudem waren seine Nieren sehr schwach, und er litt zudem unter Parasitenbefall sowie Zeckenbissfieber.

Der Arzt teilte uns auch mit, dass von medizinischer Seite nicht sehr viel zu seiner Heilung getan werden könne und dass Delfin nicht mehr viele Tage blieben. Wir kehrten mit dieser traurigen Nachricht und etwas mehr Medikamenten und Augencreme zur Verringerung seiner Beschwerden nach Koh Phangan zurück.

Wieder auf Koh Phangan angekommen, kümmerten sich Eunjung und ich weiterhin mit viel Liebe und energetischer Medizin um Delfin, der zu wissen schien, dass seine Tage gezählt waren. Er freute sich jedoch immer, wenn er uns sah. Ich habe noch immer das Bild vor meinem inneren Auge, wie er uns nachlief, wenn wir zum Beispiel auf dem Campus zur Toilette gingen, und wie er vor der Yoga-Halle auf uns wartete, bis wir unsere Übungen beendet hatten.

Delfin verband uns mit vielen anderen tierlieben Studenten des Campus, die ebenfalls seinen zunehmend schlechten Zustand wahrnahmen. Wir versammelten uns um Delfin, teilten Essen mit ihm und behandelten ihn mit Energiearbeit. Einige schlugen vor, dass wir Geld sammeln und eine Spendenbox entweder bei der Administration der Schule oder beim Restaurant, das sich auf dem Campus befand, aufstellen könnten, um seine Medikamente und die Arbeit von Phangan Animal Care zu bezahlen.

Also fragte ich eine der Mitarbeiterinnen an der Anmeldung, ob es möglich sei, eine Spendenbox aufzustellen. Ihre Antwort auf meine Frage war völlig anders, als ich es von einer Person erwartet hatte, die für eine Yoga-Schule arbeitet, die spirituelle Evolution, Balance und Harmonie lehrt. Ich sagte ihr, dass ich im Namen einer Gruppe von Schülern sprechen würde. Sie schaute mich jedoch mit einem kurzen, herablassenden Blick an, als würde ich ihre Zeit verschwenden, und machte eine sarkastische Bemerkung, dass dies die Schule nichts angehe.

Während der Yoga-Ausbildung verbrachten wir viele Stunden mit *Asanas* (Yoga Posen) und Bewusstseinsübungen, mit denen wir uns auf das Herzchakra fokussierten, um so unsere Fähigkeit zu Mitgefühl und universeller Liebe zu erweitern. Es gab auch Vorlesungen zu den Vorteilen eines reinen Herzens, *Karma Yoga* (gute Arbeit leisten) und zu Vegetarismus. In einer dieser Vorlesungen hörte ich, dass »Ignoranz Leiden schafft", und direkt außerhalb der Yogahalle litt ein Hund an einer schweren Krankheit.

Ich glaube, dass wir, was auch immer wir auf der Yogamatte praktizieren, in unser tägliches Leben integrieren sollten. Daher war die Antwort dieser Mitarbeiterin ziemlich schockierend und bestürzend für mich. Ich war nicht irgendeine Person, die einfach so bei der Schule vorbeikam. Eunjung und ich waren beide Schüler und bezahlten Teilnahmegebühren, um für einen Monat Teil der Ausbildung und Gemeinschaft zu sein, und ich sprach etwas aus, worüber sich andere Schüler ebenfalls Sorgen machten.

Nach diesem Zwischenfall wusste ich, dass ich die Spendenbox nicht bei der Anmeldung hinterlegen konnte. Also fragte ich den Manager des Campus-Restaurants, das wegen der vielen Yoga-Schüler gut lief, ob ich die Spendenbox dort platzieren könnte. Der Manager kümmerte sich gut um den Hund, doch das Aufstellen der Spendenbox war auch hier nicht möglich, weil der Inhaber, der auch ein Entgiftungszentrum auf der Insel besaß, den Hund dort nicht mochte.

Für mich war Delfin auf dem Campus ein wahrer Lehrer, der bedingungslose Liebe und Mitgefühl lehrte, und nicht diejenigen, die wichtige Titel hatten oder sich mit ihrer spirituellen Meisterschaft brüsteten. Es brauchte einen bescheidenen und liebevollen Hund, der bedingungslose Liebe und Mitgefühl vermittelte.

Nach meiner unangenehmen Erfahrung mit der Rezeptionistin wollte ich mich nun mit *Swami*, dem spirituellen Führer der Yoga-Schule, treffen und von ihm erfahren, wie er über diese Situation dachte. Zu meiner Enttäuschung war es jedoch aufgrund seines vollen Terminkalenders nicht möglich, ein persönliches Treffen mit ihm zu arrangieren. Gerne hätte ich mich mit Swami ausgetauscht, dass es für mich das Wichtigste ist, wie wir unser spirituelles Wachstum nutzen können, um anderen Menschen, Lebewesen und der Erde zu dienen.

Die Erfahrungen mit Delfin boten mir während meiner Ausbildung an dieser Yoga-Schule die größten Entwicklungsmöglichkeiten. Ich lernte mehr über mich selbst, über mein Urteilsvermögen und die Authentizität, wie eine spirituelle Unternehmung geführt werden kann. Ich lernte über spirituelle Lehrer und Gurus und wie ich mit derartig herausfordernden Situationen und Menschen umgehen kann. Ich lernte, dass es wichtig ist, sich zu behaupten, seine Wahrheit auszusprechen, und nicht etwas aufzugeben, was für einen eine tiefere spirituelle Wahrheit und Bedeutung hat, wenn man Situationen im Leben begegnet, bei denen man das Gefühl hat, dass etwas nicht richtig läuft oder aus der Balance geraten ist. Es ist eine befreiende Erkenntnis, dass wir keine Vereinbarung mit anderen brauchen, um ein Leben in eigener Kraft zu leben.

Gib nicht etwas auf, was tiefere spirituelle Wahrheit und Bedeutung für dich hat!

Dank Delfin wurde ich mit einer weiteren Möglichkeit beschenkt, Dinge mit noch mehr Klarheit und größerer Distanz wahrzunehmen und darauf zu reagieren. Delfin brachte mir auch bei, dass Integrität und meinen Worten Taten folgen zu lassen sehr wichtig für mich sind. Er zeigte mir, dass ich meiner Intuition vertrauen kann, wenn Integrität infrage gestellt wird. Ich weiß, dass ich spirituelle Gaben zur Heilung und Intuition habe, die mich selbst und andere unterstützen können, und ich habe mich entschieden, diese Gaben mit Authentizität, Liebe und Mitgefühl zu nutzen und anderen Menschen zu vermitteln.

Ein weiser Mensch sagte einmal: »*Die Größe einer Nation kann man daran messen, wie sie ihre Tiere behandelt.*« Es ist wichtig hervorzuheben, dass ich diese unangenehmen Begegnungen nicht mit einheimischen Thailändern, sondern mit Menschen aus europäischen Ländern hatte, die auf Koh Phangan lebten und arbeiteten. Sie schienen vergessen zu haben, dass Thailänder ihnen das Land zur Verfügung gestellt haben und dass Delfin länger auf dieser Insel lebte als sie. Der Tierarzt aus Koh Samui schätzte Delfins Alter auf ungefähr zwölf Jahre, also lebte er vermutlich längst auf der Insel, als die Yoga-Schule ihren Campus dort eröffnete.

Thailand ist ein buddhistisches Land, und Thailänder behandeln Tiere mit Freundlichkeit und Respekt. Sie sehen Tiere vielleicht mit weniger intellektuellen Fähigkeiten als Menschen, jedoch nicht minder fähig, glücklich zu sein oder zu leiden. Tiere besitzen die Natur des Buddha und deshalb auch das Potenzial zur Erleuchtung. Außerdem beinhaltet die buddhistische Doktrin der Wiedergeburt, dass Tiere in vergangenen Leben unsere Brüder, Schwestern, Väter, Mütter, Kinder und Freunde waren. Deshalb sollte niemand einen großen Unterschied machen zwischen moralischen Regeln, die sich auf Tiere beziehen, und jenen, die sich auf Menschen beziehen. Letztlich sind Menschen und Tiere Teil derselben Familie, wir sind alle miteinander verbunden.

Nach unserer Rückkehr von der Klinik auf Koh Samui verbrachten Eunjung und ich jeden Abend sehr viel Zeit mit Delfin. Unsere Verbindung vertiefte sich sehr. Ich hielt Delfin oft in meinen Armen, nahe an meinem Herzen, um ihm Trost zu spenden. Dann konnte er sich völlig entspannen und uns mehr über sein Leben mitteilen.

Wir erfuhren, dass Delfin sich aus einem bestimmten Grund dazu entschlossen hatte, auf diesem Campus zu sein. Er war ein Beschützer und unterstützte Menschen auf dem Campus, einige tiefere Schwingungen zu transformieren, hinter die Schleier der Illusion zu sehen und darin Wahrheit zu finden. Delfin zeigte mir auch Bilder aus den Anfangsjahren seines Lebens, als er völlig gesund und glücklich war, und sogar Szenen aus seiner Welpenzeit, wie er mit seinen Brüdern und Schwestern spielte.

Delfin ging am 3. Februar 2014 in den Hundehimmel ein. In seinen letzten Tagen waren einige Bereiche auf seinem Körper, an denen sich viele kleine Geschwulste gebildet hatten, zu größeren Tumoren zusammengewachsen. Er fing an, im Bereich seiner Lungen und seines Bauches einzufallen, was ihm das Atmen immer schwerer machte. Auch war er zum Schluss meistens sehr müde, und er hatte keine Energie mehr, mit seiner Engelfreundin Muffin zu spielen. Als wir am letzten Tag zum Campus gingen, fanden wir ihn nicht mehr wie üblich in der Nähe des Restaurants oder vor der großen Yoga-Halle. Wir entdeckten ihn stattdessen schlafend unter einer Bank in der Mitte des Gartens, abseits von allen Menschen und Tieren. Viele Tiere suchen einen Ort der Einsamkeit und Ruhe, wenn für sie die Zeit des Übergangs kommt, um sich so auf ihre Reise nach Hause vorzubereiten.

Delfin ging in meinen Armen auf seine nächste Reise ins Licht. Ich hielt ihn genauso, wie er es all die Abende zuvor liebte. Als Delfin ins Licht ging, stand die Zeit still, und alles wurde sehr ruhig und friedlich. Eunjung sah, wie viele Engel einen wunderschönen Lichtstrahl aus Regenbogenlicht sandten, um Delfin nach Hause zu bringen.

Auch nach mehr als sechs Jahren ist Delfin immer noch in unseren Herzen. Wir werden die Reise niemals vergessen, die wir Anfang 2014 mit ihm gemacht haben. Wir sind so dankbar für all die Lehren und Einsichten, die er uns geschenkt hat. Trotz seines Leidens war Delfin bis zum Ende ein sehr liebevoller, fröhlicher und tapferer Hund. Er war ein weiterer wirklich beeindruckender Lehrer auf meiner Reise.

Vor sechs Jahren haben wir die Geschichte von Delfin auf unseren Facebook-Seiten veröffentlicht. Viele Menschen, die von diesem tapferen Hund berührt waren, sandten ihm Gebete und heilende Energie. Sie berichteten, wie stark sie eine Herzensverbindung mit Delfin spürten, und einigen ist er sogar in ihren Träumen erschienen.

Wenn du Koh Phangan auf einer Karte betrachtest, wird dir vielleicht auffallen, dass die Insel eine Herzform hat. Es gibt viele Orte auf der Insel, an denen wir kraftvolle Herzenergie spürten. Mein Erlebnis mit Delfin führte mich zur kraftvollsten Herzenergie überhaupt. Während meiner Reise von Colorado nach Thailand sah ich den Dokumentarfilm *The secret life of the dogs* (Das geheime Leben der Hunde). Ich kann dir nur empfehlen, diesen Film auf YouTube anzusehen. Dieser kurze Beitrag wird dir helfen, das Leben von Hunden und wie sie sich auf uns beziehen auf einer tieferen Ebene wahrzunehmen und zu verstehen.

Schließlich möchte ich meine Anerkennung und meinen Dank all den unzähligen Freiwilligen aussprechen, die selbstlos in Tierschutzzentren auf der ganzen Welt arbeiten. Sie opfern Zeit und Energie, um Tieren in Not zu helfen, ohne dafür von der Öffentlichkeit die notwendige Anerkennung zu bekommen. Falls du für Tierhilfe spenden möchtest, ist Phangan Animal Care (*www.pacthailand.com*) einer dieser wunderbaren Orte, die deine Hilfe dringend benötigen und wertschätzen würden. Für mich sind diese Freiwilligen authentische Beispiele und Lehrer, die ihren Worten Taten folgen lassen und allen Wesen Liebe, Einheit und Mitgefühl schenken.

Ägyptische Mysterien

Ich fühle mich gesegnet, dass ich in den letzten Jahren in der Lage war, ausführlich zu reisen und mit Eunjung heilige Stätten auf der ganzen Welt zu besuchen. Auf unseren Reisen haben wir überirdische, magische und tief greifende Erfahrungen gemacht. Wir haben in unseren Workshops erstaunliche Veränderungen erlebt und tiefe Bindungen zu Menschen aus anderen Ländern und Kulturen aufgebaut.

Viele Menschen träumen davon, exotische Orte von natürlicher Schönheit und kultureller sowie historischer Bedeutung wie Ägypten, Indien, Peru, Griechenland und Hawaii zu besuchen. Andere Menschen haben uns gesagt, dass sie unsere globale Partnerschaft inspiriert habe. Wieder andere äußerten den Wunsch, dass auch sie die Welt gern bereisen würden, insbesondere mit ihren Seelenverwandten. Allerdings kann das Reisen über einen längeren Zeitraum bei energetisch intensiver Arbeit zu unerwarteten Herausforderungen führen. Meine zweite Reise nach Ägypten Anfang 2016 war so schwierig, dass es mir beinahe völlig den Boden unter den Füßen wegzog.

Nach meinem spirituellen Erwachen mit Paul im Jahr 2008 war alles, was ich mir vorgestellt und gewünscht hatte, dauerhaft nach Hawaii zu ziehen und dort leben zu können. Das änderte sich jedoch, als ich 2011 meine heutige Partnerin Eunjung auf Kauai traf. Ich bin immer wieder einmal gerne gereist, hatte aber davor nie so ausgedehnte Reisen geplant.

Wie wurde ich also zu jemandem, der an unzählige Orte auf der ganzen Welt reist und binnen weniger Jahre zum Beispiel dreimal Ägypten besuchte? Ich möchte Eunjung für diese Inspiration danken. Sie hatte eine tiefe Berufung, in andere Länder zu reisen, um sich mit lokalen spirituellen Gruppen und Gemeinschaften zu verbinden und sich mit ihnen auszutauschen. Sie engagierte sich dabei, Gebete und Zeremonien an heiligen Kraftplätzen auf der ganzen Welt abzuhalten und so die Frequenzen des Planeten zu erhöhen. Ich war bereit, meine Herzvision zu erweitern und einen eigenen Beitrag zur Transformation der Welt zu leisten. Also sagte ich begeistert zu, Mitreisender dieser globalen spirituellen Abenteuer zu werden. Und so begann unser fünf Jahre langes fantastisches Abenteuer.

Ägyptische Mythen und Energiemedizin

Ägypten ist ein äußerst bemerkenswertes Land mit einer faszinierenden Geschichte, prächtigen antiken Gebäuden und warmherzigen Menschen. Ich hatte vor meiner ersten Reise nicht viel über das alte Ägypten, seine Tempel und die *Neteru* (Götter und Göttinnen) gelesen. Wenn ich einen neuen Ort besuche, tauche ich lieber selbst in Erfahrungen ein, mache sozusagen einen Sprung ins kalte Wasser. Danach stöbere ich in Büchern und auf Webseiten und entdecke die Bedeutung meiner Abenteuer. Ich verbinde auf diese Weise die Punkte zwischen meinen persönlichen Erfahrungen mit den Berichten anderer Menschen.

Ein großer Vorteil bei Reisen in fremde Länder ist es, dass man die Kultur aus erster Hand kennenlernt und nicht nur Bücher über sie gelesen oder Vorträge darüber gehört hat. Die ägyptische Kultur ist stark von Mythologien geprägt. Ägyptische Mythen sind eine Sammlung von Geschichten, welche die Handlungen der ägyptischen Götter beschreiben. Sie übersetzen das Wesen und Verhalten von Gottheiten in Begriffe, die der Mensch verstehen kann. Jede Anpassung eines Mythos stellt eine andere symbolische Perspektive dar, die das Verständnis der Ägypter von den Göttern und der Welt stark beeinflusst hat.

Es gibt 22 Hauptgötter, die im ägyptischen Pantheon Neteru genannt werden. Sie alle drücken einen Aspekt der Göttlichkeit und die Gesamtheit unseres kollektiven Seins aus. Jeder dieser Neteru oder Archetypen existiert in jedem von uns und kann sowohl helle als auch dunkle Aspekte haben. Interessanterweise summieren sich die 22 Neteru (elf weibliche und elf männliche) zur Zahl 22, genau die Anzahl der Chromosomenpaare unserer DNA. Es gibt 23 dieser Paare insgesamt, aber das 23. Paar unterscheidet Männer von Frauen.

Die ägyptischen Göttinnen und Götter werden in Mythen gefeiert. Der Osiris-Mythos ist die bekannteste und einflussreichste Geschichte der altägyptischen Mythologie. Kurz gesagt, geht es um den Mord an Osiris, einem König Ägyptens, und wie es dazu kam. Zusammengefasst lautet die Geschichte folgendermaßen:

> *Nachdem er seinen dunklen Plan umgesetzt und seinen Bruder Osiris ermordet hatte, übernahm Set den Thron. In der Zwischenzeit stellte Osiris' Partnerin, die Göttin Isis, den Körper ihres Partners wieder her, indem sie alle 14 Stücke entlang des Nils fand und zusammenfügte. So konnte Isis mit Osiris Horus zeugen. Zunächst ein verletzliches Kind, das von Isis beschützt wurde, wird Horus später Sets Rivale um den Thron. Ihr Konflikt endete mit dem Triumph von Horus, der die Ordnung in Ägypten wiederhergestellt und die Auferstehung von Osiris vollendet hatte.*

Der Osiris-Mythos handelt vom Konflikt zwischen Gleichgewicht und Ungleichgewicht, dem Zusammenspiel von Licht und Dunkelheit, und – was am wichtigsten ist – vom Tod und von dem Leben nach dem Tod. Diese Geschichte lehrt uns, Verantwortung zu übernehmen, die Wahl, wie wir reagieren sollen, wenn wir vor Herausforderungen stehen. Dies ermutigt uns, von höherer Führung zu profitieren und uns an unsere magischen, schöpferischen Kräfte zu erinnern, damit wir die spirituelle Welt miterschaffen können.

Die alten Ägypter verstanden, dass wir sowohl physische als auch verschiedene subtile Körper haben, die für die physischen Sinne unsichtbar sind. Sie bezeichneten den physischen Körper als *Khat*. Die alten Ägypter wurden ausgebildet, mit ihrem ätherischen Gegenstück (als *Ka* bezeichnet) zu arbeiten, das ein ausgedehntes Netzwerk von

Energiemeridianen sowie mentale, emotionale und ätherische Abdrucke beinhaltet.

Das *Ka* nährt das *Khat* und geht darüber hinaus. Dahinter liegt *Akh*, ein strahlender Lichtkörper, der auch als Astralkörper bezeichnet werden kann. Mit Übung konnte dann das *Akh* unabhängig vom physischen Körper funktionieren und durch Zeit und Raum reisen. Die Seele nannte man *Ba*. Zudem gab es einen Lichtkörper, der direkt mit der Seele verbunden ist und als *Sahu* bezeichnet wurde. Eingeweihte, die gelernt haben, mit *Sahu* zu arbeiten, konnten das Licht der Seele direkt in ihrem physischen Körper empfangen.

Wie du dir sicher vorstellen kannst, war ich aufgrund meines Interesses an spiritueller Entwicklung, Energiemedizin und Coaching von diesem uralten ägyptischen Glaubenssystem fasziniert. Wie ich weiter oben schon erwähnte, verliebte ich mich während meiner ersten Reise nach Ägypten in das Land und seine Kultur (siehe Seite 158 ff.).

2012: Beginn eines neuen Zeitalters

Ich glaube, dass deine Reise in dem Moment beginnt, in dem du inspiriert oder geleitet wirst, diese Reise zu unternehmen. Das Universum arrangiert Menschen und Situationen, um sicherzustellen, dass die Voraussetzungen für das große Abenteuer geschaffen sind, das auf dich wartet. Etwas Bemerkenswertes passierte, noch bevor wir nach Ägypten aufbrachen: Eunjung und ich übernachteten ein paar Wochen vor unserer Reise nach Ägypten in einem Hotel in der Nähe des Flughafens von Los Angeles. Als wir an der Rezeption auscheckten, hatte ich plötzlich das Gefühl, eine Karte aus einem großen Glas mit Hunderten von Visitenkarten ziehen zu müssen. Auf der Karte, die ich herauszog, stand *John D. Riley*, Quantenphysiker und Nullpunktforscher. Da *Ueli*, ein Freund von mir aus der Schweiz, auch am Nullpunkt interessiert war, steckte ich die Karte ein.

Als wir dann in Ägypten ankamen und unsere Reise mit einer Gruppe von etwa 15 Personen begannen, stellte sich heraus, dass John D. Riley, der Mann, dessen Visitenkarte ich aus dem Glas gezogen hatte, Teilnehmer unserer Reisegruppe war. Das war kein Zufall. Es gibt so viele Hotels in der Nähe des Flughafens von Los Angeles, und es hatten sich Hunderte von Karten in diesem Glas befunden. John war mehrmals durch Ägypten gereist, und er war sachkundig und witzig.

Ich hatte eine ähnliche Vorläufererfahrung, als ich mich 2011 auf die Suche nach spirituellen Visionen auf allen hawaiianischen Inseln begeben hatte. Ich hatte erwartet, dass meine Suche beginnen würde, sobald ich auf Big Island angekommen war. Überraschenderweise hatte ich eine lebensverändernde Begegnung, bevor ich überhaupt am Flughafen auf Kauai angekommen war. Ich traf meine geliebte künftige Frau Eunjung, und die Energien für meine Visionssuche waren geöffnet. Und jetzt hatte ich Johns Karte genommen, kurz bevor wir nach Ägypten aufgebrochen waren. Das Universum kann dich definitiv auf Bevorstehendes vorbereiten.

Meine erste Reise nach Ägypten dauerte vom 9. bis 23. Dezember 2012. Vielleicht erinnerst du dich, dass es damals viele Vorhersagen und Prophezeiungen über den 21. Dezember 2012 gab, mit dem der Mayakalender zu Ende ging. Im Jahr 2009 drehte der deutsche Regisseur *Roland Emmerich* sogar den epischen Katastrophenfilm *2012*, der eine der dramatischsten Interpretationen der Schlussfolgerung des Mayakalenders, das furchtbare Ende der Welt, zum Inhalt hatte. Ich hatte viel über das Phänomen 2012 gelesen, also war es für mich von Bedeutung, dass Eunjung und ich uns während dieser starken, energetisch aufgeladenen Zeit auf dem Planeten in Ägypten befanden.

Zu diesem Datum wurden verschiedene astronomische Ausrichtungen und numerologische Interpretationen veröffentlicht. Die Szenarien reichten vom gefürchteten Ende der Welt durch katastrophale Ereignisse, einschließlich der Kollision der Erde mit einem mythischen Planeten namens *Nibiru*, bis hin zu einer optimistischeren Interpretation des Neuen Zeitalters, bei der das Datum den Beginn einer neuen Ära markierte, in der die Menschheit eine unaufhaltsame, positive spirituelle Transformation durchlaufen würde.

Es war etwas ganz Besonderes, Ägypten mit seinen majestätischen, antiken Stätten und Tempeln in dieser kosmisch kraftvollen Zeit zu besuchen. Wir wurden von der Ägyptologin *Doaa Badawi* geleitet, die freundlich und sachkundig war. Von ihr erfuhren wir, dass die meisten Tempel entlang des Nils gebaut worden waren und die Lage jedes Tempels die stellaren, solaren und mondförmigen Einflüsse widerspiegelt, die für die alten Ägypter so wichtig waren.

Die Konstruktion der Tempel wurde oft von den Zyklen von Sonne, Mond und Sternen beeinflusst. Viele Tempel sind speziell so konzipiert, dass das Sonnenlicht, das Mondlicht oder Sternenlicht die Statuen ägyptischer Götter oder Göttinnen zu bestimmten Zeiten im Kalender erhellen können, wie beispielsweise während Tagundnachtgleichen und Sonnenwenden. Jeder ägyptische Tempel ist einem anderen *Neteru* gewidmet und ist ein Symbol oder eine Verkörperung des Göttlichen. Jede dieser heiligen Stätten trägt eine andere Schwingung. Während dieser bemerkenswerten Reise wurden besondere Vorkehrungen getroffen, damit wir Privatbesichtigungen in einigen der spektakulärsten Tempel Ägyptens genießen konnten. Wir besuchten den Isis-Tempel auf der Insel Philae (stromabwärts vom Assuan-Staudamm und dem Nassersee) und den Luxor-Tempel am Abend sowie die mysteriöse Sphinx und den Karnak-Tempel bei Sonnenaufgang. Am meisten freuten wir uns auf den 19. Dezember 2012. An diesem Tag besuchten wir die Kammern der Großen Pyramide von Gizeh. Der Besuch fand nur zwei Tage vor dem oben erwähnten heiß diskutierten Datum der jüngeren Geschichte statt.

Wenn man allein, ohne andere Touristengruppen, die Tempel besuchen kann, werden diese alten Meisterwerke lebendig. Es fühlte sich wirklich so an, als würde man in einer anderen Dimension in einen heiligen Tempel gehen und durch Zeit und Raum reisen. Wenn du deine Gedanken zur Ruhe bringen und dein Herz öffnen kannst, können dir diese Tempelanlagen alle Antworten geben, die du suchst.

Wir waren die vorletzte private Gruppe, bevor die ägyptische Regierung die Große Pyramide drei Tage lang für die Öffentlichkeit schloss. Danach wurde sie am 23.

Dezember wieder eröffnet. Ich werde den sagenhaften Moment nie vergessen, als ich die Königskammer betrat, und wie es war, im Granitsarkophag zu singen.

Es wurde so viel über den eigentlichen Zweck des legendären Sarkophags geschrieben. Nach verschiedenen Quellen mit spirituellen Perspektiven wurde diese einfach aussehende Steinkiste als Initiationskammer für Pharaonen genutzt. Einige sagen, dass sie auch als Aufstiegskammer fungiert und diejenigen unterstützt, die nach spiritueller Evolution suchen.

Meine eigene kraftvolle Begegnung mit dem Sarkophag scheint diese Ansicht zu stützen. Es fühlte sich an, als würde ich in einen großen Abgrund fallen und gleichzeitig in das riesige Universum aufsteigen und meine Stimme tausend Mal in den Sternen widerhallen hören. Durch diese mehrdimensionalen Schwingungen konnte ich mich innerlich als universelles Wesen fühlen, das von Raum und Zeit befreit war. Allein dieser Moment war die Reise nach Ägypten wert.

Bevor wir in die Große Pyramide gingen, hatte ich keine Ahnung, was uns erwarten würde. Menschen machen sehr unterschiedliche, einzigartige Erfahrungen an diesen energiereichen Orten. Nachdem ich einige Zeit in den Pyramiden und Tempeln verbracht hatte, wurde die antike ägyptische Mythologie für mich lebhaft und greifbar – sowohl körperlich als auch emotional und spirituell. Ich gewann dadurch tiefe Einblicke.

Die Ägypter haben die Gegenwart als eine Reihe wiederkehrender Muster verstanden, inspiriert von den Zyklen der Natur. Wiederkehrende Themen sind der Konflikt zwischen den Bewahrern des Gleichgewichts und den Kräften der Unordnung, die Bedeutung des Pharaos für die Aufrechterhaltung gesellschaftlicher Harmonie sowie der ständige Tod und die Wiedergeburt der Götter. Ich möchte die Höhepunkte meines ersten Ägyptenaufenthaltes mit einem unvergesslichen Erlebnis abschließen: Am 12. Dezember, dem Tag, von dem gesagt wurde, dass er voller kosmischer Energien in Verbindung mit dem 21. Dezember 2012 sei, standen wir sehr früh auf, um den Sonnenaufgang am Karnak-Tempel zu sehen, direkt am Allerheiligsten, der innersten und heiligsten Kammer eines alten Tempels. Unsere Gruppe versammelte sich in respektvoller Stille. Es war ein emotionaler Moment, als die Sonne über dem Horizont aufging.

Die golden leuchtenden Sonnenstrahlen erhellten die kleine Kammer mit Steinmauern, in der sich unsere Gruppe befand. Es war, als ob wir alle auf einem Weg des Lichts stehen würden, der zum Anbruch eines neuen Tages führt, und ich war dankbar, dass ich diesen Neuanfang mit meiner geliebten Eunjung begehen konnte. Wir spürten das Allerheiligste, dass die Göttinnen und Götter Ägyptens uns auf den Eintritt in ein neues Zeitalter vorbereiteten. Als wir dabei waren, Ägypten zu verlassen, wurde mir bewusst, dass mir meine erste ägyptische Reise neue Hoffnung, Mut und Inspiration geschenkt hatte, um diesen Weg des Lichts weiterzugehen. Ich war bereit, mehr von meinem wahren Ich zu offenbaren und mein Leben bewusst und mit höheren Visionen zu führen.

Liebe ist meine Religion
Nach dieser erstaunlichen ersten Reise nach Ägypten freute ich mich sehr darauf, in das Land der heiligen Tempel zurückzukehren. Nachdem wir Weihnachten 2015 mit meiner Familie in der Schweiz verbracht hatten, flogen Eunjung und ich erneut nach Kairo. Ich hatte keine Ahnung, dass mir bewusst werden sollte, inwiefern meine Emotionen eine Rolle in meinem Leben spielen.

Auf meiner zweiten Reise nach Ägypten lernte ich, Verantwortung für mich selbst zu übernehmen und darüber nachzudenken, inwiefern ich Mitverantwortung an einer Vielzahl von Lebensumständen trug. Bei meinem zweiten Besuch wurde ich mir alter Muster und Verhaltensweisen bewusst, die mich viel zu lange beeinflusst hatten, vor allem auf emotionaler Ebene. Ich lernte, welche Konsequenzen es haben kann, wenn ich sie nicht bestimmen und loslassen würde. Ich begann auch, die versteckten Kräfte und Gaben zu entdecken, die ich immer als meine Schwächen, Hindernisse und Schattenseiten empfunden hatte. Ich glaubte lange, dass nicht ich, sondern andere Menschen oder äußere Ereignisse an meinen Problemen schuld seien. Diese Sichtweise hat meine Schwierigkeiten nur noch verstärkt.

Wie ich bereits im einleitenden Kapitel (siehe Seite 29 ff.) erwähnt habe, besagen die Gebote des Yoga, dass Leiden vier Gründe hat. Einer davon ist unser Wunsch, eine angenehme Erfahrung zu wiederholen und dass daraus Leiden entsteht, wenn diese Erwartungen nicht erfüllt werden. Das habe ich auf meiner zweiten Reise nach Ägypten im Jahr 2015 erlebt.

Da meine erste Reise in jeglicher Hinsicht großartig war, erwartete ich eine ähnlich wunderbare Erfahrung, als wir uns entschieden, erneut nach Ägypten zu reisen. Das Universum hatte jedoch einen anderen Plan mit mir. Die zweite Reise erwies sich als sehr schwierig und brachte mich körperlich, spirituell und emotional an meine Grenzen.

Wenn wir Widerstand oder Blockaden verspüren, ist es wichtig, unsere Emotionen bewusst wahrzunehmen und nicht zu verdrängen. Ich hatte oft Schwierigkeiten mit meinen starken Emotionen und hatte das Gefühl, dass sie mich und mein Leben kontrollieren würden. Auf dieser Reise nach Ägypten lernte ich, mich mit meinen Gefühlen nicht zu stark zu identifizieren oder mich in ihnen zu verlieren und mich dem Schicksal zu ergeben, wenn mir das Leben Hindernisse in den Weg legt, die schwierig zu überwinden sind.

Auf dieser zweiten Reise nach Ägypten übernachteten wir im Mena House, einem der einzigartigsten und schönsten Hotels in Kairo. Dieses palastartige Hotel mit seiner reichen und bunten Geschichte liegt im Schatten der Großen Pyramiden von Gizeh und ist von 16 Hektar grüner Gärten umgeben. *Mohamed Nazmy*, unser Freund und Präsident von Quest Travel, der unsere Reise organisiert hatte, hieß uns mit einer langen Umarmung willkommen. Sein Unternehmen gehört zu den zehn besten Reiseveranstaltern in Ägypten und hat sich auf die Organisation individueller spiritueller Reisen spezialisiert. Wir hatten Mohamed bei unserer ersten Reise im Jahr 2012 kennengelernt und freuten uns, dass wir uns wiedersahen. Mohamed strahlt so viel Wärme, Liebe und Freundlichkeit aus, und er kümmert sich wirklich um jeden, mit dem er zu tun hat.

Obwohl er aus einer ganz anderen Kultur stammt, habe ich das Gefühl, als wäre Mohamed ein Familienmitglied von mir. Er inspiriert mich sehr, weil er seine Bestimmung wirklich lebt. Ich lernte seine Geschichte durch das Buch *Nazmy – Love is my Religion* kennen, eine Biografie von Mohamed, von *Sharlyn Hidalgo*. In den frühen 1980er-Jahren hörte Mohamed eine Stimme, während er die Königskammer in der Großen Pyramide besuchte. Sie sagte zu ihm: »Du sollst dich nützlich machen!« Mohamed sagt, dass die Zeit in Ägypten dein *Jb* (dein Herz) öffnen kann und dir hilft, dich daran zu erinnern, wer du bist und was wirklich wichtig für dich ist. Dem stimme ich voll und ganz zu.

Mohamed besitzt ein wunderschönes, hochwertiges Luxus-Segelboot, die Afandina. Sie verfügt über zehn Kabinen, hat Platz für zwanzig Personen und bietet das unvergessliche Erlebnis, in einer kleinen Gruppe auf dem Nil zu segeln. Ich fühlte mich während meiner beiden Reisen nach Ägypten gesegnet, auf einem so stattlichen Boot den Nil befahren zu dürfen. Es war ein unvergessliches Erlebnis, das ich absolut genoss. Die köstlichen ägyptischen Gerichte werden auf der Afandina von einem ausgezeichneten Koch zubereitet.

Was mich am meisten beeindruckt und berührt hatte, war, dass die gesamte Belegschaft engagiert und leidenschaftlich einen exzellenten Service bot und uns ihre Gastfreundschaft schenkte. Ihr Engagement war ein Beweis für die herzliche Führung von Mohamed. Ich konnte viel von den Mitarbeitern lernen, indem ich beobachtete, wie sie auf der Afandina miteinander, mit Mohamed und mit uns Gästen umgingen. Sie waren zuvorkommend, freundlich und dienstbereit, einige der wertvollsten Eigenschaften, die ein Mensch besitzen kann, wenn es darum geht, an einer friedlichen, respektvollen und glücklichen Welt mitzuwirken.

Wenn du auf der Afandina reist, beginnst du, im Laufe der Zeit Freundschaften mit der Crew zu schließen. Während meiner zweiten Reise auf der Afandina hatte unsere Gruppe die Ehre, sich Mohamed und seinen Freunden *Tarek Lofty*, Marketingdirektor des Mena House, und *Mohamed Hegazi*, einem ehemaligen Botschafter Ägyptens, anzuschließen, der von seiner reizenden Frau begleitet wurde. Ihre Gesellschaft brachte lebhafte Gespräche und Tiefe in unsere Reise. Es lehrte mich, die innige Verbindung zu schätzen, die sich mit diesen wunderbaren ägyptischen Freunden zu entwickeln begann.

Normalerweise reist Mohamed nicht mit seinen Kunden von Quest Travel, dafür sind seine Reiseführer zuständig. Als Eunjung und ich im Jahr 2015 unsere zweite Reise nach Ägypten planten, gab es eine Flut besorgter Bemerkungen und Kommentare über die Sicherheit von Reisen nach Ägypten. Die Medien schienen sich nur auf einige wenige, vereinzelte negative Vorfälle in Ägypten zu konzentrieren, ein Umstand, der viele Touristen davon abhielt, das Land zu besuchen. Da dies auch Personen betraf, die ursprünglich an unserer Reise interessiert waren, hatten wir nicht genügend Teilnehmer, um eine Gruppe zu bilden, die diese Privatreise ermöglicht hätte. Davon nicht abgeschreckt, sagte unser freundlicher und großzügiger Freund Mohamed Nazmy: »Egal, was passiert, diese Reise wird stattfinden.« Er lud seine Freunde ein, sich uns anzuschließen, wodurch die hohen Betriebskosten dieses schönen Luxus-Dahabiya erschwinglich wurden. Und ich kann sagen, dass Eunjung und ich, wie auch die anderen Teilnehmer in unserer Gruppe, uns bei den beiden Reisen nach Ägypten sehr sicher fühlten.

Während meiner Reise auf der Afandina entlang des Nils leitete ich zwei Energieheilungssitzungen für Mohamed. Ich hatte noch nie jemanden dermaßen vorbereitet zu einer Heilungssitzung kommen sehen. Er war elegant gekleidet und sagte mir, er hätte geduscht, bevor ich sein Zimmer betrat. In beiden Sitzungen blieb einer seiner Freunde im Raum, um den gesamten Ablauf zu beobachten. Es war mir eine Ehre, diese Sitzungen durchzuführen, während wir auf dieser wunderschönen Yacht den Nil entlangfuhren.

Mit Tarek Lofty hatte ich ein lustiges Erlebnis. Eines Morgens, als Eunjung mit unserer Gruppe einen Ausflug zu einem Tempel machte, beschloss ich, auf der Afandina zu bleiben, um mich auszuruhen, weil es mir nicht gut ging. Ich verließ unser Zimmer und ging in das Wohn- und Esszimmer auf dem Oberdeck. Ich hörte über Kopfhörer heilende Musik, trug einen Pullover mit einer Kapuze, die derjenigen ähnlich war, die Tarek normalerweise trug.

Später erfuhr ich, dass Mohamed Hegazi und seine Frau dachten, ich sei Tarek, der zu diesem Zeitpunkt jedoch noch in seinem Zimmer schlief. Seit diesem Tag, wenn Tarek und ich uns gegenseitig schreiben, beginnen wir mit

»Hi, ich.« Die Tiefe von Beziehungen, die man mit Menschen aus so unterschiedlichen Kulturen aufbauen kann, wenn man mit offenem Herzen, offenem und abenteuerlustigem Geist reist, berührt mich immer wieder zutiefst.

Eine kraftvolle Initiation
Als wir unsere Reise am 27. Dezember 2015 begannen, schien alles in Ordnung zu sein, und es sah so aus, als würde ein weiteres großes ägyptisches Abenteuer auf uns warten. Am 29. Dezember, während eines kurzen Fluges von Kairo nach Luxor, hatte ich das Gefühl, aus dem Gleichgewicht geraten zu sein. Wir traten in das neue Jahr 2016 ein, während wir unter den Sternen auf dem Nil entlangtrieben. Es hätte ein transzendentaler Moment sein sollen. Stattdessen nahm das Gefühl von Ungleichgewicht und Schwäche zu.

Ich fragte mich zuerst, ob diese desorientierenden Gefühle auf den Jetlag zurückzuführen seien, oder ob ich mir unterwegs eine Art Erkältung oder Grippe eingefangen hatte. Ich ruhte mich am 3. Januar auf dem Boot aus und nahm am nächsten Tag wieder an unserem Programm teil. Nach dem Frühstück machten wir uns auf den Weg zum Karnak-Tempel, wo eine Privatbesichtigung der Statue von Sekhmet auf dem Programm stand.

Ich hatte drei Jahre davor eine starke Heilungserfahrung mit der Statue von Sekhmet, also erwartete ich, dass ich bei diesem Besuch auch wieder geheilt werden würde. Als wir jedoch am Eingang des Karnak-Tempels ankamen und den großen Tempelkomplex betreten wollten, spürte ich plötzlich eine unsichtbare energetische Wand vor mir. Ich konnte die Wand nicht durchschreiten, egal wie sehr ich es auch versuchte. Es fühlte sich an, als dürfe ich an diesem Tag den Tempel und Sekhmet nicht besuchen. Die Energien in den ägyptischen Tempeln können extrem kraftvoll sein, besonders in Kombination mit dem, was man selbst mitbringt: die Vorsätze, die innere Einstellung und die Gebete. Ich fragte mich, ob meine körperliche und emotionale Verfassung verbessert werden müssten, bevor ich diesen mächtigen Tempelkomplex betreten könnte.

> Die Energien in den ägyptischen Tempeln können extrem kraftvoll sein, besonders in Kombination mit dem, was man selbst mitbringt, zum Beispiel die Vorsätze, die innere Einstellung und die Gebete.

Ich erzählte Eunjung und *Amro Munir*, unserem Reiseleiter, von der energetischen Wand, der ich begegnet war, und sagte, ich würde gerne zurück auf die Afandina gehen, um dort mehr Ruhe zu finden. Der Fahrer, der uns nach Karnak brachte, war bereits weg, also musste ich mehr als zwei Stunden im kalten, klimatisierten Empfangszentrum warten, bis die Gruppe zurückkam.

In der Zwischenzeit hatten sich meine Symptome sogar noch verschlimmert. Ich hatte anfänglich das Gefühl, dass etwas mit meinem Körper nicht stimmen würde. Als wir wieder auf der Afandina waren, fühlte ich, wie die Welt um mich herum eine Art Wellenbewegung erzeugte. Obwohl das Boot still dalag, hatte ich den Eindruck, als würde ich unter starken Symptomen von Seekrankheit leiden.

Am nächsten Morgen trat unsere Gruppe ohne mich schon sehr früh einen ganztägigen Ausflug an. Die Reise beinhaltete viele Stunden Fahrt nach Dendara, dem Tempel der Hathor und dem Tempel von Abydos. Ich hatte gehofft, dass sich mein Zustand nach einem Ruhetag verbessert haben würde. Stattdessen fühlte ich mich beim Erwachen immer noch sehr schwach, und die Welt schien sich noch stärker um mich herum zu bewegen.

Ich sprach mit Mohamed Nazmy, der sofort dafür sorgte, dass ich drei Tage in einem Hotel übernachten konnte, bevor wir alle zurück nach Kairo flogen. Wir erkannten, dass der Aufenthalt auf der Afandina mir nicht helfen würde, mich zu erholen, besonders im Hinblick auf meinen zunehmenden Schwindel und meine Seekrankheit. Von meinem Hotelzimmer aus konnte ich jedoch den Lärm von den Straßen hören. Nach einer unruhigen Nacht, in der sich meine Symptome verschlimmerten, musste ich in ein ruhigeres Hotel in der Nähe umziehen. Das Hotel Pavilion Winter Luxor schien der perfekte Ort zur Erholung zu sein, in dem es einen wunderschönen Garten mit vielen Bäumen und Vögeln gab.

Obwohl ich nun den schönen Klang von singenden Vögeln anstelle von Verkehr hören konnte, verschlechterte sich mein Zustand immer mehr. Nun war alles, was ich sah, einseitig: Die ganze Welt um mich herum schien nach links geneigt, mit immer wiederkehrenden, wellenartigen Energien. Ich hatte ein solches Problem noch nie gehabt, also war ich verwirrt und ein wenig verängstigt.

Ich suchte einige Male den freundlichen und humorvollen Hotelarzt auf. Seine Diagnose war, dass ich schwere Schwindelsymptome habe, die möglicherweise auf eine Ohrinfektion zurückzuführen seien. Er gab mir eine Menge Medikamente, die meine Symptome lindern sollten. Und ich hoffte auch, dass sich der Zustand in den drei Tagen vor unserem Flug verbessern würde, was aber nicht der Fall war. Nun war meine Welt schief, wellig und drehend, und mein Arzt riet mir vom Flug ab. Ich konnte mir sowieso nicht vorstellen, in diesem Zustand in einem Flugzeug zu sitzen. Also blieb ich in Luxor in diesem Hotel zurück, während der Rest der Gruppe nach Kairo aufbrach. Auch Eunjung flog nach Kairo, da sie die Gruppenleitung innehatte. Ich war traurig, in diesem Zustand allein zurückbleiben zu müssen, und musste mich zwingen, nicht die Fassung zu verlieren.

So etwas hatte ich noch nie erlebt. Jeden Tag wurden die seltsamen Symptome des Schwindels stärker. Egal, ob ich lag, saß oder stand: Alles drehte sich mit einer immer höheren Geschwindigkeit sowohl in mir als auch um mich herum. Es fühlte sich an, als wäre ich auf einem Kreuzfahrtschiff, das in einem kolossalen Sturm von den Wellen hin- und hergeschleudert wird, ohne Land in Sicht. Am schlimmsten drehte sich alles um mich herum an dem Tag, an dem ich mich energetisch und aus der Ferne für eine Abschlusszeremonie in der Großen Pyramide mit unserer Gruppe verbunden hatte.

Ich fühlte während der Zeremonie in der Königskammer immense, tiefe Energien. In dieser Nacht drehte sich alles um mich herum so intensiv, dass mir, egal was ich versuchte, einschließlich des Festhaltens am Bettpfosten in meinem Hotelzimmer, ungeheuer schwindlig wurde. Ich hatte Angst, dass ich die Nacht nicht überleben würde. Und dann verlor ich das Bewusstsein und wachte erst am nächsten Morgen wieder auf, aber ohne eine Ahnung, was ich gegen die Krankheit noch unternehmen könnte. Ich hatte keine andere Wahl, als mich ganz dem hinzugeben, was geschah.

Mit der Zeit wurde mir auch extrem übel. Ich war am Boden zerstört, weil es mir nicht gelungen war, diese verrückten Symptome zu lindern, selbst nachdem ich Medikamente genommen und Zuflucht in einem schönen, ruhigen Hotel gefunden hatte. Als ich versuchte, mich vom Schwindel zu erholen, erlebte ich auch auf emotionaler Ebene einen großen inneren Sturm. Alleine in diesem Hotel, da Eunjung und die Gruppe irgendwo in Ägypten herumreisten, versank ich in unterschiedliche Intensitäten von Traurigkeit, Hoffnungslosigkeit, Wut, Verwirrung und Depressionen.

Ich begann mich zu fragen, ob ich meine Krankheit nicht in einem größeren Zusammenhang sehen müsste. Nach ein paar Nächten hatte ich einen prophetischen Traum: Ich reiste durch den Weltraum und betrachtete den Luxor-Tempel aus der Vogelperspektive. Der Traum erinnerte mich daran, dass das Hotel, in dem ich wohnte, nur etwa 150 Meter südwestlich vom Luxor-Tempel lag. Nachdem ich aus dem Traum erwachte, ging ich online.

Ich fand heraus, dass *R. A. Schwaller de Lubicz*, ein elsässischer Mathematiker, Philosoph und Ägyptologe, an einer 15-jährigen Vor-Ort-Studie über den großen Tempelkomplex von Luxor gearbeitet hatte. Im Tempel von Luxor fand er eine Aufzeichnung über das Verständnis der Ägypter bezüglich der kosmischen Gesetze der Schöpfung und der Art und Weise, wie sich Geist als Materie manifestiert. Zusammen mit seiner Frau und seiner Tochter maß und kartierte er den Tempel in Luxor. Sie berücksichtigten und betrachteten dabei alles, was Informationen über die Heilige Geometrie und die Proportion liefern könnte. Nach R.A. Schwaller de Lubicz beschreibt der Luxor-Tempel die Struktur des menschlichen Körpers, einschließlich seiner *Chakren* (Energiezentren). Er wurde als Darstellung des vollkommenen Menschen gebaut und drückt den Prozess der Schöpfung und des Wachstums der menschlichen Form aus. Ich fand heraus, dass die Spitze des Luxor-Tempels, diese symbolische Darstellung des menschlichen Körpers, meinem Hotel direkt gegenüber lag. Das bedeutete, dass ich viele Tage lang buchstäblich direkt über dem Kronenchakra des Luxor-Tempels geschlafen hatte. Ich fragte mich, ob diese Erfahrung vielleicht eine kraftvolle Initiation war, die von den ägyptischen Göttern inszeniert worden war. Götter, die sich vielleicht verschworen hatten, mich von Emotionen, Gewohnheiten und Mustern zu befreien, die mir nicht mehr dienten, indem sie mich sozusagen in eine »energetische Waschmaschine« warfen.

Nachdem die offizielle Reise zu Ende war und unsere Gruppe Kairo verlassen hatte, flog Eunjung zurück nach Luxor, da ich immer noch nicht reisefähig war. Auch nach meiner Entdeckung bezüglich der dem menschlichen Körper ähnlichen Struktur des Luxor-Tempels und meiner

Nähe zu seinem Kronenchakra erlebte ich die starken Wellen der Energie und den einseitigen Blick auf die Welt um mich herum.

Aber ich war zumindest in meiner Liebe mit Eunjung vereint. Mit ihr, die meine Hände hielt, wurde das Gehen einfacher. Wir hatten das Gefühl, dass mir der Besuch der Statue von Sekhmet helfen könnte. Und so gingen wir zurück zum Karnak-Tempel. Diesmal war die energetische Wand, die mich davon abgehalten hatte, den Tempelkomplex zu betreten, nicht mehr da, was signalisierte, dass es für mich in Ordnung war, weiterzugehen.

In der ägyptischen Mythologie ist Sekhmet sowohl eine Kriegsgöttin als auch eine Göttin der Heilung. Sekhmets Name leitet sich vom altägyptischen Wort *Sekhem* ab, das *Kraft* oder *Macht* bedeutet. Sie wird als Löwin dargestellt, die beste Jägerin, die den Ägyptern bekannt ist. Sie wurde als Beschützerin der Pharaonen verehrt. Sekhmet führte sie in den Krieg, und es wurde gesagt, dass ihr feuriger Atem die Wüste formte. Sekhmet ist auch eine solare Gottheit, die manchmal als Tochter des Sonnengottes Ra bezeichnet wird und oft mit den Göttinnen Hathor und Bast verbunden ist.

In Anwesenheit der Sekhmet-Statue, die sich auf der Rückseite des Karnak-Tempelkomplexes befindet, fühlte ich wieder eine gewaltige Heilkraft aus ihr aufsteigen. Ich vergoss Tränen und betete von ganzem Herzen für die Heilung und dafür, dass die Symptome des Schwindels endlich verschwinden würden. Ich wusste, dass meine Gebete erhört werden würden. Ein paar Tage später konnte ich endlich wieder fliegen. Wir beschlossen, in einem ayurvedischen Heilzentrum im Süden Sri Lankas zu bleiben, wo ich eine ganzheitliche Behandlung und Pflege erhalten habe und meinen Heilungsprozess vertiefen konnte.

Als ich mich vier Wochen später von dem Schwindel vollständig erholt hatte, spürte ich ein großes Gefühl der Erleichterung und Dankbarkeit, dass ich wieder das Gleichgewicht gefunden hatte. Wenn ich über diese zweite Reise nach Ägypten nachdenke, dann weiß ich heute, dass – obwohl es eine der schwierigsten Erfahrungen meines Lebens war – es mich dazu zwang, die emotionalen Zustände und Denkmuster loszulassen, die bis dahin mein Leben stark beeinflusst hatten.

Ich verstand, dass Emotionen wie Wellen von Energie sind, die durch uns hindurchdringen, aber uns nicht definieren. Diese Erkenntnis half mir dabei, mich dem Jetzt und der göttlichen Gnade zu ergeben. Als ich allein in Luxor war, musste ich meine Emotionen rund um den Schwindel und die daraus resultierende existenzielle Krise mit ganzer Wucht spüren.

Es hatte Momente gegeben, in denen ich befürchtete, dass ich nicht überleben und Eunjung nie wiedersehen würde. Ich hatte festgestellt, dass der Schwindel stärker wurde, als ich von Emotionen der Verzweiflung und Hoffnungslosigkeit überwältigt wurde. Als ich es geschafft hatte, mich zu beruhigen, anstatt mich mit meinen Emotionen zu stark zu identifizieren, hatten sich die Schwindelsymptome etwas verringert.

Lektionen für das Leben gibt es in vielen Formen, und durch diese Tortur habe ich eine unbezahlbare Lektion gelernt. Wir müssen sowohl das Licht als auch die Dunkelheit, die archetypischen Qualitäten der *Neteru*, annehmen, um ein wahres Gleichgewicht im Leben zu finden. Wir müssen gewillt sein, sowohl aus dem Versagen als auch aus dem Erfolg zu lernen, um uns spirituell weiterentwickeln zu können. Die Natur scheint zu wissen, dass Hindernisse letztendlich den Widerstand brechen und die verfestigten Punkte lockern, sodass du endlich die Lektionen annehmen kannst, die das Leben seit Langem versucht, dich zu lehren.

Die völlige Kapitulation in Ägypten vor etwas, das mich so völlig aus dem Gleichgewicht gebracht hatte, war ein Ausgangspunkt. Sie lehrte mich, mich selbst voll und ganz anzunehmen, hell und dunkel, ohne mich zu sehr an einen der beiden Aspekte zu binden.

Ich möchte dieses Kapitel mit einem weiteren Lieblingszitat aus dem Film *Die Gabe* abschließen. Am Ende sagt *Demian Lichtenstein*:

> *»Und wenn mir nach meiner langen Reise eine Weisheit zuteilgeworden ist, dann ist es jene: Folge deinem Herzen, entdecke deine Gabe und mach dich bereit für das größte Abenteuer deines Lebens.«*

Als ich den Film im Oktober 2010 zum ersten Mal sah, nahm ich die Worte von Demian an. Ich begann, meinem Herzen zu folgen und die Gaben zu entdecken, die ich in die Welt gebracht hatte. Rückblickend erlebe ich seit diesem Moment der Entscheidung das größte Abenteuer meines Lebens, einschließlich dieser mysteriösen Erfahrungen in Ägypten.

Mit Ilahinoor die Welt erkunden

Wie erkläre ich etwas so unglaublich Tiefgründiges, das nicht wirklich mit unserer eingeschränkten Sprache ausgedrückt werden kann? Dies ist vielleicht die größte Herausforderung, wenn es darum geht, das Konzept von Ilahinoor zu vermitteln.

Wann immer ich gefragt werde, was Ilahinoor ist, beginne ich mit Etymologie, die sich mit der Herkunft und Geschichte der Wörter befasst. Ich erkläre, dass es in türkischer und arabischer Sprache *göttliches Licht* bedeutet und dass Ilahinoor tief mit spirituellen und schamanischen Traditionen aus aller Welt verbunden ist. Darin eingeschlossen sind ägyptische Rituale, die Lehren der *Kahuna* wie auch die mystische Tradition des Sufismus.

Ich erkläre, dass Ilahinoor weit mehr ist als eine weitere Methode von energetischem Heilen. Durch tief gehende persönliche Erfahrung lernte ich, dass Ilahinoor uns ermöglicht, mit dem herkömmlichen, morphogenetischen Feld zu arbeiten und die Seelenprägung zu balancieren, die das Muster für unsere Existenz ist. Dies kann tiefe persönliche Heilung bringen und uns ermöglichen, ein multidimensionales Bewusstsein und ein tiefes Verständnis von Wohlbefinden, Zufriedenheit und innerem Frieden zu erleben.

Der namhafte Poet *Rumi* (1207–1273) schrieb einen bekannten Vers zur menschlichen Erfahrung des Einsseins mit dem Universum:

> »*Etwas öffnet unsere Flügel. Etwas lässt Langeweile und Schmerzen verschwinden. Jemand füllt den Becher vor uns auf: Wir trinken nur Heiligkeit.*«

Seine mysteriöse Wortwahl – *irgendetwas, irgendjemand* – unterstreicht die unbeschreibliche Qualität von Ilahinoor.

Ich erkläre auch, dass Ilahinoor weit mehr ist, dass es ein göttliches Licht ist, das das Potenzial hat, sowohl uns selbst wie auch die Erde zu unserem grenzenlosen Potenzial zu aktivieren und zu erwecken. Dennoch gibt es danach immer noch offene Fragen.

- Was ist dieses göttliche Licht?
- Was ist dieses morphogenetische Feld?
- Was ist multidimensionales Bewusstsein?
- Wie können wir unser Leben und das Leben anderer verbessern, wenn wir darauf zugreifen?
- Was bedeutet es wirklich, unser unendliches Potenzial zu wecken und unsere Bestimmung zu finden?
- Wie wählen wir als Individuen und als Kollektiv unseren einzigartigen Beitrag zum Frieden, und verbinden Himmel und Erde in einer Welt, die anscheinend zunehmend außer Kontrolle gerät?

Ich erkannte, dass ich durch das Mitteilen meiner eigenen transformativen Ereignisse und Offenbarungen anderen am besten etwas über Heilung und spirituelles Erwachen vermitteln kann. Ich habe auch von anderen von den Wundern, die sie erlebten, gehört und wünsche dir, liebe Leserin, lieber Leser, dass dich dieses Kapitel inspiriert, deine eigenen Antworten zu diesen Fragen zu finden und dass du deine Einsichten anderen mitteilst. Ich hoffe, dass du dadurch mehr über Ilahinoor erfährst und Wunder erlebst. So erging es jedenfalls mir.

Wiederverbindung mit Hawaii
Ich traf Kiara Windrider, den Autor, Forscher und spirituellen Lehrer sowie Mentor, der mich 2009 in der Schweiz an Ilahinoor herangeführt hatte. Der *Giger Verlag* hatte gerade sein neuestes Buch veröffentlicht, und Kiara hatte ein paar Jahre davor die kosmische Ilahinoor Energie entdeckt und reiste um die Welt, um die Nachricht des heilenden und aufweckenden Potenzials zu verbreiten.

Ich hatte sofort das starke Gefühl, dass meine Begegnung mit diesem bemerkenswerten Lehrer sowie mein Erlebnis mit dem Ilahinoor-Feld mein Leben für immer verändern würde. Es war jenseits meiner Vorstellung, dass ich gemeinsam mit meiner geliebten Partnerin Eunjung anfangen würde, Hunderten von Menschen Ilahinoor zu lehren und es zudem an vielen heiligen Stätten auf der ganzen Welt zu praktizieren. Auch hatte ich keine Ahnung, dass ich Kiara auf unseren Reisen an einigen dieser spirituellen Orte erneut treffen würde.

2008, ein Jahr vor meiner ersten Begegnung mit Kiara, hatte ich, wie weiter oben bereits beschrieben (siehe Seite 21 ff.), mit Paul, dem hawaiianischen Heiler, ein unglaublich kraftvolles Wunder der Heilung erlebt. Nachdem Paul aufhörte, mit mir zu arbeiten, war ich von tiefem Glück erfüllt. Ich hatte in einem erweiterten Bewusstseinszustand den Himmel auf Erden erlebt. Es war so, als ob ich wach träumen würde.

Diese schicksalhafte Begegnung mit Paul veränderte mein Leben, und sie war der Anfang meiner mystischen Reise der Heilung. Dank ihr wurde ich nach einer Zeit tiefer Krisen und Verzweiflung aufgrund mehrerer Todesfälle innerhalb meiner Familie neu geboren und erlebte meine Hawaiianische Wiedergeburt. Die Zeit mit Paul war der Startpunkt für eine Suche, die mich um die ganze Welt führte. Ich war auf der Suche nach Antworten:

- Wieso leidet die Menschheit?
- Wie kann ich dazu beitragen, Leiden zu lindern?
- Wie kann ich andere Menschen lehren, auch das Leid in der Welt zu lindern und zu heilen?

Nach meinem Heilungswunder war mein tiefster Herzenswunsch, anderen zur Heilung zu verhelfen, genauso wie Paul es für mich tat. Ich studierte Heil- und Energiearbeit, besuchte Kurse und las Bücher. Es war ein sehr wertvoller Anfang meiner Reise. Ich wurde zuerst Reiki-Meister und fuhr dann fort, mehr als zehn Formen von Heil- und Energiearbeit zu lernen. Obgleich ich mit Begeisterung und Dankbarkeit vieles über Energiearbeit, Heilung und ihre Anwendung lernte, war ich dennoch noch unfähig, mich mit der Kraft des ursprünglichen Heilwunders zu verbinden, das ich im tropischen Wald, oberhalb von Honolulu in Hawaii, erlebt hatte.

Durch Synchronizität geführt
Glücklicherweise musste ich nur elf Monate warten, bis ich Kiara in Zürich traf. Er leitete einen Tages-Workshop auf der bekannten Bewusstseinsmesse *Lebenskraft*. Nachdem ich aus Hawaii zurückgekehrt war, nahm ich an vielen spirituellen Seminaren teil und war auf der Suche nach Antworten zu den Fragen, die in meinem Herz brannten. Ich entschied mich einen Vier-Tage-Pass zu erwerben, damit ich so viele Workshops wie möglich besuchen und mit einigen Ausstellern dieser Großveranstaltung sprechen konnte.

Kiaras Workshop stand am Samstag auf dem Programm. Bis zu diesem Moment folgte ich meiner intuitiven inneren Führung, wenn es darum ging zu entscheiden, welche Veranstaltungen ich besuchen wollte. Anstatt logisch und den Beschreibungen der Workshops entsprechend sowie aufgrund der Biografien der Referenten zu entscheiden, welchen Workshop ich besuchen könnte, entschied ich nach meinem Bauchgefühl und hielt Ausschau nach Synchronizitäten.

Ich erinnere mich noch gut an den 7. März 2009, als ich Ilahinoor das erste Mal erlebte. Ich konnte die Nacht zuvor lange nicht einschlafen. Als ich aufwachte, erinnerte ich mich an lebhafte Träume, die vom Erlebnis mit Paul handelten, und überraschenderweise auch an Träume über das alte Ägypten, das Land, das ich bis dahin noch nie besucht hatte. Und ich verspürte auch noch nicht den Wunsch, dies zu tun.

Ich erwachte sehr früh und kam eher am Veranstaltungsort an als die beiden Tage davor. Weil ich so früh ankam, waren weniger Leute da als an den beiden Tagen vorher. Es gab einige Workshops, aus denen ich auswählen konnte, und sie fingen alle um 10 Uhr an. Ich entschied mich, erneut meiner Intuition zu folgen und fühlte mich sofort zu dem Ort hingezogen, an dem die Workshops angeboten wurden. Ich ging in die verschiedenen Workshop-Räume, um herauszufinden, wie es sich anfühlte, wenn ich mich still hinsetzte.

Nachdem ich auf diese Weise drei Räume ausprobiert hatte, ging ich in den vierten Raum, der eine etwas andere Schwingung hatte. Dort fühlte ich mich sofort wohl. Ich entschied mich, dort zu bleiben, egal welcher Moderator den Workshop leiten oder um welches Thema es gehen würde. Ich wusste, dass ich wieder gehen und einen anderen Workshop besuchen könnte, falls ich mit der Präsentation, dem Referenten oder der Gruppenenergie nicht in Resonanz sein würde.

Ich wählte einen Sitz in der Mitte des Raumes und meditierte eine Weile. Plötzlich erinnerte ich mich wieder an die lebhaften Träume aus Hawaii und Ägypten. Meine Augen waren immer noch geschlossen, und ich spürte, wie immer mehr Leute in den Raum kamen. Dann begann der Workshop. Als ich meine Augen wieder öffnete, sah ich einen strahlenden und schönen, indisch anmutenden Mann mit glänzenden Augen. Es war Kiara.

Es war sehr faszinierend und resonierte zutiefst in mir, worüber Kiara sprach, auch wenn ich all die Konzepte und Theorien noch nicht ganz verstand, die er vorstellte. Die Präsentation basierte auf seinem neuesten im *Giger Verlag* erschienenen Buch, und ich war besonders fasziniert von einigen der persönlichen Erlebnisse, von denen er sprach.

Kiara erzählte vom Besuch von alten Tempeln in Ägypten, wo er und seine Partnerin *Grace* gerade herkamen, und vom Schwimmen mit Delfinen und Walen in Hawaii. Als Kiara sprach, fühlte ich eine immense Dankbarkeit dafür, dass ich zu seinem Workshop geführt worden war. Meine Träume der vergangenen Nacht bestätigten mir, dass ich am richtigen Ort und zur richtigen Person gegangen war.

Nach dem Mittagessen führten Kiara und Grace uns in Ilahinoor ein. Einige in der Gruppe, einschließlich mir, hatten anfänglich Zweifel, ob wir in nur einem halben Tag lernen könnten, Ilahinoor zu praktizieren. Viele von uns hatten andere Heilausbildungen absolviert, bei denen es mehrere Tage zum Lernen und zur Integration brauchte, bevor man sicher genug war, das Gelernte anzuwenden. Dieser Zweifel verschwand völlig, sobald die Energie den Raum füllte.

Ich erzählte, wie der Lichtstrahl die Waldlichtung in Hawaii gefüllt hatte und wie eine tiefgründige Stille eingetreten war, als die Vögel zu singen aufgehört hatten. Nun kam dieses Erlebnis zurück, und ich fand schließlich, wonach ich so verzweifelt gesucht hatte. Seit meiner ersten Erfahrung mit Paul fand ich nicht nur diesen erweiterten und friedlichen Bewusstseinszustand nach langer Zeit wieder, sondern ich lernte auch eine Technik, die sogar ein Element einschließt, das Lichtkanal genannt wird.

Ilahinoor brachte immensen Frieden, tiefe Stille und wunderbare Ruhe in meinen Verstand, und mein Herz öffnete sich weit. Viele Teilnehmer, mit denen ich mich an diesem Nachmittag mit der Ilahinoor-Energie verband, sagten das Gleiche. Als ich mich später am Abend auf den Rückweg machte, war mein Herz weit geöffnet und erweitert. Ich nahm auch etwas Unübliches wahr, und zwar fühlte ich mich im physischen Sinn sehr groß.

Wann immer ich durch eine Tür ging, duckte ich mich, weil ich das Gefühl hatte, dass ich mich sonst am Türrahmen stoßen würde. Als ich später am Zürcher Hauptbahnhof auf den Zug nach Hause wartete, hatte ich immer noch das überwältigende Gefühl von Frieden und Ruhe, jenseits jeglicher Hektik und den vielen Menschen um mich herum. Als ich zu Hause ankam, fiel ich sofort in einen tiefen und erholsamen Schlaf.

Als ich am nächsten Morgen aufwachte, fühlte sich mein Körper unglaublich leicht an. Nach dem Aufstehen hatte ich das Gefühl, als ob ich auf Wolken gehen würde, und gleichzeitig fühlte ich mich sehr klar, verankert und gegenwärtig in meinem physischen Körper. Dies war ein weiteres Wunder für mich. Wie war es möglich, dass ich mich so tief in meinem physischen Körper verankert fühlen konnte und gleichzeitig ein solch erweitertes Bewusstsein hatte?

Der letzte Tag der Messe war gekommen, und ich entschied mich, sie nochmals zu besuchen. Ich hoffte, dass ich Kiara und Grace noch einmal sehen würde. Ich erfuhr jedoch, dass sie die Schweiz nur kurz besucht hatten und dass sie bereits in ein anderes Land weitergereist waren. Als ich Kenntnis davon erhielt, dass Kiara vier Wochen später für ein viertägiges Seminar erneut in die Schweiz kommen würde, meldete ich mich ohne zu zögern sofort für das Seminar an. Ich hatte während des zweiten Seminars mit Kiara und einer Gruppe von ungefähr 30 Menschen, die vom 3. bis zum 6. April 2009 zusammenkamen, weitere kraftvolle Erlebnisse. Es war wunderbar, die verschiedenen Ilahinoor-Schritte über einen längeren Zeitraum zu lernen und anzuwenden.

Ich kann mich noch gut daran erinnern, wie wunderschön es war, als ich den Sonnenuntergang sah, nachdem das Seminar zu Ende war. Es fühlte sich an, als ob ich mich mit der Natur um mich herum vereinen würde. Es war genauso wunderbar und magisch wie damals, als ich nach meinem wunderbaren Erlebnis mit Paul in Hawaii den Sonnenuntergang beobachtete. Ich begann, Kiaras Bücher immer wieder zu lesen und mir wiederholt die wenigen Videos anzusehen, die ich online von ihm fand. Auch fing ich an, Freunden und Familienangehörigen von Ilahinoor zu erzählen. Bei anderen Heiltechniken, die ich gelernt hatte, zögerte ich oft, dies zu tun. Auch wenn einige, mit denen ich arbeitete und dabei Ilahinoor anwandte, noch nie zuvor Energiearbeit erlebten, berichteten sie von positiven und überraschend erfreulichen Resultaten.

Mit Ilahinoor deinen Horizont erweitern
Ein Jahr später, 2010, hatte ich ein intensives Burn-out. Während ich in der Natur weiterhin außerordentliche Bewusstseinszustände der Einheit hatte, wurde es immer schwieriger, die Belastung durch meine Tätigkeit als Unternehmensberater auszuhalten und gleichzeitig die umfassende Coaching-Ausbildung zu absolvieren. Während

dieser Zeit machte ich gleichzeitig vier Coaching-Lehrgänge bei Living Sense (*www.coaching-institut.ch*): Integral Coach, Business Coach, Mental Coach sowie Emotional Coach. Es war eine herausfordernde Zeit, und ich musste mich mit Persönlichkeitsanteilen auseinandersetzen, die mir bis dahin nicht bewusst gewesen waren. Gleichzeitig beschenkte mich diese Erfahrung mit immensem persönlichem Wachstum. Letztlich führte mich dies zurück nach Kauai, wo ich während des ersten Halbjahrs 2011 auf Bewusstsein, Gegenwart und Achtsamkeit basierende Therapien, Massagetechniken und andere Heil- und Beratungstechniken studiert hatte.

Anschließend ging ich Ende Juni 2011 allein auf eine Visionssuche und reiste drei Wochen lang über die hawaiianischen Inseln. Wie bereits erwähnt, hatte ich bei dieser Reise vor, so viele heilige Stätten, die in Hawaii *Heiau* genannt werden, wie möglich zu besuchen. Meine Reise erreichte ihren Höhepunkt auf Kauai. Ich wanderte in das 18 Kilometer entfernte Kalalau-Tal, das an der wunderschönen Na-Pali-Küste gelegen ist, und verbrachte dort zwei Nächte.

Seit Anfang 2009, als ich zum ersten Mal von Ilahinoor erfahren hatte, habe ich es vielen Menschen an verschiedenen heiligen Stätten gezeigt und vermittelt. Ich hätte damals jedoch nie gedacht, dass ich Ilahinoor auch einer Gruppe beibringen könnte. Dies änderte sich, als ich im Oktober 2012 auf Zypern war. Diese schöne Insel im Mittelmeer ist ein wunderbarer, entspannender und geschichtsträchtiger Ort. Zypern ist für seine archäologischen Stätten und antiken Tempel, die der Göttin Aphrodite geweiht sind, bekannt. Eunjung und ich hatten im Juli 2012 ein wundervolles Erlebnis mit unserer Freundin *Mikaela*, der Gründerin des Serenity House in Nicosia. Da Eunjung wegen ihrer Arbeit in die USA zurückkehren musste, reiste ich im Oktober für eine Woche allein nach Zypern. Mikaela war zu dieser Zeit nicht auf der Insel, sie hatte mich aber der Gründerin des Gaia-Wellness-Zentrums in Larnaka vorgestellt. Als ich eine Ilahinoor-Sitzung mit ihr beendet hatte, entschieden wir uns, eine dreistündige Einführung ins Ilahinoor zu geben. Es war eine kurzfristige Entscheidung, und mir blieben nur zwei Tage für die Vorbereitung. Ich war unsicher, ob meine Einführung die gleichen speziellen Effekte bei den Teilnehmern bewirken würde wie ich es erlebt hatte, als ich dieser lebensverändernden Energie und Schwingung zum ersten Mal begegnet war.

Das Treffen begann um 19 Uhr, und es war wunderschön. Nach den ersten drei Stunden hatte niemand in der Gruppe das Gefühl, dass wir fertig wären. Wir praktizierten drei weitere Stunden lang und gingen schließlich erst nach 1:30 Uhr ins Bett. Nebenbei stellte sich heraus, dass das Grundstück, auf dem sich das Gaia-Wellness-Zentrum befindet, ein ehemaliger Ägyptischer Schrein ist.

Wie bereits weiter oben ausgeführt, war mein erstes Erlebnis in Ägypten eine atemberaubende Reise (siehe Seite 158 ff.). Als wir damals auf dem Nil fuhren und viele der alten ägyptischen Tempel besuchten, fingen wir unsere Tage sehr früh am Morgen an. Wir gingen mit unserer Gruppe ans obere Deck und machten während des Sonnenaufgangs gemeinsam Ilahinoor. Wir wollten Ilahinoor auch in den Tempeln praktizieren, konnten dies jedoch nicht, weil es nur wenige Besucher, dafür aber viele Wächter gab, die persönliche Aktivitäten nicht zugelassen hätten, es sei denn, ein Privatbesuch war im Voraus für die Gruppe organisiert worden.

Ich habe immer noch viele Erinnerungen an meine erste Reise nach Ägypten, die unglaublich magisch, abenteuerlich und beeindruckend war. Im Abydos Tempel fanden wir sogar eine Hieroglyphe, die eindeutig zwei Götter zeigt. Sie praktizierten eine Form von Energieübertragung, ähnlich der *Pinky Activation*, einem weiteren Element von Ilahinoor. Der *Pinky* ist der kleine Finger, und dieses Element hatte Kiara uns mit großer Begeisterung gezeigt, als er 2009 nach seiner Ägyptenreise Zürich besuchte.

Ein Teilnehmer unserer Reise war *Diego* aus Ecuador, der ein guter Freund wurde. Er liebte es, mit uns Ilahinoor auf dem Nil zu erleben, und lud uns ein, ihn in Ecuador zu besuchen. Nur zwei Monate später, als Eunjung und ich erneut eine magische Reise unternahmen, kamen wir nach Costa Rica, Ecuador und Mexiko.

Als wir in Ecuador waren, hatten wir die Gelegenheit, einen Tages-Ilahinoor-Workshop mit einer Gruppe von 20 Menschen in Quito zu veranstalten. Diego und eine weitere Person übersetzten den Workshop aus dem Englischen ins Spanische. Dieses Mal hatte ich mehr Zeit, mich vorzubereiten als in Zypern. Ich konnte meiner Präsentation mehr Hintergrundinformationen anfügen und gab mein Bestes, einige der Konzepte zusammenzufassen, von denen Kiara in seinen Büchern berichtet, basierend auf seinen Reiseerfahrungen und seiner unglaublich langen und profunden Forschungsarbeit.

Nach meinem großartigen ersten Erlebnis in Zypern und mithilfe der Unterstützung von Eunjung und Diego fühlte ich mich entspannter und sicherer, die Ilahinoor-Schritte einer so großen Gruppe zu vermitteln. Wir hatten eine wunderbare Zeit und kreierten während dieser gemeinsamen Tage ein wunderbares Gefühl von Frieden und Einheit. Jedoch geschah das größte Wunder, ohne dass wir uns dessen bewusst waren: Einige Tage nach dem Workshop erhielten wir von *Margarita*, der Besitzerin des Yoga-Studios in Quito, wo wir den Ilahinoor-Workshop durchführten, folgende Rückmeldung:

»*Ich bin seit zwei Jahren Mieterin des kleinen, schönen Yoga-Studios in Quito. Die Besitzer sind eine 70-jährige Frau und ein 85-jähriger Mann. Der Mann hatte Krebs und Diabetes; und vor zwei Monaten hatte er einen Unfall und brach sich ein Bein und eine Hüfte. Seine Frau brach sich am gleichen Tag bei einem anderen Unfall ihren Arm. Sie pflegte ihren Mann, was für sie körperlich und emotional sehr schwierig war.*

Nach der Operation seines Beins hat sich der Zustand des alten Mannes weiter verschlechtert, bis er nicht mehr sprechen und auch nicht mehr allein ins Badezimmer gehen konnte. Darunter litten er und seine Familie sehr. Im Yoga-Studio haben wir eine Meditation mit Eunjung und Yves für Samstag, 2. März 2013, vorbereitet. 20 Menschen haben sich an diesem Nachmittag im Studio getroffen. Wir haben bis 21:30 Uhr meditiert und die Ilahinoor-Heilungsmethode praktiziert.

Zwei Tage später hat mich der Freund der Tochter des alten Mannes angerufen und mir mitgeteilt, dass der alte Mann gestorben sei.

Ich sagte ihm: ‚Ich bedaure euren Verlust sehr, aber wenigstens haben wir am Samstagabend meditiert und das Haus mit Licht erfüllt.' Er überraschte mich mit seiner Aussage: ‚Ja, wir konnten es fühlen, es war so stark!' Ich war etwas besorgt, ob diese Antwort nun positiv oder negativ gemeint war, weil die Familie weder Yoga noch sonst etwas Ähnliches praktiziert. Als ich ihn fragte, was sie erlebt hatten, antwortete er: ‚Wir fühlten sehr viel Frieden und Liebe, es war wunderschön und sehr kraftvoll.'

Nach dieser Nacht starb der alte Mann. Seit diesem Ereignis hatte die Familie wieder Frieden. Es war ein wunderschöner und friedlicher Übergang. Dies ist wirklich eine ganz besondere Lebenserfahrung für mich.«

> Grenzen zwischen der Vergangenheit, Gegenwart und Zukunft verschwinden, sobald wir diese Form des erweiterten, schamanischen Bewusstseins erreichen.

Nach unseren Reisen nach Hawaii und Ägypten befanden sich Eunjung und ich nun in Mittelamerika, wo Schamanismus – eine der alten Traditionen, von denen Kiara in seinen Büchern schreibt – praktiziert wird. Unsere Erfahrungen mit Ilahinoor belegen, dass die Grenzen zwischen Vergangenheit, Gegenwart und Zukunft verschwinden, sobald wir diese Form des erweiterten, schamanischen Bewusstseins erreichen.

Sobald diese Überbrückung zwischen der oberen Welt (sie steht für die höheren Ebenen des Bewusstseins), der mittleren Welt (sie steht für das rationale menschliche Bewusstsein) und der unteren Welt (sie steht für die unterbewussten Instinkte und tiefen Muster von Konditionierungen) geschieht, können wir multidimensionales Bewusstsein erleben und sämtliche Einschränkungen von Zeit und Raum transzendieren.

Es ist bemerkenswert, dass die hawaiianischen Priester – bekannt als *Kahuna* – obwohl sie Tausende von Kilometern von Süd- und Mittelamerika entfernt sind, Ähnliches feststellen, dass nämlich das mittlere Selbst nicht direkt mit dem höheren Selbst kommunizieren kann, ohne dass es sich mit dem niederen Selbst verbindet. Laut den Kahunas muss das innere Kind (*Keiki Pono Loha*), ein Aspekt des niederen Selbst, einbezogen werden, damit Heilung geschehen kann.

Ilahinoor ist eine hervorragende Form der Energiearbeit, die Verbindungen zwischen dem höheren, mittleren und tieferen Selbst herstellt. Ich schließe Ilahinoor als Teil meiner Heilsitzungen ein und nehme immer wieder wahr, dass Menschen durch die Wiederverbindung mit dem inneren Kind und dem ursprünglichen Zustand von Unschuld und kindlichem Wunder Befreiung von Leiden und Heilung erleben und anfangen zu heilen. Diese Zusammenkunft verbessert wiederum ihre Beziehungen zur Familie und zu Freunden.

Das Ilahinoor-Feld bringt nicht nur Heilung und Transformation auf einer persönlichen Ebene. Es bringt auch Frieden und Einheit auf einer planetaren Ebene. Wo immer wir auch hinreisen, praktizieren Eunjung und ich Ilahinoor an Kraftorten oder als Teil unserer Rituale und Zeremonien. Nur einen Tag, nachdem wir Kiara getroffen hatten, waren wir in Stonehenge in England und praktizierten dort Ilahinoor für das Land. Die gesamte Gegend von Stonehenge schien sich uns zu öffnen und war gefüllt mit Schwingungen aus Frieden und Harmonie.

Ein weiteres unvergessliches Erlebnis war der Besuch des Punalu'u-Strands, auch bekannt als Black Sand Beach (Strand mit schwarzem Sand) auf Big Island in Hawaii. Als wir auf dem Weg zum Flughafen in Kauai waren, prophezeite uns unser Freund *Howard Wills*, dass wir dort drei *Honus* (Meeresschildkröten) begegnen würden. Als wir eine Woche später an diesem schönen Strand ankamen, waren dort tatsächlich drei Honus, die im Sand in einer dreieckigen Formation auf uns warteten! Bei unserer Ankunft am Strand hielten sich noch andere Menschen dort auf. Kaum hatten wir uns hingesetzt, um zu meditieren und die holografische *Merkaba* zu aktivieren, waren wir plötzlich mit den Honus allein.

Wir verbanden uns mit einem vereinten Feld und erhielten Nachrichten über das multidimensionale Bewusstsein und andere Wirklichkeiten. Wir glauben, dass die Ilahinoor-Energie ein kraftvoller Weg ist, uns mit Gaia und dem Kosmos zu verbinden und Frieden auf diesen Planeten zu bringen.

Eine Pilgerreise nach Indien

Wir reisten fünf Jahre um die Welt, gaben viele Workshops, beteten in mehr als 30 Ländern und hielten Zeremonien an heiligen Orten ab. Wie bereits erwähnt, sahen wir Hieroglyphen in Ägypten, die die *Pinky Activation* zeigen, und praktizierten Ilahinoor, als wir auf dem Nil segelten. Wir hatten Erlebnisse mit Delfinen, Walen und Meeresschildkröten – Vertreter des kraftvollen Bewusstseins der Wale – in Hawaii, die unsere *holografische Merkaba* weiter aktivierten. Das Walbewusstsein bezieht sich auf die kognitiven Fähigkeiten oder die Intelligenz der Wale und Delfine.

Durch die Aktivierung der holografischen Merkaba können wir uns mit unseren multidimensionalen Formen unseres Selbst und höheren Ebenen verbinden. Die holografische Merkaba ist ein Träger des Lichts in Form eines Tetraeder-Sterns (zwei ineinandergreifende, dreidimensionale Pyramiden, von denen eine nach oben und eine nach unten zeigt). Die Merkaba stellt den Energiekörper des Menschen dar. *Mer* bedeutet Licht, *Ka* Geist und *Ba* Körper. Und wir wurden während unserer Besuche in Costa Rica, Ecuador und Mexiko durch tief gehende schamanische Erlebnisse transformiert.

Acht Jahre nach meinem ersten Erlebnis mit Ilahinoor erkannte ich jedoch, dass bisher eine wichtige Bestimmung fehlte, welche die Entstehung von Ilahinoor beeinflusste. Wir waren bisher noch nie nach Indien, in Kiaras Heimat, gereist.

Im Februar 2017 erhielten wir plötzlich einen machtvollen Aufruf, für vier Wochen nach Indien zu reisen. Es stellte sich heraus, dass Kiara und Grace während derselben Zeit in Indien waren, und wir entschlossen uns, sie in Auroville zu treffen. Eunjung und ich starteten unseren ersten Besuch in Indien in Auroville und schlossen unsere Reise gemeinsam mit Kiara und Grace in Pondicherry im Ashram von *Sri Aurobindo* und *Der Mutter* ab.

Mira Alfassa, ihren Anhängern als Die Mutter bekannt, war ein spiritueller Guru, eine Partnerin und Mitarbeiterin von Sri Aurobindo, der sie von ebenbürtigem yogischem Format ansah und sie Die Mutter nannte. Sie wurde in Frankreich geboren und zog 1920 für immer nach Pondicherry, nachdem sie bei ihrer ersten Indienreise 1914 Aurobindo getroffen hatte. Die Mutter gründete den Sri Aurobindo Ashram und etablierte Auroville, eine experimentelle Stadt ohne nationale Grenzen mit einer Universität, die viele Schriftsteller und Lehrer im Bereich des integralen Yoga inspirierte.

Es war mehr als 60 Jahre her, seit Die Mutter am 29. Februar 1956 verkündet hatte, dass das *supramentale Bewusstsein* schließlich in unsere dichte Wirklichkeit eindringen kann. Durch das Praktizieren von Ilahinoor können wir uns mit diesem supramentalen Feld verbinden und es auf zellulärer Ebene ins Bewusstsein rufen. Eunjung und ich lernen am besten durch persönliche Erlebnisse. Unsere Meditationen in Auroville und im Ashram von Sri Aurobindo haben unser Verständnis über das Konzept des Abstiegs in das supramentale Bewusstsein, über das Sri Aurobindo und Die Mutter ausführlich gesprochen hatten, grundlegend vertieft.

Eunjung und ich hatten ein tief greifendes, mystisches Erlebnis, wie sich das Feld auf zellulärer Ebene anfühlt, als wir in der großen Halle von Matrimandir, dem Tempel Der Mutter in Auroville, meditierten und den Samadhi von Sri Aurobindo und Die Mutter im Ashram von Pondicherry besuchten. Es hatte damit zu tun, wie sich das Feld auf zellulärer Ebene anfühlt. Durch diese Erlebnisse erkannten Eunjung und ich, dass das supramentale Feld nicht etwas ist, das wir mit unserem logischen Verstand begreifen oder in Worte fassen können, sondern etwas, das gefühlt werden muss.

Von allem, wie Kiara lehrt, war das Konzept des supramentalen Felds schon immer am schwierigsten. Es war eine große Herausforderung für mich, es zu erklären, und für andere, es intellektuell zu verstehen. Wie ist es möglich, etwas so unglaublich Tiefgründiges zu erklären, das nicht wirklich mit unserer eingeschränkten Sprache ausgedrückt werden kann?

Wenn ich auf diese unglaubliche Reise zurückblicke, die ich seit meinem Erlebnis mit Paul in Hawaii gemacht hatte, erkenne ich, dass ich jenseits meiner Grenzen geführt wurde, die ich damals wahrnahm. Genauso wie der Lichtstrahl, der an diesem wunderbaren Nachmittag mit Paul den bewölkten Himmel in Hawaii durchdrang, bietet Ilahinoor einen kraftvollen Kanal, durch den wir heilen, unser Leiden transformieren und letztendlich unser unbegrenztes Potenzial entdecken können. Kiaras Buch *Ilahi-*

noor: Awakening the Divine Human, zu dem ich ein Kapitel beigetragen habe, hat mir immens viel gegeben, genauso wie die Lehren von Sri Auribindo und von Der Mutter.

Ilahinoor unterstützt uns nicht nur individuell, um unsere persönlichen Einschränkungen zu heilen und zu transzendieren, sondern es hat auch unglaubliches Potenzial für die planetare Heilung. Sobald Ilahinoors heilende Energien unsere Energiefelder reinigen, verschwinden die Wolken in unserer Wahrnehmung, wir können wieder klarsehen, und wir können tatsächlich Einheit und Einssein mit allem und allen erleben. Dann sind wir frei, unseren einzigartigen Beitrag zu leisten, um den Himmel auf Erden zu erschaffen!

Naturverbundenheit

Weil wir Teil dieses natürlichen *World Wide Web* (des weltweiten Netzes) sind, sind wir alle energetisch miteinander verbunden. Wenn du Zeit in der Natur verbringst, hilft es dir, dich von durch Technologie beeinflussten Verbindungen zu trennen und Verbindungen mit der natürlichen Energie des Wohlbefindens wiederherzustellen, die im Überfluss in Wäldern, Ozeanen, Flüssen und in den Bergen vorhanden sind. Während du näher zu deiner Bestimmung findest, wirst du dir zunehmend bewusst, wie sehr alles und alle miteinander verbunden sind. Dies geschieht, indem sich Synchronizitäten häufiger ereignen.

In den letzten Jahren gab es oft Diskussionen, die *Schumann-Resonanz* betreffend. Sie bezieht sich auf die Grundfrequenz der Erde und wird in Zyklen pro Sekunde gemessen. Sie war mit ungefähr 7,83 Hz für lange Zeit stabil. Viele Wissenschaftler aus aller Welt schätzen nun, dass sich diese Schwingung exponentiell erhöht. Nach verschiedenen Berichten hat sie Anfang 2017 mit 36 Hz einen neuen Höhepunkt erreicht, was bedeutet, dass sich der Herzschlag von Mutter Erde erhöht hat.

Als ich Kiaras Buch *Gaia Luminous: Emergence of the New Earth* las, konnte ich das größere Bild erkennen. Der Wissenschaftler *Dr. Paul LaViolette*, ein Freund von Kiara, ist Forscher sowie Autor von vier Büchern. Er prägte den Ausdruck *Galactic Superwave* (galaktische Superwelle), mit dem er sich auf den Beschuss kosmischer Strahlen bezieht. Er war der Erste, der vorhersagte, dass intensive kosmische Strahlenpartikel aus der Galaxie direkt auf unseren Planeten treffen, ein Phänomen, das nun durch wissenschaftliche Forschungen bestätigt wurde.

Er legt dar, dass kosmische Strahlenpartikel und kosmischer Staub aus dem sehr dichten Zentrum der Milchstraße ausströmen. Die Auswirkungen auf die Sonne und das Klima der Erde haben jedoch primär mit dem kosmischen Staub zu tun. Wenn kosmischer Staub und Bruchstücke die Oberfläche der Sonne beschießen, erhöht dies das Ausmaß der Sonnenstürme wesentlich und löst so Sturmaktivitäten sowie starke koronare Massenausbrüche aus.

Ein geomagnetischer Sturm ist eine vorübergehende Störung der Magnetosphäre der Erde, die durch eine Schockwelle von Sonnenwinden und/oder Wolken magnetischer Felder ausgelöst wird, die mit dem magnetischen Feld der Erde zusammenwirken. Der Sonnenwind trägt auch das magnetische Feld der Sonne mit sich. Dieser Wind löst energetische Explosionen aus, die die Magnetosphäre zusammenziehen und ausdehnen, und dadurch die Grundfrequenz der Erde (die Schumann-Resonanz) erhöhen.

Im Herbst 2014 machten Eunjung und ich einen Spaziergang in einem unberührten Bergwald in Leysin in den Westschweizer Alpen. Als wir durch den blühenden, magischen Bergwald gingen, sogen wir die kristallklare Bergluft in unsere Lungen. Wir erhielten wunderbare Energien von der Natur um uns herum und von der Sonne über uns, und wir nahmen die Geschenke an, die diese wunderschöne Gegend bietet. Am Ende des Bergwegs kamen wir zu einer Waldlichtung, die uns ein überwältigendes Panorama der Berge auf der anderen Talseite bot. Wir setzten uns hin, machten eine Zeremonie für das Land und empfingen die Nachricht, unseren Geist zu beruhigen, völlig gegenwärtig zu werden, mit unseren Herzen zu hören und zu empfangen. Wir gingen in eine tiefe Meditation und erkannten, dass wir uns in der Gegenwart eines kraftvollen Portals befanden.

Nur wenige Tage später trafen Sonnenstürme die Magnetosphäre der Erde und lösten zwei Tage lang geomagnetische Stürme aus. In der Zwischenzeit waren Eunjung und ich wieder zurück in der Gegend, in der ich aufgewachsen war. Wir machten erneut einen Spaziergang im Bonstettenpark, einen märchenhaften Park in der Nähe des Thunersees.

Während dieses Spaziergangs fühlte sich das ganze energetische Feld unstabil an. Wir hörten auch von starken Erdbeben in anderen Gegenden der Erde. Bei unserem Spaziergang begleitete uns Joy, sie ist die Hündin meiner Mutter. Sie schien das Ungleichgewicht auch zu spüren. Üblicherweise liebt sie es zu spielen und herumzurennen, während dieses Spaziergangs blieb sie jedoch ganz in unserer Nähe und lief zwischen uns. Vermutlich nehmen Tiere solch kraftvolle energetische Veränderungen noch stärker wahr als wir Menschen.

Wie bereits erwähnt, zieht sich die Magnetosphäre bei Sonnenstürmen zusammen und dehnt sich wieder aus. Es ist allgemein anerkannt, dass alles energetisch verbunden ist. Könnte es sein, dass die hereinkommenden kosmischen Energien den Prozess globaler Transformation beeinflussen, während wir uns sowohl individuell als auch kollektiv ausdehnen und zusammenziehen? Als Auswirkung davon werden sich die Menschen, die sensibler auf die Schwingungen der Erde reagieren, zunehmend bewusst, dass sich eine Trennung im kollektiven Bewusstsein ereignet. Rund um die Welt gibt es eine sich immer stärker ausdehnende Lücke zwischen denjenigen, die erwachen und ihren Herzen folgen und die sich ihrer Bestimmung klarer werden, und denjenigen, die weiterhin der Angst in ihren Herzen erlauben, sie zu kontrollieren. Genauso wie sich die Schwingungsfrequenz der Erde erhöht und wie sich der Herzschlag von Mutter Erde beschleunigt hat, werden insbesondere jene von uns, die nicht in Verbindung mit ihrem wahren Selbst stehen, aus ihren Komfortzonen gerissen.

Wir haben sowohl individuell als auch als Kollektiv die Wahl, ob wir Teil einer Kultur sein wollen, die nicht mehr länger unseren Werten entspricht, oder ob wir unseren Herzen folgen und uns mit der Natur und mit den unsichtbaren Kräften verbinden, die uns zu etwas Größerem als unserer individuellen Vorstellung, wer wir sind, führen können. Falls wir uns für das Letztere entscheiden, glaube ich, dass wir ein Leben führen können, das wahrhaftig und bedeutsam ist.

> Es ist deine Entscheidung, ob du deinem Herzen folgen und dich mit der Natur verbinden willst oder ob du weiter gegen die unsichtbaren Kräfte leben willst.

Ich glaube, dass die Veränderungen in den erdmagnetischen Schwingungen einer von vielen Gründen sind, wieso viele Menschen solch herausfordernde Zeiten durchmachen. Während dieser transformativen Phase auf unserem Planeten sind wir dazu aufgerufen, alles loszulassen, was nicht unserer Bestimmung dient, und mehr Klarheit darüber zu gewinnen, was wir in unserem Leben wirklich schaffen und erleben wollen.

Während du dir klarer darüber wirst und du anfängst, die zunehmende Lücke im kollektiven Bewusstsein wahrzunehmen, kannst du dich dafür entscheiden, andere zu inspirieren und sie zu ermutigen, ihre Angst hinter sich zu lassen und in die Freiheit zu gehen. Einer von vielen Wegen, sich daran zu erinnern, wie sich Freiheit anfühlt, ist es, zurück in die Natur zu gehen und sich wieder mit seiner Spiritualität zu verbinden.

Uns mit der Natur, heiligen Stätten und kraftvollen Portalen zu verbinden, hilft uns, viel energetische und spirituelle Unterstützung für diesen Prozess der Wiedergeburt zu empfangen. Ich glaube, dass deshalb so viele Menschen heilige Stätten wie Stonehenge in England, die Pyramiden in Ägypten und Machu Picchu in Peru besuchen. Selbst diejenigen, die sich nicht nach Spiritualität sehnen, sind sich dessen bewusst, dass es an diesen Orten etwas Besonderes gibt.

Unsere vielfältigen spirituellen Erfahrungen und Erlebnisse in der Natur und an heiligen Stätten deuten für Eunjung und mich darauf hin, dass wir multidimensionale Wesen sind und dass wir uns zwischen vielen Schichten aus Energie und vielen Dimensionen hin- und herbewegen. Wo auch immer wir uns mit der Natur verbinden, fühlen wir die unglaubliche Kraft der Elementarwesen, die die wahrhaftigen Beschützer der Natur sind und diejenigen umgeben, die ihr Zuhause ehren und lieben.

Während unserer Reisen spürten Eunjung und ich, dass sich rund um die Welt durch viele Portale in der Natur eine Konstellation, Wiederausrichtung und Verbindung ereignet. Diese Portale fahren damit fort, sich exponentiell zu öffnen und auszudehnen. Wenn wir uns mit der Natur verbinden, hilft uns dies, uns neu auf diese höheren Ebenen auszurichten.

Vielleicht fragst du dich, wie sich dies auf uns als Kollektiv und auf dich, der du dieses Buch liest, bezieht. Viele sagen, dass die Erhöhung der Schumann-Resonanz ein wissenschaftlicher Beweis dafür ist, dass höhere Schwingungen auf die Erde treffen und sich dadurch wirklich eine

Bewusstseinsveränderung ereignet. Diese Veränderung wirkt sich auch auf unsere individuellen Biorhythmen, auf unsere Gesundheit, die emotionalen und mentalen Zustände, auf unseren Schlaf und unsere Träume sowie auf unser allgemeines Wohlbefinden aus.

Warum ist das so? Während die Erde ihre Schwingung erhöht, erhöhen auch wir unsere Schwingung. Es spielt keine Rolle, ob sich jemand dieser Verbindung bewusst ist oder nicht. Die Erde erhöht ihre Schwingung und wird von Sonnenstürmen beeinflusst und unterstützt.

Es liegt an uns, eine Entscheidung zu treffen: Folgen wir diesem Weg, erhöhen wir unsere Schwingung und leben wir unsere wahre Bestimmung, oder halten wir an unseren alten Mustern, Gewohnheiten und vergangenen Versionen der Wirklichkeit fest?

Während wir an unserer evolutionären Reise mit dem Planeten Erde teilnehmen, lassen wir durch die Schwingungserhöhung alte Muster und blockierte Energien los. In diesem Prozess fühlst du dich vielleicht manchmal depressiv, allein, einsam, verwirrt, oder du wirst krank. Vielleicht hast du manchmal den Eindruck, dass es keinen Ausweg gibt, dass du niemals deine aktuelle Lebenssituation verändern und deshalb keinen positiven Beitrag in der Welt leisten kannst. Vergiss aber Folgendes nicht: Wenn wir unsere Schwingung erhöhen, kommt alles, was bisher noch nicht in Resonanz mit diesen höheren Schwingungen war, zur Klärung an die Oberfläche. Schattenaspekte von uns, Dinge, die wir nicht sehen wollten oder die uns bisher nicht bewusst waren, kommen an die Oberfläche, um erkannt, transformiert und geheilt zu werden. Wir leben in einer Zeit, in der so vieles individuell und auf globaler Ebene offenbar wird.

Es spielt keine Rolle, ob du gerade anfängst, den Weg zu deiner Bestimmung zu finden, oder ob du jemand bist, der bereits viel an sich selbst gearbeitet hat. Falls du dich in einer solchen Phase intensiver Klärung befindest, dann erinnere dich bitte daran, dass du in diesem bereinigenden Prozess nicht alleine bist. Dir fehlt nichts, und es ist wichtig, dir Zeit für dich selbst zu nehmen und dich auszuruhen, bevor du mit deiner Arbeit fortfährst und dich auf deine Wünsche konzentrierst. Dich mit der Natur zu verbinden, ist ein idealer Weg, dich von Symptomen negativer Energie zu befreien. Hier sind fünf einfache und grundlegende Techniken, die für dich hilfreich sein können:

- Halte eine Rose, einen schwarzen Stein, einen Kristall oder ein anderes kraftvolles Objekt mit der Absicht, dich zu befreien.
- Nimm ein Bad oder eine Dusche mit der Absicht, dich von Stress sowie emotionalen und mentalen Lasten zu befreien.
- Geh oder steh barfuß auf der Erde, um deine Energie zu erden.
- Besuche heilige Stätten oder Kraftorte mit der Absicht, dich von negativer Energie zu reinigen.
- Kreiere eine Lichtblase um dich, und nutze Klänge, heilige Geometrie oder jegliche Energiearbeit, mit der du in Resonanz bist.

Es ist wunderbar und wohltuend, Zeit in der Natur zu verbringen und sich mit Tieren, Naturgeistern und den Elementarwesen zu verbinden. Ich wuchs in der Schweiz auf dem Land auf, und ich verbrachte die meiste Zeit meiner Kindheit und Jugend in der Natur. Dies half mir der zu werden, der ich bin. Ich lade dich ein, auch der zu werden, der du bist.

Wir sind wahrlich miteinander und mit dem gesamten Universum verbunden. Wir sind Teil dieses natürlichen *World Wide Web*, und wir sind diejenigen, die es individuell und als Kollektiv weben. Es ist unser Geburtsrecht, diese tiefe Verbindung mit der Erde und den Elementen zu haben und heilende und transformative Unterstützung aus dem Energiefeld der Natur zu erhalten.

Wenn du dich von der Natur getrennt fühlst, fühlst du dich vielleicht verwirrt, ernüchtert oder geschwächt. Wenn du dich jedoch mit der Natur verbindest, kannst du dich wieder an den Zustand der Ganzheit erinnern, egal wie lange du davon getrennt warst. Wir alle sollten heraus aus den Städten und uns wieder mit der Natur verbinden, die dimensionalen und energetischen Veränderungen integrieren, die sich auf unserem Planeten ereignen. Wenn wir in die Natur gehen, so ist dies immer ein kraftvolles und transformierendes Erlebnis.

Frieden mit meinem Vater

Dieser Abschnitt ist meinem Vater gewidmet, der Leidenschaft und Talent für Jazz-Musik sowie eine Vorliebe für Bergwanderungen hatte und 2005 im Alter von 58 Jahren starb. Ich bin dankbar für das Leben, das wir miteinander haben durften, sowie für die Gaben und die Bestimmung, die er auf eine einzigartige Weise lebte und mir und der Welt vermittelte.

Die Zeit, in der mein Vater und meine Großeltern starben, war die schwierigste Phase in meinem Leben. Das Jahr 2005 war der Ausgangspunkt für eine lange und beschwerliche Reise, um mich selbst, meine Gaben und meine Bestimmung zu finden. Es war eine lange, kurvenreiche und holprige Reise, bis ich den kraftvollen Ruf meiner Bestimmung erhielt und Antwort auf die Frage fand: »Wozu bin ich hier?«

Kennst du das Lied *The Living Years* von der Gruppe *Mike & The Mechanics*? Als ich 13 war, hörte ich es erstmals auf einer Sammlung von Rockmusik-Balladen, die kurz vor Weihnachten 1989 veröffentlicht wurde. Bis dahin hatte ich noch nichts von der Gruppe gehört. Ich hörte mir die Musik mit meinem Bruder Alain an, der damals 11 Jahre alt war.

Von den 36 großartigen Liedern der Sammlung war dies unser Lieblingslied. Wir sprachen Schweizerdeutsch (ich fing 1989 an, Englisch zu lernen), daher verstanden wir den Text nicht. Dennoch inspirierte meinen Bruder und mich die Melodie von *The Living Years* so sehr, dass wir uns das Lied immer wieder anhörten.

Während der folgenden Jahre vergaß ich dieses einflussreiche Lied. Es dauerte fast zwei Jahrzehnte, bis ich es wieder hörte. Ich nahm im Mai 2008 in Honolulu zum ersten Mal an einem viertägigen Seminar zur persönlichen Transformation teil. In der Zwischenzeit hatte sich mein Englisch verbessert. Das Lied wurde als Teil des Seminars gespielt, um die Beziehungen zu unseren Familienangehörigen und ihren Einfluss auf uns zu beschreiben.

Als das Lied anfing und noch bevor der Liedtext kam, traf es mich wie der sprichwörtliche Blitz aus heiterem Himmel, und ich brach in Tränen aus. Ich werde diesen besonderen Moment nie vergessen, denn damals erkannte ich, wie klar *The Living Years* die Beziehung zu meinem Vater beschreibt, der drei Jahre vorher gestorben war.

The Living Years thematisiert die Unstimmigkeiten zwischen einem der Bandmitglieder, Mike Rutherford, und seinem Vater, der auch kurz bevor das Lied geschrieben wurde, verstorben war. In einem Interview sagte Rutherford: »Der Text wurde von BA Robertson geschrieben. Er verlor seinen Vater, und der Text handelt von der mangelnden Kommunikation zwischen ihm und seinem Vater vor dessen Tod.« Rutherford berichtet, dass er und Robertson ähnliche Erlebnisse mit ihren Vätern gehabt hatten. Der Text betraf also beide Künstler.

Einige erleben ihr eigenes Erwachen nach dem Verlust eines Familienangehörigen, eines lieben Freundes oder eines Tieres, während bei anderen durch Unfall, Krankheit oder Trennung, ein Nahtoderlebnis oder eine schwere Naturkatastrophe tief greifende Veränderungen in ihrem Bewusstsein und auf ihrem Lebensweg ausgelöst werden. Einige erwachen in eine neue Wirklichkeit durch ein profundes oder magisches Erlebnis in der Natur, wenn sie einen prachtvollen Regenbogen, einen Sonnenaufgang oder -untergang sehen.

Es gibt also verschiedene Gründe, weshalb sich jemand dazu entschließt, bewusst einen spirituelleren Weg zu gehen als bis zu diesem Zeitpunkt. Ich bin der festen Überzeugung, dass wir spirituelle Wesen und immer mit der Quelle verbunden sind, egal, ob wir bewusst einen spirituellen Weg gehen oder nicht.

Gott, das unendliche Licht, das Universum, oder wie auch immer du dieses unsichtbare und allumfassende Feld der Liebe nennst, ist sich unser immer bewusst und jederzeit gegenwärtig. Du kannst aber manchmal von deinem Weg abkommen und das Gefühl haben, dass du ganz allein bist, bis du deinen Weg wiederfindest und deine Verbindung mit der Quelle erkennst, so wie ich dies auf meinen Reisen erlebte.

Erinnerst du dich an dein eigenes ursprüngliches Erwachen? Schließ bitte deine Augen, nimm einige tiefe Atemzüge und verbinde dich mit deinem Herzen. Halte kurz inne und werde dir dieses Moments bewusst. Hör auf dein Herz – wie hat es dich dort hingeführt, wo du jetzt bist, dass du dieses Buch liest, dir über deine Zukunft Gedanken machst und lernst, wie du dich mit kraftvoller Energie verbindest, deine Lebensziele visualisierst und deine Träume verwirklichst?

Wenn ich heute auf mein Leben zurückblicke, hatte besonders das Jahr 2005 nicht nur auf mich, sondern auch auf meine Mutter und meinen Bruder einen starken Einfluss. Ich erinnere mich immer noch genau an den Moment, als ich am frühen Morgen des 12. Februar 2005 einen Anruf erhielt, mit dem mir mitgeteilt wurde, dass mein Vater in der Nacht verstorben war, nachdem er über viele Jahre an Krebs gelitten hatte.

Als er nur wenige Monate, nachdem er aus Hawaii zurückgekehrt war, im Herbst 1998 die Diagnose erhielt, sagten ihm die Ärzte, dass er auch mit Chemotherapie nur noch eine Lebenserwartung von maximal zwei Jahren habe. Als Ergänzung zu den herkömmlichen schulmedizinischen Behandlungen erhielt mein Vater auch ganzheitliche Therapien, und er war meistens auch mental sehr stark. Dies gab ihm weitere vier Jahre, während derer er bei uns bleiben konnte.

Trotz unserer Differenzen war mein Vater mein ganzes Leben lang ein wichtiger Mentor für mich. Als Jugendlicher führte er mich an die Arbeit von *Dr. Joseph Murphy* heran. Dr. Murphy hebt die Verbindung zwischen unseren Gedanken und unseren Wirklichkeiten hervor und sagt: »Ändere deine Gedanken, und du änderst deine Bestimmung.«

Wie viele andere Jugendliche litt ich unter mangelndem Selbstwertgefühl, Entmutigung, Depressionen und der Unfähigkeit, klar auszudrücken, wie ich mich fühlte. Durch Joseph Murphys Buch wurde mir bewusst, wie wichtig positives Denken und an sich selbst zu glauben ist, jedoch war es für mich in diesem Alter schwierig, das Konzept zu verstehen und es umzusetzen.

Am Anfang dieses Abschnitts habe ich den Hintergrund des Lieds *The Living Years* beschrieben, in dem es um die problematische Kommunikation zwischen dem Komponisten und seinem Vater geht, bevor er starb. Mein Vater und ich gaben unser Bestes, doch unsere Beziehung war nicht immer einfach. Auch mein Vater hatte eine schwierige Beziehung zu seinem Vater. Es gab eine ganze Reihe ungeheilter Beziehungen aus der Ahnenreihe meines Vaters. Selbst als wir wussten, dass er bald sterben würde, waren mein Vater und ich bis zu seinem Todestag nicht fähig, klar zu kommunizieren, wie sehr wir uns liebten. Wir blieben bis zu seinem Todestag unfähig, uns gegenseitig zu vergeben. Ich erinnere mich noch gut an den Nachmittag, als ich meinen Vater zum letzten Mal sah. Es war vier Tage, bevor er starb, und kurz bevor ich das Elternhaus in Spiez verlassen hatte. Ich wohnte eineinhalb Stunden von meiner Familie entfernt. Es gab einen stillen Moment, als wir uns voneinander verabschiedeten. Wir schauten uns an und wussten irgendwie, dass wir keine weitere Möglichkeit mehr haben würden, über unsere Gedanken und Gefühle zu sprechen.

Ich litt viele Jahre darunter, dass ich meinem Vater während seiner *Living Years* nicht sagen konnte, wie sehr ich ihn schätzte, genauso wie er war, für alles, was er mir vermittelte sowie für den großen Einfluss, den er auf mein Leben hatte. Der Tod meines Vaters war nur der Anfang. Im selben Jahr starben zwei weitere Familienangehörige, was mir sehr nahe ging.

Mein Vater starb im Februar, meine Großmutter im Juli und mein Großvater (beide mütterlicherseits) im Oktober. Unsere Verwandten und Freunde trafen sich drei Mal innerhalb von nur acht Monaten, und zwar nicht, um eine Hochzeit oder die Geburt eines Kindes zu feiern, sondern um uns von Menschen zu verabschieden, die uns nahestanden und die wir sehr geliebt haben.

Danach war mein Leben nie mehr wie vorher. Egal, welche Ziele oder Visionen ich in meiner Karriere, finanziell und in persönlichen Beziehungen erreichen wollte: Es fühlte sich an, als ob ich in allem versagt hätte. Während der folgenden Jahre hielt ich die Fassade aufrecht, dass ich stark sei. Tief in mir fühlte ich jedoch, wie ich immer schwächer, hilfloser und depressiver wurde, bis zu dem Punkt, an dem ich dem Schmerz ein Ende setzen und diese Welt hinter mir lassen wollte.

Fast drei Jahre später, am Heiligen Abend 2007, ging ich allein durch die Straßen meiner Heimatstadt. Durch die Fenster der Häuser sah ich viele Familien, die Heilig Abend feierten. Ich sah die Kinder, die mit glänzenden Augen ihre Geschenke auspackten. Ich fing an zu weinen und stand plötzlich vor einer Kirche, die ich vorher noch nie wahrgenommen hatte.

Meine innere Stimme sagte mir, ich solle in die Kirche gehen und beten. Die Kirche war leer, und ich zündete eine Kerze für mich selbst an. Zum ersten Mal nach vielen Jahren betete ich wieder, verzweifelt und tief aus meinem Herzen. Nur drei Monate später war ich auf einer Reise nach Honolulu, wo sich mir eine neue Welt und ein völlig neuer Weg eröffneten.

Einer von vielen Gründen, weshalb ich 2008 nach Oahu geführt wurde, war, dass meine Eltern im Frühling 1998 für einen Monat in Hawaii gelebt hatten. Sie wussten damals noch nicht, dass mein Vater nur wenige Monate danach von einem seltenen und unheilbaren Krebs befallen sein würde. Es waren ihre letzten glücklichen, unbeschwerten gemeinsamen Ferien. Mein Bruder war 1997 ebenfalls auf Oahu, und sie alle ermutigten mich, auch nach Hawaii zu gehen.

Damals lebte ich jedoch ein ganz anderes Leben, und die Zeit war noch nicht reif. So viele Dinge haben sich seither verändert, und ich bin dankbar für jede positive und negative Erfahrung, die mich zu dieser lebensverändernden Entscheidung veranlasste, nach Hawaii zu gehen. Wenn ich zurückblicke, kann ich sehen, dass meine *Hawaiianische Wiedergeburt* kein Zufall, sondern göttliche Führung und Fügung war. Dort lernte ich endlich, mir selbst und meinem Vater zu vergeben, dass wir uns nicht die Wahrheit gesagt hatten. Ich fühle mich dazu inspiriert, dir eine weitere wirksame Methode vorzustellen, die dir dabei hilft, Vergebung und Frieden zu finden. Ich habe weiter oben bereits das transformative Gebet Ho'oponopono erwähnt (siehe Seite 123 ff.). Mein Freund und Mentor *Howard Wills* (*www.howardwills.com*) schreibt auf seiner Webseite dazu Folgendes:

> »*Die einheimischen Priester (Kahunas) von Hawaii sagen, dass Gedanken physisch und lebendig sind und eine Substanz haben, auch wenn sie unsichtbar sind. Gedanken sind kraftvoll, und Gedanken beeinflussen Gefühle. Wenn wir negative, schädliche, schmerzhafte oder von Hass geprägte Gedanken haben, erschaffen wir dieselben*

> *negativen Gefühle. Also ist das Heilmittel, ganz einfach positiv zu denken; nicht-beurteilende Gedanken – einfache, glückliche und positive Gedanken. Wenn wir unseren Gedanken erlauben, einfach und positiv zu sein, befreien wir uns vom Gewicht, von der Last und vom Elend, die durch negative, wertende Gedanken kreiert wurden. Wenn wir die Kunst der Vergebung praktizieren sowie positive, glückliche, unvoreingenommene Gedanken haben, fangen wir an, uns gut, glücklich und frei zu fühlen. Wenn wir anfangen, uns gut, glücklich und frei zu fühlen, wird völliges Wohlbefinden in allen Bereichen unseres Lebens folgen.«*

2013, mehr als acht Jahre nach dem Tod meines Vaters, fokussierte ich mich immer noch darauf, die Beziehung zwischen mir und ihm zu heilen. Ich erkannte, dass die Klienten, die für Heilsitzungen oder Coachings zu mir kamen, ähnliche Lebensthemen und Herausforderungen zu bewältigen hatten. Also konnte ich Einsichten und Lösungen aus meinen persönlichen Erlebnissen anbieten und gleichzeitig von meinen Klienten lernen.

Trotz ihrer unterschiedlichen kulturellen Hintergründe hatten viele Klienten ungelöste Probleme mit Familienangehörigen. Sie hatten Schwierigkeiten mit unterdrücktem Ärger oder Traurigkeit, weil sie ihren Angehörigen entweder nicht vergeben oder sie nicht um Vergebung bitten konnten. Sie erinnerten mich an den großen Schmerz und mein Bedauern, das schwer auf meinem Herzen lag, als mein Vater starb. Durch die Vergebungsübungen des Ho'oponopono und Howards Gebete konnte ich mich schließlich davon befreien.

Es gibt ein reinigendes Gebet, das ein unverzichtbares Werkzeug für Vergebung und zur Friedensschließung zwischen den Generationen darstellt. Es ist Teil eines prägnanten und transformativen Gebetsprogramms, das mein Freund Howard Wills auf seiner Webseite vorstellt. Du kannst dieses Programm kostenlos herunterladen, ich habe es für dich auf Deutsch übersetzt. Howard empfiehlt, es fünfmal am Morgen und fünfmal am Abend oder noch öfter aufzusagen. Du kannst für Gott unendliches Licht oder was auch immer du für angemessen hältst, einsetzen, wenn du dich an das Unendliche wendest:

*»Gott, für mich, meine Familie, all meine Ahnen
unddie gesamte Menschheit
Während aller Zeiten: Vergangenheit,
Gegenwart und Zukunft
Bitte hilf uns, uns gegenseitig zu vergeben
Uns selbst zu vergeben, allen Menschen zu vergeben
Und alle Menschen vergeben uns
Komplett und vollständig, jetzt und für immer
Bitte Gott, danke Gott, Amen
Danke Gott, Amen«*

Am 12. Februar 2015 ging ich in Breckenridge (Colorado) in ein Sportgeschäft, um eine Skiausrüstung auszuleihen. Im Radio wurde plötzlich das Lied *The Living Years* gespielt. Genauso wie vor sieben Jahre in Honolulu traf es mich wie ein Blitz aus heiterem Himmel. Es war etwas ganz Besonderes, weil es an diesem Tag genau zehn Jahre her war, dass mein Vater verstorben war. Es war, als ob mir mein Vater aus dem Himmel ein Zeichen gesandt und den Frieden bestätigt hatte, den wir nun miteinander hatten.

Ich kann kaum glauben, dass der Tod meines Vaters bereits fünfzehn Jahre her ist, und ich staune darüber, wie sehr sich mein Leben in dieser Zeit verändert hat. Meine Erinnerungen an meinen Vater sind innig und tief. Ich erinnere mich an den Einfluss, den er auf mich und viele andere hatte, indem er seine Gaben und Leidenschaften auf seine einzigartige Weise zeigte. Deshalb fühle ich mich geehrt, ihm dieses Kapitel zu widmen.

Liebevolle Erinnerungen

Im Frühjahr 2015 erhielt ich die Nachricht, dass *Lee Joseph* aus Kauai, ein lieber Freund und inspirierender Lehrer, nach einem schwierigen Kampf an Krebs gestorben war. Lee war jemand, der seine Bestimmung völlig lebte und mich und viele andere inspirierte, ihre Bestimmung zu leben.

2011 mit Lee sechs Monate lang auf Kauai zu studieren war ein enormer Katalysator zur Transformation meines Lebens. Lee wurde für mich rasch zu einer Vaterfigur. Die völlig unerwartete Nachricht, dass bei Lee Krebs im fortgeschrittenen Stadium diagnostiziert wurde, war schockierend, und ich konnte es kaum glauben. Als ich nur fünf

Monate später die Nachricht erhielt, dass Lee gestorben war, fühlte es sich wie ein schlechter Traum an. Es war schmerzhaft zu erkennen, dass er nicht mehr lebte. Ich dachte lange darüber nach, wie wir uns begegneten und wie ich die mitfühlende und authentische Gemeinschaft schätzte, die er und alle seine Studenten gemeinsam erschaffen hatten.

Als ich Anfang 2011 nach Kauai zurückkehrte, belegte ich eine sechsmonatige Ausbildung am *Pacific Center for Awareness and Bodywork* (PCAB). Während dieser Zeit kam es zu vielen Offenbarungen über mein Leben und meine Bestimmung. Ich fühlte mich befreit. Ich spürte in vielerlei Hinsicht, dass ich zur richtigen Zeit am richtigen Ort war, *gerade hier und jetzt* wie Lee gesagt hätte. Wie zuvor erwähnt, hatte ich 2010 in der Schweiz ein entmutigendes und gegensätzliches Erlebnis, das zu einem Burnout führte. Dadurch erkannte ich den immensen Wert von Lees Ausbildung umso mehr.

sste mich darum kümmern, die Kommunikation zwischen allen, die sich um meinen Fall kümmerten, zu koordinieren. Anstatt Hilfe zu erhalten, musste ich so handeln, als wäre ich mein eigener Therapeut. Jedes Mal, wenn ich einen Therapeuten oder Arzt sah, musste ich ihnen sagen, was andere zuvor gesagt hatten. Dies verkürzte die Zeit enorm, die uns zur Verfügung stand. Sie alle behandelten mich als ein Problem statt als Menschen, der Heilung, Verständnis und Mitgefühl benötigte. Der verborgene Segen darin war, dass ich anfing, mich durch das Erlernen von Selbstheilungstechniken proaktiv um mich selbst zu kümmern.

Während dieser schwierigen Zeit wurde mir gesagt, dass ich »unrealistische« Visionen und Ideen habe und dass es für alle, die in meinen Burn-out-Fall involviert waren, hilfreich sei, wenn ich der *Realität* ins Auge blicken würde. Jedoch war für mich das, was sie als Realität bezeichneten, ein nicht funktionierendes System, weil es keine ganzheitlichen Lösungen bot. *Jiddu Krishnamurti*, ein bekannter indischer Philosoph, Redner, und Autor drückte es sehr treffend aus: »Es ist kein Zeichen von Gesundheit, gut an eine von Grund auf kranke Gesellschaft angepasst zu sein.«

Die wertvolle Zeit mit Lee und 30 wunderbaren Mitschülern musste also in der Tat göttliche Intervention gewesen sein. Indem ich an Lees Schule Kurse belegte, lernte ich aus erster Hand, dass allen Stress- und Krankheitssymptomen Emotionen und Erinnerungen zugrunde liegen, die in unserem Unterbewusstsein gespeichert sind und die sich als körperliche Beschwerden manifestieren. Ich lernte, mich selbst auf noch tieferen Ebenen zu heilen und zu transformieren. Während der sechsmonatigen Ausbildung sammelte ich viel Wissen und lernte viele neue Techniken und Tools, mit denen ich seither meinen Klienten in ganzheitlichen Sitzungen besser dienen kann.

Seit 2011 wurde PCA *Presence Centered Awareness* (gegenwartszentriertes Bewusstsein) nicht nur die Grundlage meiner Angebote, sondern auch für die Gestaltung meines Lebens. PCA hilft Menschen, bewusster und gegenwärtiger zu leben, und es integriert Lehren und Praktiken aus vielen interdisziplinären Programmen und Traditionen in den Bereichen Meditation, Bewusstsein und Psychologie. Zu diesen zählen unter anderem die Anwendung meditativer Achtsamkeit aus *Vipassana* und *Advaita* sowie verschiede psychologische Betrachtungsweisen und Kommunikationsmodelle.

Ich erinnere mich in vielerlei Hinsicht an Lee. Zwei Jahre nach meiner Ausbildung nahmen Lee und seine Frau Carole Ende Oktober 2013 an der heiligen durch eine *Kahuna* geleiteten Hochzeitszeremonie von Eunjung und mir auf Kauai teil. Da sie beide für mich wichtig und einflussreich waren, machte es uns sehr glücklich, dass sie diesen unvergesslichen Nachmittag mit uns verbringen konnten. Es vertiefte die Verbindung mit diesem Paar.

Lee teilte seine Leidenschaft zur unmittelbaren Erfahrung von Gegenwart und Liebe, und er liebte es, anderen zu helfen, ihre eigene Wahrheit zu erfahren und so glücklicher zu leben. Einige der Dinge, an die ich am liebsten zurückdenke, sind seine persönlichen Attribute, wie seine warme, liebevolle und mitfühlende Stimme sowie seine blauen Augen und blauen Hemden, die er meistens trug.

Wie ich seine geführten Meditationen und Übungen liebte! Ich habe immer noch liebevolle Erinnerungen an einige Tage, als wir an einen abgelegenen Strand in der Nähe gingen, statt Unterricht in der Schule zu haben. Während wir neben einem wunderschönen Korallenriff im türkisfarbigen Ozean und im Schatten der Bäume saßen, war die Wirkung von Lees Lehren und Meditationen noch tiefer. Ich werde diese speziellen Erinnerungen für immer in tiefer Dankbarkeit in meinem Herz tragen.

Ein weiterer wertvoller Moment war die Abschlussfeier meiner Ausbildung und wie es sich anfühlte, als wir uns umarmten, bevor mir Lee mein Abschlusszertifikat überreichte. Ich hatte Tränen in den Augen und gemischte Gefühle – Dankbarkeit für die wunderbare Zeit und doch Traurigkeit, dass diese Zeit nun vorüber war.

Lee hatte profunde Erlebnisse und Erfahrungen, als er in Indien reiste, und er teilte sie während des Unterrichts leidenschaftlich mit uns. Wenn ich auf meine unschätzbare und transformative Zeit zurückblicke, während der ich mit Lee und 30 wunderbaren Mitschülern in einer tropischen Umgebung lernte, lernte ich so viel, weil es eine Erfahrung aus erster Hand war und wir das Gelernte direkt in den therapeutischen Sitzungen anwandten, statt nur einige Theorien aus einem Buch zu lernen.

Ich lernte später, während meinen Yogalehrerausbildungen, dass *Advaita* – einer der herkömmlichen indischen Wege zur spirituellen Verwirklichung – auf bestimmten Aspekten des Hinduismus basiert. Der Begriff Advaita bezieht sich auf die Idee, dass die Seele (oder das wahre Selbst) dasselbe ist, wie die höchste metaphysische Realität. Advaita postuliert die folgenden vier Bewusstseinszustände:

- Der erste Zustand ist das Wachbewusstsein, in dem wir uns unseres Alltags bewusst sind.
- Der zweite Zustand ist das träumende Bewusstsein.
- Der dritte Zustand ist tiefer Schlaf.
- Der vierte Zustand ist *Turiya*.

Einige beschreiben Turiya als reines Bewusstsein, als Hintergrund, der den drei herkömmlichen Bewusstseinszuständen aus Wachsein, Traum und tiefem Schlaf unterliegt und sie transzendiert. In Turiya wird die wahre Natur der Realität direkt wahrgenommen. Es ist ein Zustand tiefer Meditation.

Andererseits ist Vipassana Teil des Buddhismus. In der buddhistischen Tradition bedeutet Vipassana Einblick in die wahre Natur der Realität, die aus der Erkenntnis besteht, dass wir mehr sind, als wir uns üblicherweise bewusst sind. Vipassana wird durch Kontemplation und Selbstbeobachtung, hauptsächlich durch Bewusstsein und durch die Beobachtung von körperlichen Wahrnehmungen entwickelt.

Um Einsicht in die wirkliche Natur der Realität zu erhalten, wird bei Vipassana-Meditationen eine Kombination aus bewusstem Atmen und Kontemplation der Vergänglichkeit praktiziert. Halte einen Moment inne und beobachte deinen Atem! Wirst du dir den fortwährenden Veränderungen des Atmens sowie dem Auftauchen und Verschwinden der Achtsamkeit bewusst? Durch die Beobachtung körperlicher Wahrnehmungen kannst du ebenfalls Einsicht in die Vergänglichkeit erhalten.

Wie hat diese Erfahrung nun mein Leben verändert, und wie kann es zu deiner eigenen Lebensreise beitragen? Die Vipassana Meditationen, die Lee jeden Morgen so meisterhaft leitete, legten die Basis für alles andere in meinem Leben, das sich erst später zeigen würde. 2010 hatte ich viel Stress, und es war angesichts der vielen Hindernisse auf meinem Weg sehr herausfordernd, mental und emotional ausgeglichen zu bleiben.

Nachdem ich anfing, mich im heilenden Umfeld von PCAB zu entspannen, zu lernen und zu praktizieren, kamen viele ungeheilte mentale und emotionale Probleme aus der Zeit meines Burn-out in der Schweiz zum Vorschein. Durch die Körperarbeit erkannte ich auch, dass diese Probleme immer noch energetisch in meinem physischen Körper gespeichert waren. Das Studium befreite mich von den Traumata meiner Vergangenheit und ermöglichte wirkliche Heilung und Transformation.

Durch ein vertieftes Verständnis von Advaita erkannte ich, wie sehr ich mich während meines Burn-outs als Opfer äußerer Umstände wahrnahm. Ich erkannte, wie meine Wahrnehmung zu mehr Stress in einer bereits stressigen Situation führte und mein Wohlbefinden weiter verschlechterte. Endlich konnte ich meine bisherigen Gedankenmuster erkennen. Mir wurde klar, dass ich die Wahl hatte, mich von meinen eigenen Gedanken und Geschichten zu befreien.

Nach vielen Jahren mit emotionalem und mentalem Stress war dies für mich ein wahres Wunder. Ich fing an, eine tiefe Verbindung und Einheit mit mir selbst und anderen zu fühlen. Ich konnte klarer fühlen und sehen, was mir nicht mehr länger diente, und es einfacher und mühelos loslassen. Letztlich konnte ich die Schönheit und Präsenz des Göttlichen in mir und um mich herum wieder sehen.

Um ein Leben mit Bestimmung zu leben, erkenne deine Gedanken und Emotionen an und richte sie auf deine Träume aus.

Ich ermutige dich, dich ruhig hinzusetzen und dir Zeit zur Selbstreflexion zu nehmen, weil dir das helfen wird, dich besser zu verstehen. Es ist wichtig, dass du lernst, wie du deine Gedanken und Emotionen anerkennen und sie auf deine Träume ausrichten kannst. Es braucht etwas Übung, um mentale und emotionale Muster zu transformieren und sie mit positiven Mustern zu ersetzen. Es ist jedoch nicht unmöglich. Es lohnt sich auf alle Fälle!

Mein Freund Kiara Windrider, der in integralem Yoga und den Advaita Lehren Indiens verwurzelt ist, beschreibt den Heilungsprozess der Selbstreflexion in seinem Buch *Gaia Luminous*:

> *»Während wir uns dieser Wahrheit bewusst werden und lernen, dieses Bewusstsein in alle Umstände unseres Lebens zu tragen, erreichen wir Freiheit von Identifikation mit dem getrennten Ego und erkennen uns als eins mit der unendlichen Quelle aller Dinge. Während diese Erkenntnis innerhalb unserer menschlichen Erfahrung wächst, werden wir uns bewusst, dass sich nichts einfach so ereignet und dass wir die Erschaffer jedes Aspekts unseres Lebens sind. Mit diesem Wissen befreien wir uns.«*

Ende Juli 2008 war ich zum ersten Mal auf dem Grundstück von Lee und Carole. Indi, ein ehemaliger Student, führte mich dort am frühen Morgen hin. Er begleitete mich an erstaunliche, abgelegene Orte auf Kauai, und von ihm erfuhr ich von dieser besonderen Schule. Indi sagte an diesem Tag voraus, dass ich eines Tages zurückkehren und selbst am der PCAB studieren würde. Es gibt so viele Menschen aus Kauai, für die ich dankbar bin. Lee und Carole sind zwei davon.

Ich kann gar nicht in Worte fassen, wie ich mich wirklich über den Verlust von Lee, meinem geliebten Freund und einer Vaterfigur, fühlte. Ich verabschiedete mich von Lee mit einer starken, tiefen Gefühlen. Wenn ich mir Bilder und Videos von meiner Zeit auf Kauai im Jahr 2011 ansehe, spüre ich die Energie dieses wunderbaren Mentors und erlebe alle diese Emotionen erneut. Seit er von uns gegangen ist, habe ich während meiner Meditationen oft Lees kraftvolle Präsenz gespürt und ich bin so dankbar für diese bewussten Momente.

Ich bin auch für immer dankbar, dass er mich mit einer neuen Perspektive und Erkenntnis beschenkte, wer ich bin. Lee lehrte mich, im *Jetzt* zu leben und im Moment präsent zu sein. Anstatt zu sagen: »Ich bin traurig«– »Ich bin glücklich« oder: »Ich bin dankbar« habe ich gelernt zu sagen: »Traurigkeit, Glück und Dankbarkeit sind in diesem Moment präsent.«

Rückkehr nach Kauai

Der Beginn von Kapitel 3 dieses Buchs handelt von Geschichten, die sich auf verschiedenen hawaiianischen Inseln zugetragen haben (siehe Seiten 21 f. und 114 ff.). In diesen fünf Geschichten berichtete ich von transformativen Erlebnissen und Einsichten. Während sich das Buch langsam dem

Ende nähert, möchte ich dich auf die Insel Kauai mitnehmen, die seit dem Frühling 2017 mein neues Zuhause ist.

Wenn Menschen das Wort Hawaii hören, denken sie oft an Honolulu oder Oahu. Die hawaiianische Inselkette besteht jedoch aus acht großen Hauptinseln im Südosten des Archipels. Im Nordwesten von Hawaii gibt es viele weitere unbewohnte Inseln, die sogenannten *Northwestern Hawaiian Islands* oder *Leeward Islands*. Mit Ausnahme der Midwayinseln gehören alle diese Inseln zum US-Bundesstaat Hawaii.

Man nimmt an, dass die hawaiianischen Inseln unbewohnt waren, bis die Polynesier vor ungefähr 1.500 bis 1.600 Jahren auf Big Island landeten. Der Name Hawaii ist aus dem Wort *Havaiki* abgeleitet. Es ist der polynesische Name für Heimatland. Die Polynesier glaubten, dass sie ursprünglich aus diesem Land stammen und nach ihrem Tod wieder dorthin zurückkehren würden.

Kauai ist die nordwestlichste der acht Hauptinseln von Hawaii. Mit einem Alter von mehr als fünf Millionen Jahren ist sie die älteste Insel des Archipels und bietet auf einer Fläche von knapp 1.430 km² eine enorme Vielfalt an Landschaftsformen. Kauai hat ungefähr 68 000 Einwohner. Auch wenn der Tourismus der größte Wirtschaftszweig von Kauai ist, ist Kauai im Vergleich zu Oahu, Maui und Big Island weniger erschlossen, weil nur ungefähr zehn Prozent der Insel mit dem Auto zugänglich sind.

Viele Millionen Menschen haben dieses magische Inselparadies schon besucht, und dennoch scheint die wunderschöne Landschaft von Kauai in vielen Teilen so unberührt, wie sie es Millionen Jahre lang schon ist. Mount Wai'ale'ale liegt auf einer Höhe von 1.569 Metern und war einstmals das vulkanische Herz von Kauai. Er befindet sich im Zentrum einer Reihe von Bergspitzen und Tälern, die sich von dort ausbreiten und dadurch eine der spektakulärsten Landschaften im ganzen Pazifik darstellen. Als ich dieses Herz von Kauai zum ersten Mal von einem Helikopter aus sah, war ich von der unglaublichen Schönheit dieses mystischen Orts mit den vielen Wasserfällen, die wie Tränen in dieses Urgroßmuttertal hinunterfließen, überwältigt.

Einer alten Legende zufolge sind die hawaiianischen Inseln wie andere polynesische Inseln die Spitzen des alten Lemurien oder Mu. *James Churchward*, einer der bekanntesten Erforscher der Lemurien, schrieb 1931 in seinem Buch *The Lost Continent of Mu* (Der verlorene Kontinent Mu), dass sich Lemurien von Hawaii bis nach Fiji und von den Osterinseln bis zu den Marianen ausdehnte.

Manche Menschen glauben, dass die hawaiianischen Inseln die sieben Hauptchakren des menschlichen Energiekörpers repräsentieren. Feinfühlige Menschen nehmen wahr, dass Kauai auf subtile und dennoch kraftvolle Weise die einzigartigen Energien des Dritten Auges und des Kronenchakras in sich trägt, während Big Island viel stärker mit dem Wurzelchakra verbunden ist. Es fühlt sich in der Tat so an, als ob die Grenzen zwischen dieser Welt und der nächsten in einigen Gegenden von Kauai fließend sind, was es sensitiven Menschen erlaubt, sich mit der göttlichen Energie und anderen Dimensionen zu verbinden und sich gemeinsam neu zu kreieren.

In alten Zeiten wurde Kauai als heilige Insel betrachtet, auf die Individuen eingeladen oder einberufen werden. Bestimmte Orte der Insel, die für Zeremonien genutzt wurden, hatten spezielle Energien, weil dort Teilnehmer an spezifischen Arbeiten auf ihre Herz- und Seelenreise vorbereitet wurden. Die Hawaiianer glauben, dass alle heiligen oder verehrten Dinge darauf warten, sich zum richtigen Zeitpunkt zu offenbaren. Viele fühlen sich nicht nur zu den glänzenden blaugrünen Gewässern und zur üppig grün bewachsenen Landschaft von Kauai hingezogen, sondern auch zur Heiligkeit der Insel selbst, die diese Reinheit, Freiheit und Weisheit ausstrahlt und widerspiegelt.

Es war Anfang Mai 2008 an einem Neumond-Wochenende, als ich den inneren Ruf und eine Einladung erhielt, Kauai zum ersten Mal zu besuchen. Ich lebte und studierte zu diesem Zeitpunkt ungefähr sechs Wochen in Honolulu und fing an, auch andere hawaiianische Inseln zu besuchen. Zuerst machte ich eine Wochenendreise nach Big Island. Zwei Wochen später saß ich in einem Flugzeug nach Kauai.

Nur einen Tag vor meiner Abreise nach Kauai wurde ich krank und hatte starke Grippesymptome. Obwohl ich mich krank und schwach fühlte, spürte ich einen starken inneren Ruf, diese besondere Insel zu besuchen, ohne zu wissen, wen ich treffen und was mich erwarten würde. Sobald ich am Flughafen in Lihue landete, fing alles um mich herum an, sich zu verändern.

Als ich zum ersten Mal auf der Garteninsel ankam, fühlte es sich sofort so an, als ob ich in eine andere Dimension oder gar durch ein Zeitportal treten würde. Alles war ein bisschen anders. Ich erkannte, wie die Dinge, die ich dachte oder fühlte, sich sehr rasch in meiner Wahrnehmung manifestierten. Je länger ich blieb, desto stärker wurde dieser wunderbare und magische Wandel. Trotz meiner Grippe fühlte ich mich an einem Ort zu Hause, den ich niemals zuvor besucht hatte. Von Anfang an traf ich auf viele wunderbare und liebevolle Menschen, die mich daheim willkommen hießen. Während des Neumond-Treffens an einem abgelegenen Strand sagten mir verschiedene Menschen (die nicht wussten, was mir andere bereits gesagt hatten) mit ähnlichen Worten, dass sie während einer langen Zeit auf meine Rückkehr gewartet hatten und dass sie glücklich seien, dass ich nach Hause und auf Kauai zurückgekehrt war.

Während meines ersten Besuchs, der nur drei Tage dauerte, hatte ich viele besondere und wunderbare Begegnungen mit Menschen, mit denen ich bis heute befreundet bin, sowie mit Wesen aus anderen Dimensionen. Außerdem war ich von meiner Grippe nach nur zwei Tagen völlig und auf wundersame Weise geheilt. Die Heilung geschah nicht nur auf körperlicher Ebene, sondern initiierte ebenfalls eine tief gehende emotionale und mentale Transformation. Ich erlebte eine völlige Einheit, Harmonie, Balance und Liebe zu mir selbst, zu anderen und sogar zur Erde und zum ganzen Universum. Es fühlte sich wie ein fantastischer und wunderschöner Traum an, der so lange anhielt, wie ich das erste Mal auf Kauai blieb. Ich kehrte für zehn Wochen nicht mehr nach Kauai zurück, weil ich befürchtete, ich könnte den schönsten Traum, den ich bis dahin in meinem ganzen Leben hatte, wieder verlieren.

Für mich und viele Menschen ist Kauai ein wunderbares Beispiel für Balance und Harmonie zwischen dem, was wir sehen und nicht sehen. Kauai bietet eine Umgebung, in der Menschen ihren spirituellen Weg authentisch gehen und ihre Träume verwirklichen können. Auf dieser magischen Insel fühle ich eine Balance zwischen den männlichen und weiblichen Energien in mir und kann mich so völlig mit meinem inneren Kind verbinden.

Ich traf viele Menschen, die ähnlich tiefgründige Erlebnisse auf dieser wunderschönen Garteninsel hatten. Wir alle sind bestimmt, solch wunderbare magische Schönheit, Einheit und den Himmel auf Erden zu erleben. Wenn du auf Kauai bist, erkennst du dies nicht nur auf der Ebene des Verstands, sondern kannst es wirklich tief in deinem Herz fühlen.

Kurz bevor ich wieder zurück in die Schweiz reisen musste, bin ich im Juli 2008 schließlich nochmals für zwei Wochen nach Kauai zurückgekehrt und hatte erneut ähnlich unglaubliche magische und wunderschöne Erlebnisse. Es ist für mich nicht möglich, mit Worten zu beschreiben, was ich damals fühlte.

Ich hatte noch mehr synchronistische Erlebnisse und wunderschöne Begegnungen. Während ich die Insel durch verschiedene spirituelle und kraftvolle Orte weiter erkundete, erhielt ich auch Visionen und Vorhersagen, wie sich meine Zukunft entwickeln und wann ich wieder auf die Insel zurückkehren würde. Ich erlebte wahrhaftig eine spirituelle Erneuerung und erhielt diese Geschenke auf unterschiedliche Weise.

Genauso wie ich es drei Jahre zuvor in einer Vision sah, bin ich 2011 wieder nach Kauai zurückgekehrt. Ich lebte und studierte erneut ein halbes Jahr auf Kauai. Danach ging ich, wie bereits beschrieben, auf eine spirituelle Visionssuche, die mich über alle hawaiianischen Inseln führte: Es wurde eine rasante Reise, die mich zu vielen *Heiau* und an Kraftorte führte. Wie bereits erwähnt, sind Heiau wunderbare Orte für Verehrung, Kraft, Geschichte, Rätsel und Magie. Sie unterstützen uns bei der Verbindung mit den alten Energien von Hawaii. Diese Orte befinden sich an Kraftorten, und ich habe mich speziell auf Kauai wiederholt mit vielen dieser heiligen Orte verbunden.

Ein Kraftort ist ein Ort in der Natur, an dem die natürlichen Energien außergewöhnlich lebendig und gesund sind. An einem Kraftort werden die Lebendigkeit und Gesundheit der natürlichen Elemente in unglaublich natürlicher Schönheit reflektiert, die durch die Elemente der Erde, des Lichts, der Luft und des Wassers geschaffen sind. Die Energie eines Kraftorts dient als Verstärker und öffnet uns zu größerer Aufnahmefähigkeit.

Was auch immer wir an einen solchen Ort bringen, verstärkt und vergrößert sich. Ich glaube, wenn wir uns als Gruppe an solchen Orten versammeln, um zu meditieren, zu beten oder um unsere Bestimmung zu manifestieren, hat dies einen wesentlichen Einfluss, nicht nur auf unser eigenes Leben, sondern auch direkt auf die Gesellschaft sowie das kollektive Bewusstsein der Menschheit.

Natürlich haben nicht alle, die hier leben oder Kauai besuchen, Erlebnisse, wie ich sie 2008 und 2011 hatte. Jedoch glaube ich, dass Kauai ein Ort ist, der unsere Gedanken, Emotionen und Absichten stärker reflektiert und spiegelt, als die meisten anderen Orte auf der Erde, speziell für diejenigen unter uns, die feinfühlig und achtsam genug sind, es auch wahrzunehmen. Es ist genauso, als wenn du in einen Spiegel schauen würdest: Je nachdem, wie du dich gerade fühlst, kannst du deine Schönheit und dein inneres Licht sehen, oder du siehst plötzlich Schattenseiten, die dir bisher noch nicht bewusst waren. Vielleicht ist dies auch einer der Gründe, wieso sich einige völlig in die Insel verlieben und hierbleiben wollen, während andere Menschen andere hawaiianische Inseln bevorzugen. Als ich das erste Mal nach Kauai kam, fühlte ich mich wie ein Familienmitglied, das heimgekehrt war. Ich möchte zum Schluss sechs praktische Schritte vorstellen, die auf den sechs Buchstaben basieren, die das Wort *Family* ergeben:

Folge deinem Herzen und deinen Leidenschaften, teile sie mit anderen und hab Freude dabei.
Anerkenne und wertschätze das Leben. Finde jeden Tag Dinge, die du an dir und an anderen schätzt und entwickle daraus Affirmationen.
Meditiere täglich, werde dir über die Wunder in deinem täglichen Leben bewusst und beginne, sie anzuziehen und zu manifestieren.

> *Intention: Hab Unglaubliches vor. Denke und sprich oft darüber und schreib es auf. Beginne mit »Ich ...«*
> *Liebe ist die kraftvollste Quelle in diesem Universum. Liebe dich selbst, liebe andere und liebe das Leben selbst.*
> *Yes! Sag ja zum Leben und zu deinen Leidenschaften, wann immer du eine Chance oder eine Entscheidung oder Wahl zu treffen hast.*

Ich bin sehr dankbar und glücklich, dass ich nach so vielen Jahren mit Eunjung nach Kauai zurückgekehrt bin. Spürst du den Ruf, uns hier im Paradies zu treffen, und möchtest du dein Herz und die Vision deiner Seele in diesem magischen und wunderschönen Inselparadies durch viel *Mana* (Lebenskraft) und *Aloha* (Spirit) wecken? Wir sind hier, um dich zu begleiten, falls du die Insel besuchen und eine kraftvolle Transformation in deinem Leben erleben möchtest.

E komo mai. Nou ka hale! (Komm herein, du bist in diesem Haus willkommen!)

Teil 4

Vorwärts gehen

»Wenn du deine Bestimmung findest, wird sich die Qualität deiner Träume und deines Lebens verändern. Ob du deine Bestimmung bereits kennst oder noch nicht: Es lohnt sich auf jeden Fall, dich darin zu vertiefen, vorwärts zu gehen und tiefer in die Entdeckung zu gehen« Marcia Wieder

Im abschließenden Kapitel dieses Buches, ist die Zeit für dich gekommen, tätig zu werden. Im Folgenden erhältst du wertvolle Tipps, wie du anfangen kannst, in deine Kraft zu finden und deine Visionen und Träume umzusetzen.

Inspirierende und motivierende Ziele

Wenn du dir Ziele setzt und damit beginnst, deine Vision zu verwirklichen, werden dir zwei wichtige Teile fehlen, die wesentlich sind, um nach einem Leben mit Bestimmung zu streben: Fokus und Ausrichtung. Wenn du nicht genau weißt, was du willst, ist es schwierig, Fortschritte zu erzielen.

> Werde dir klar darüber, was du heute schaffen und erleben möchtest. Wenn du nicht genau weißt, was du willst, ist es schwierig, Fortschritte zu erzielen.

Um deine Ziele zu erreichen, musst du sorgfältig die dazu notwendigen Veränderungen in deinem Leben abwägen und danach die entsprechenden Schritte unternehmen. Nachfolgend fünf hilfreiche und effektive Möglichkeiten, wie du dir Ziele setzen kannst:

1 Setz dir inspirierende und motivierende Ziele!
2 Wähle Ziele, die auf dem SMART-Prinzip beruhen!
3 Halte deine Ziele schriftlich fest und sprich sie laut aus!
4 Werde unmittelbar aktiv!
5 Bring es zu Ende!

Wenn du dir Ziele setzt und sie erreichst, so dienen dir diese als Richtwerte, anhand derer du erkennst, ob du dich deinem idealen Leben näherst. Wenn du anfängst, nach den von dir gesetzten Zielen zu handeln, übernimmst du auf deiner Lebensreise die nötige Eigenverantwortung.

1 Setz dir inspirierende und motivierende Ziele!

Es ist wesentlich, dass dich deine Ziele inspirieren und motivieren. Schreibe gemeinsam mit dem *Was* (deinem Ziel) auch das *Weshalb* (deine Motivation) und das *Wann* (Zeitplan, bis wann du dein Ziel erreichen willst) auf. Wenn du dein Leben positiv verändern willst, müssen sich deine Ziele auf das beziehen, was für dich hohe Priorität hat und von großer Bedeutung ist.

Wenn du nur wenig Hoffnung hast und dir nicht genügend bewusst bist, wieso du dir ein bestimmtes Ziel setzen sollst, siehst du darin auch keinen ausreichenden Nutzen, und dir fehlen Energie und Motivation, um darauf hinzuarbeiten. Falls es schwierig scheint, dich zu entscheiden, wo du beginnen kannst, schlage ich vor, dass du anfängst, dir Ziele in den folgenden fünf Lebensbereichen zu setzen:

- Familie und Beziehungen
- Gesundheit
- Berufliche Karriere
- Freizeit
- Persönliches Wachstum

2 Wähle Ziele, die auf dem SMART-Prinzip basieren

Vielleicht hast du bereits vom SMART-Prinzip gehört. Das Akronym SMART kommt aus dem Englischen. Es gibt viele Variationen, wofür SMART steht. Der Begriff setzt sich zusammen aus **s**pecific, **m**easurable, **a**ttainable, **r**elevant und **t**ime-related. Allgemein ausgedrückt sollten Ziele folgende Kriterien erfüllen:

- Spezifisch (Specific): Falls deine Ziele zu allgemein oder unklar sind, wirst du sie kaum auf effiziente Weise erreichen, weil sie dir dann nicht genügend Richtung vorgeben. Deine Ziele sollten so klar wie möglich definiert und darauf fokussiert sein, was du erreichen willst. Je klarer und spezifischer du deine Ziele formulierst, desto größer ist die Wahrscheinlichkeit, dass du sie auch erreichen wirst. Denke beim Setzen deiner Ziele an den Nutzen und die Vorteile, die du haben wirst, und die Belohnung, die du bekommst, wenn du die Ziele erreichst.
- Messbar (Measurable): Bestimme deine Ziele quantitativ, oder halte zumindest einen Indikator zum Messen deines Fortschritts fest. Ein anfängliches Hindernis, dem viele begegnen, wenn sie sich messbare Ziele setzen, liegt in der Verantwortung, die nötigen Maßnahmen zu ergreifen. Gibt es Hindernisse in deinem Leben? Frag dich, wie du mit absoluter Gewissheit erkennst, dass du dein Ziel erreicht

hast. Ziehe auch in Betracht, dass du, nachdem du deine Ziele erreicht hast, die Gelegenheit verpassen wirst, zu feiern und dich selbst zu belohnen, wenn du sie nicht messbar machst.

- Erreichbar (**A**ttainable): Werde dir klar darüber, was du in einem bestimmten Zeitraum erreichen kannst. Vielleicht hast du dir in der Vergangenheit bereits hohe Ziele mit wenig Hoffnung und Vertrauen gesetzt, dass du sie erreichen kannst. Danach hast du Beweise gesammelt, dass und warum es nicht möglich war, sie zu erreichen. Wenn du dir im Gegensatz dazu Ziele setzt, die sehr einfach zu erreichen sind, dann ist dies auch kontraproduktiv. Das Gleichgewicht ist wichtig: Versuche dir Ziele zu setzen, die realistisch erscheinen und gleichzeitig eine Herausforderung darstellen. Erreichbare Ziele fordern deine Fähigkeiten heraus, dich richtig einzuschätzen.

- Wichtig (**R**elevant): Deine Ziele sollten sich auf diejenigen Lebensbereiche beziehen, die du verbessern willst. Wenn du dabei bist, deine Ziele zu erreichen, wirst du Herausforderungen, Hindernissen und Schwierigkeiten begegnen. Es ist ein natürlicher Teil der Reise. An diesem Punkt wirst du dich gewiss fragen, ob dieses Ziel für dich wirklich bedeutsam ist. Falls du keine wirkliche innere Motivation zum Erreichen deines Ziels hast, wirst du das Vorhaben eher aufgeben, als wenn es sich um einen wirklichen Herzenswunsch handelt.

- Zeitbezogen (Time-related): Falls du kein Datum oder keinen Termin hast, auf das oder den du hinarbeiten willst, wirst du dein Ziel höchstwahrscheinlich hinausschieben oder mit der Zeit vergessen, dass du dir ein Ziel gesetzt hattest. Der fünfte Teil des SMART-Prinzips benennt klar, bis wann du deine Ziele erreichen willst. Es ist hilfreich, die nötigen Schritte aufzuteilen und dafür verschiedene Termine festzulegen. Frag dich: »Was kann ich in … Monaten tun? Was kann ich in … Wochen tun? Was kann ich in … Tagen tun? Und was kann ich bereits heute tun?« Danach markierst du in deinem Kalender die Tage, an denen du handeln wirst.

SMART ist ein weitbekanntes Werkzeug, das du nutzen kannst, um dir Ziele zu setzen und sie zu erreichen. Auch wenn das SMART-Akronym üblicherweise im Geschäftsleben benutzt wird, um sicherzustellen, dass Vorgesetze und Mitarbeiter dasselbe Verständnis von Zielen haben, so glaube ich, dass es genauso wertvoll ist, dir Ziele in anderen Lebensbereichen zu setzen.

3 Halte deine Ziele schriftlich fest und sprich sie laut aus

Falls du nur in deinem Kopf über deine Ziele nachdenkst oder mit einem Freund (einer Freundin) ab und zu darüber sprichst, bleiben sie oft Wunschdenken. Um deinen

Zielen mehr bewusste Energie zu geben und sie auf die Absicht zu fokussieren, ist es wichtig, sie aufzuschreiben und dabei deine Aufmerksamkeit darauf zu richten, *wie* du schreibst.

Beginne deinen Satz statt mit: »*Ich hoffe…*« mit:«»*Ich bin…*« oder: »*Ich möchte…*« oder: »*Ich werde…*«, um dadurch deine Absicht deinem Unterbewusstsein und dem Universum klarzumachen. Schreib deine Ziele so auf, dass sie positiv und inspirierend sind, und formuliere sie immer in der Gegenwartsform (Präsens). Sprich deine Ziele auch regelmäßig laut aus, nachdem du sie aufgeschrieben hast.

4 Fang gleich damit an

Nachdem du dir Ziele gesetzt und sie aufgeschrieben hast, ist es wichtig, *sofort* aktiv zu werden. Wir leben in einem Zeitalter der Überstimulation und des Überflusses an Informationen. Wenn du zu lange wartest, die Dinge aufschiebst, nachdem du dir ein Ziel gesetzt oder eine Absicht benannt hast, wird das Leben einfach weitergehen.

In der Zwischenzeit wirst du nicht tätig und führst nicht das aus, wozu du dich einige Tage vorher entschieden hattest. Es gibt immer etwas, was du bereits *heute* tun kannst. Du hast viele Tools und Techniken gelernt, mit denen du arbeiten kannst. Wofür entscheidest du dich *gerade jetzt?*

5 Bring es zu Ende

Vermutlich hast du es bereits selbst erlebt: Du machst einen Neujahrsvorsatz, der wahrscheinlich nicht ernsthaft genug ist und zu dem du dich nicht ausreichend verpflichtet fühlst. Die ersten beiden Wochen vergehen in der Regel vielversprechend, jedoch machst du Anfang Februar bereits wieder Rückschritte. Spätestens Mitte Februar erkennst du dann, dass sich nichts wirklich verändert hat. Im Juni findest du dich wieder dort, wo du angefangen hast, und du fragst dich, was falsch gelaufen ist.

Besonders wenn du dir hohe Ziele setzt, die entmutigend sind, ist es verlockend, bis zur letzten Minute zu warten, nur um zu erkennen, dass mittlerweile das Erreichen deines Ziels eine noch größere Herausforderung darstellt. Statt einen Schritt vorwärts zu machen, hast du zwei Schritte zurück gemacht.

Du bist nicht allein: Gemäß dem Forscher *John Norcross* und seinem Team, die ihre Ergebnisse im *Journal of Clinical Psychology* veröffentlichten, macht ungefähr die Hälfte der Bevölkerung Neujahrsvorsätze. Unter den meistgenannten Vorsätzen befinden sich Gewichtsverlust, mehr Sport, mit dem Rauchen aufhören und keine finanziellen Schulden mehr haben.

Wie kannst du also erfolgreich zu Ende führen, was für dich am bedeutsamsten ist? Mach eine Liste mit Freunden, Familienangehörigen oder Arbeitskollegen, die dich daran erinnern, deine Vorsätze einzuhalten, die du selbst gefasst hast, und dass du das zu Ende führst, was du beabsichtigt hast. Idealerweise findest du jemanden, der sich ebenfalls Ziele gesetzt hat, die er erreichen will. Dann könnt ihr euch gegenseitig unterstützen und gemeinsam feiern, wann immer ihr einen Meilenstein auf dem Weg zu eurem idealen Leben erreicht habt. Andere Möglichkeiten sind, eine Meet-up-Gruppe zu gründen oder einer solchen Gruppe beizutreten oder mit einem zertifizierten Coach wie mir zu arbeiten.

Lass uns nun gerade *hier und jetzt* aktiv werden. Fülle das unten stehende Lebensrad nochmals aus, das ich am Anfang dieses Buches vorgestellt habe (siehe Seite 31). Für diese Übung benötigst du zwei unterschiedlichen Farbstifte. Einen, um zu kennzeichnen, wo du dich *gerade* befindest, und den anderen, um zu kennzeichnen, wo du dich gerne am Lebensrad befinden *würdest*.

Du hast dich bereits mit allen Fragen, Schritten und Strategien von Teil 1 bis Teil 3 auseinandergesetzt. Nimm dir etwas Zeit, um darüber nachzudenken, wie dies dein Leben beeinflusst hat. Haben sich daraus grundlegende Veränderungen in deinem Leben ergeben? Falls ja, in welchen Bereichen? Vervollständige jetzt das unten stehende Rad. Vielleicht kopierst du es, bevor du es ausfüllst.

Vergleiche nun die Ergebnisse mit jenen am Anfang des Buches. Sind sie immer noch gleich, oder hast du Fortschritte gemacht? Bitte beantworte die folgenden Fragen:

- Was hat in bestimmten Lebensbereichen zu besseren Resultaten beigetragen?
- Zu welchen konkreten Schritten verpflichte ich mich in den nächsten sieben Tagen?

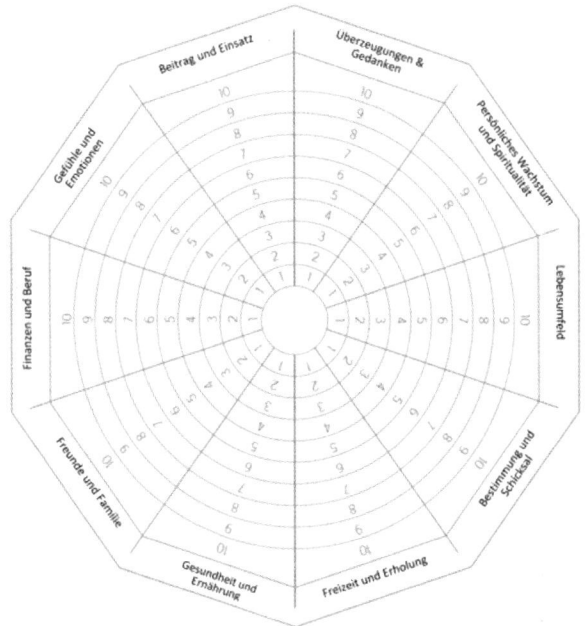

- Wo beabsichtige ich, in dreißig Tagen zu sein?
- Wo möchte ich in drei Monaten sein?
- Wie werde ich mich selbst belohnen, wenn ich meine Herzenswünsche verwirklicht habe?

Nimm dir für den ersten Meilenstein drei Monate Zeit (es ist dir überlassen, ob du dir mehr oder weniger Zeit gibst), um anzugeben, wo du dich in den verschiedenen Bereichen befinden möchtest. Verbinde dann die Punkte mit einer anderen Farbe. Wenn du dir darüber im Klaren bist, wo du dich in einem von dir gewählten Zeitrahmen in unterschiedlichen Bereichen deines Lebens befinden möchtest, wird dir das dabei helfen, eine neue, sinnvolle Richtung in deinem Leben einzuschlagen.

Ich empfehle dir, dass du regelmäßig mit dem Lebensrad und den fünf obenstehenden Fragen arbeitest. Fülle das Lebensrad alle drei Monate aus (markiere es in deiner Agenda!) und entscheide dich, welche Schritte du in den nächsten sieben Tagen unternehmen willst. Werde dir deiner Absicht für die nächsten dreißig Tage bewusst und finde Klarheit darüber, wo du dich im Lebensrad nach weiteren drei Monaten befinden willst.

Um ein Leben in Bestimmung zu leben, ist es wesentlich, dass das Gleichgewicht in sämtlichen Lebensbereichen stimmt. Mit dem Lebensrad zu arbeiten ist sehr hilfreich dabei, eine Übersicht zu erhalten, wie es dir gerade geht und wo du in einigen Monaten sein willst. Um die Lücke zwischen deinen aktuellen und zukünftigen Lebensumständen zu füllen, kannst du dir Ziele in jedem dieser Lebensbereiche setzen. Am wichtigsten ist es, dass du inspiriert bist und dich verpflichtet fühlst, das zu Ende zu führen, was für dich am bedeutsamsten ist.

Nachstehend findest du wertvolle Aussagen, die du für die zehn Bereiche des Lebensrades vervollständigen kannst. Diese Aussagen sind dazu da, dass du tief eintauchen und über die verschiedenen Aspekte deines Lebens nachdenken kannst. Sie werden dir mehr Klarheit bringen, wo du dich gerade befindest und wo du sein willst, und sie können dich inspirieren und dich bei deiner Zielsetzung motivieren.

Du kannst mithilfe deines Tagebuchs oder auf einem leeren Blatt Papier sämtliche Aussagen vervollständigen oder diejenigen aussuchen, die dich am meisten ansprechen oder die deinen Lebenszielen und Visionen angemessen sind. Einige dieser Aussagen sind durch die Arbeit von *Brendon Burchard* (*www.brendon.com*) inspiriert, der einer der meist besuchten, zitierten und gefolgten Trainer für Persönlichkeitsentwicklung ist. Sein Buch *Life's Golden Ticket: A Story About Second Chances* gehört zu meinem Lieblingsbüchern.

1 Überzeugungen und Gedanken

- Einige Wörter, die ich benutzen möchte, um meine derzeitigen Überzeugungen und Gedanken zu beschreiben, sind …
- Meine derzeitigen Überzeugungen und wie ich denke beeinflussen mein Leben auf diese Weise …
- Einige Wörter, die ich benutzen möchte, um mein ideales Selbst zu beschreiben, sind …
- Der tiefere Grund, wieso ich jedes dieser Wörter wähle, ist …
- Um diese Wörter in meinem Leben noch mehr zu leben, muss ich aufhören, diese Dinge zu tun …
- Um diese Wörter in meinem Leben noch mehr zu leben, muss ich anfangen, diese Dinge zu tun …

2 Persönliches Wachstum und Spiritualität

- Einige Wörter, die ich benutzen möchte, um mein persönliches Wachstum und meine Spiritualität zu beschreiben, sind …
- Mein persönliches Wachstum und meine Spiritualität beeinflussen mein Leben wie folgt …
- Ich würde mich am Ende meines Lebens glücklich, erfüllt und zufrieden fühlen, wenn …

- Wenn ich gegangen bin, hoffe ich, dass ich diese Ideen und Werte denen hinterlassen habe, die mich kannten …
- Bevor mein Leben zu Ende ist, hoffe ich, dass ich diese Dinge erlebt habe …
- Bevor mein Leben zu Ende ist, hoffe ich, dass ich diese Dinge erschaffen oder gegeben habe …

3 Lebensumfeld
- Einige Vorteile und Nachteile meiner gegenwärtigen Lebensumgebung, sind …
- Einige Wörter, die das beste Lebensumfeld, das ich mir vorstellen kann, beschreiben, sind…
- Einige Wörter, die das beste Lebensumfeld für alle, die auf der Erde leben, beschreiben, sind …
- Der tiefere Grund, wieso ich jedes dieser Wörter wähle, ist …
- Einige Möglichkeiten, wie ich das aktuelle Lebensumfeld für mich verbessern kann, sind …
- Einige Möglichkeiten, wie ich das aktuelle Lebensumfeld für andere verbessern kann, sind …

4 Bestimmung und Schicksal
- Die Bücher und inspirierenden Filme, denen ich mich in den nächsten sechs Monaten widmen werde, sind …
- Einige der Weiterbildungen, die ich beabsichtige, in den nächsten zwölf Monaten entweder online oder persönlich zu absolvieren, sind …

- Die Mentoren, die ich finden muss, sind Menschen oder Organisationen, die das folgende Wissen oder diese Fähigkeiten haben …
- Einige der Gewohnheiten, die ich verringern oder völlig loslassen muss, um zu lernen und zu wachsen, sind …
- Einige der Gewohnheiten, die ich entwickeln muss, um zu lernen und zu wachsen, sind …
- Die Lektionen, die ich während meines Lebens lernte und die ich vorhabe, anderen zu vermitteln, sind …

5 Freizeit und Erholung
- Momentan verbringe ich meine Freizeit mit …
- Am besten erholen und entspannen kann ich mich mit …
- Falls ich mehr Zeit hätte, würde ich gern folgende Dinge neben meiner Arbeit erhalten und erleben …
- Falls ich mehr Zeit hätte, würde ich gern folgende Dinge neben meiner Arbeit erschaffen und beitragen …
- Um die Qualität meiner Freizeit und Erholung zu erhöhen, muss ich aufhören zu …
- Um die Qualität meiner Freizeit und Erholung zu erhöhen, muss ich anfangen zu …

6 Gesundheit und Ernährung
- Einige Wörter, die meine derzeitige Gesundheit und Ernährung beschreiben, sind …
- Einige Wörter, die meine ideale Gesundheit und Ernährung beschreiben, sind …

- Die Gründe, wieso ich anfangen werde, mich besser um meinen Körper, meinen Geist und meine Seele zu kümmern, sind …
- Falls ich meine ideale Gesundheit beschreiben sollte, würde ich mich jeden Tag fühlen wie …
- Um fitter und gesünder zu werden, muss ich aufhören zu …
- Um fitter und gesünder zu werden, muss ich anfangen zu …

7 Freunde und Familie
- Einige Wörter, die ich verwenden möchte, um die Bedeutung von Familie und Freunden in meinem Leben zu beschreiben, sind …
- Einige Wörter, die ich verwenden möchte, um die Beziehungen zu den von mir geliebten Menschen zu beschreiben, sind …
- Ich möchte, dass die von mir geliebten Menschen, mit denen ich mich austausche, mich mit diesen Wörtern beschreiben …
- Der tiefere Grund, wieso ich jedes dieser Wörter wähle, ist …
- Um diese Wörter vermehrt in meinem Leben zu leben, muss ich aufhören zu …
- Um diese Wörter vermehrt in meinem Leben zu leben, muss ich anfangen zu …

8 Finanzen und Beruf
- Zu den Dingen, von denen ich bereits reichlich in mei-

nem Leben habe und für die ich dankbar bin, zählen ...
- Die Dinge, die ich kaufen und in die ich investieren würde, falls ich mehr finanzielle Ressourcen hätte, sind ...
- Das Beste, was ich momentan tun kann, um mehr Geld zu sparen, ist ...
- Neben einem Gehalt für meine Arbeit sind diese Leistungen für mich von Bedeutung ...
- Die Dinge, die ich in den nächsten zwölf Monaten meines Lebens lernen und meistern möchte, sind ...
- Falls ich in den nächsten zwei Jahren nur drei neue Fähigkeiten lernen würde, die meine berufliche Karriere bedeutend verbessern würden, so wären es ...

9 Gefühle und Emotionen
- Einige Wörter, die ich verwenden würde, um meinen derzeitigen emotionalen Zustand zu beschreiben, sind ...
- Einige Wörter, die ich verwenden würde, um meinen idealen emotionalen Zustand zu beschreiben, sind ...
- Einige Wörter, wie meine besten Freunde meinen emotionalen Zustand beschreiben würden, sind ...
- Einige Wörter, die beschreiben, wie ich mit meinen Gefühlen und Emotionen umgehe, sind ...
- Um emotional (noch) ausgeglichener zu sein, muss ich aufhören zu ...
- Um emotional (noch) ausgeglichener zu sein, muss ich anfangen zu ...

10 Beitrag und Einsatz

- Einige Wörter, die ich benutzen möchte, um zu beschreiben, was Beitrag und Einsatz für mich wirklich bedeutet, sind ...
- Die wichtigsten Dinge, die ich in diesem Leben erschaffen und zu denen ich momentan allein beitragen möchte, sind ...
- Die wichtigsten Dinge, die ich in diesem Leben erschaffen und zu denen ich momentan gemeinsam mit anderen beitragen möchte, sind ...
- Die bedeutsamsten Dinge, die ich im nächsten Monat erschaffen oder zu denen ich beitragen möchte, sind ...
- Die bedeutsamsten Dinge, die ich in den nächsten zwölf Monaten erschaffen oder zu denen ich beitragen möchte, sind ...
- Die bedeutsamsten Dinge, die ich in den nächsten zwei Jahren erschaffen oder zu denen ich beitragen möchte sind ...

Wenn du alle obenstehenden Aussagen vervollständigt hast (oder jene, die dich am meisten ansprechen und die du am passendsten für deine Lebensvisionen und -ziele findest), wende die untenstehenden sechs Strategien an, um deinen Zielen näherzukommen.

Sechs Strategien, wie du deine Ziele erreichen kannst

1 Schreibe Merkzeichen auf!

Ein Merkzeichen ist ein Beweis, dass du dein Ziel erreicht hast. Es ist ein Wegweiser, der dir zeigt, dass du deine Vision verwirklicht hast. Denk nicht darüber nach, *wie* du deine Merkzeichen erreichen wirst, sondern schreib sie einfach auf. Alles Wichtige kann einbezogen werden. Finde fünf Merkzeichen für alle Bereiche des Lebensrads oder für andere Bereiche, mit denen du arbeiten willst. Hier ist eines meiner Beispiele, um dir den Einstieg zu erleichtern:

1 Lebensumfeld

- Ich halte unsere Wohnung sauber und aufgeräumt.
- Ich verbringe jeden Tag Zeit draußen in der Natur, wenn das Wetter schön ist.
- Ich finde Möglichkeiten zur Freiwilligenarbeit und leiste einen Beitrag mit Fokus auf Natur und Tiere.
- Ich drücke jeden Tag meine Dankbarkeit und Wertschätzung für das Paradies aus, in dem ich lebe.
- Ich mache Menschen darauf aufmerksam, wie die wunderschöne natürliche Umgebung von Kauai geschützt werden kann.

2 Arbeite mit einem Partner bzw. einer Partnerin!

Finde eine ruhige und friedliche Umgebung, in der du und deine Partnerin bzw. dein Partner ungestört seid, und in der ihr gegenwärtig und auf euch fokussiert sein könnt. Das ist von Vorteil, um eure Beziehung oder Freundschaft zu vertiefen. Entscheidet euch, wer zuerst lesen wird. Die erste Person liest ihre Ziele und Merkzeichen laut vor, während die andere Person aufmerksam zuhört und anschließend wiederholt, was die erste Person gesagt hat. Tauscht die Rollen, wenn ihr einen Lebensbereich abgeschlossen habt.
Beispiel:
Erste Person: »*Ich verbringe* jeden Tag Zeit draußen in der Natur, wenn das Wetter schön ist.«
Zweite Person: »*Du verbringst* jeden Tag Zeit draußen in der Natur, wenn das Wetter schön ist.«

Falls du keinen Partner bzw. keine Partnerin hast, mit dem bzw. mit der du arbeiten kannst, so kannst du immer noch dieselbe Übung für dich selbst durchführen. Du kannst eine Tonaufnahme machen, die du dir später anhören kannst. Dies ist eine von vielen kraftvollen und wirksamen Methoden, um dein Unterbewusstsein zu programmieren.

3 Halte ein Ritual ab!

Nachdem Eunjung und ich die obenstehenden Aussagen am 31. Dezember 2017 vervollständigt hatten, entschieden wir uns, unsere Sätze einander laut vorzulesen. Während der darauffolgenden Vollmondnacht am 1. Januar gingen wir an einen ruhigen Ort, an dem wir uns in der Nähe des Pazifischen Ozeans unter den Sternen und dem hell leuchtenden Mond hinsitzen konnten. Wir brachten auch einige unserer heiligen Kraftkristalle und Objekte mit und legten sie zwischen uns. Es war ein magisches und kraftvolles Erlebnis.

Am darauffolgenden Neumond am 16. Januar fühlten wir uns geführt, das gleiche Ritual am gleichen Ort zu wiederholen. Jeder Vollmond oder Neumond ist eine großartige Zeit, ein solches Ritual abzuhalten, weil deine Vorhaben, Emotionen, Gedanken und die Sprache durch die kraftvoll Wellen der Mondenergie verstärkt werden.

> Jeder Vollmond oder Neumond ist eine großartige Zeit, ein Ritual abzuhalten und deine Intentionen, Emotionen und Gedanken zu verstärken.

4 Schaffe einen heiligen Raum!

Rituale sind bewusste und vorsätzliche Gewohnheiten. Sie helfen dir, deine Zeit, deine Energie und dein Denken zu leiten und so Ausgeglichenheit und Lebensrhythmus zu schaffen. Ich glaube, dass es eine der wertvollsten Errungenschaften im Leben ist, einen heiligen Raum zu kreieren. Leg die Liste mit deinen Zielen und Kennzeichen an einen Ort, der besonders bedeutsam für dich ist.

Eunjung und ich gestalteten einen Altar mit unseren heiligen Lieblingsobjekten, und wir legten unsere Listen darauf. Als Nächstes markierst du in deiner Agenda, wann du wieder mit der Liste arbeiten wirst. Um das bestmögliche Resultat aus dieser Übung zu erzielen, empfehle ich dir, idealerweise an jedem Vollmond und Neumond und mindestens jeden Monat das, was du auf deiner Liste notiert hast, wieder zu lesen und dir anzuhören, was du aufgenommen hast.

5 Werte regelmäßig aus!

Werte regelmäßig aus, wo du dich hinsichtlich der Erreichung deiner Ziele befindest. Für jedes erreichte Merkzeichen kannst du dir zwei Punkte geben. Falls du immer noch am Merkzeichen arbeitest und bereits positive Resultate erzielst, jedoch dein Ziel noch nicht völlig erreicht hast, erhältst du einen Punkt. Du erhältst keinen Punkt, falls du noch nicht tätig geworden bist. Sobald du alle fünf Merkzeichen für jeden Bereich im Lebensrad erreicht hast, erhältst du zehn Punkte. Für alle zehn Lebensbereiche gibt es maximal 100 Punkte. Zu wie viel Prozent hast du deine Ziele erreicht? Natürlich ist dies ein vereinfachtes Vorgehen, aber wenn du möchtest, kannst du deine Auswertung selbstverständlich verfeinern.

6 Nimm Änderungen vor und schreib die Merkzeichen erneut auf!

Markiere deine aktuellen Resultate in jedem der zehn Bereiche des Lebensrads oder in denjenigen Bereichen, mit denen du arbeiten willst. Setz dir neue Ziele, wenn du deinen Fortschritt idealerweise einen Monat später wieder auswertest. Je mehr du mit deinen Zielen und Merkzeichen arbeitest, desto mehr wirst du erkennen, dass du stärker inspiriert und besser motiviert bist. Dies kann die Wahrscheinlichkeit markant erhöhen, dass du deine Träume und Ziele weiterverfolgen und anfangen wirst, deine Bestimmung zu leben.

Ich bin überzeugt, dass du das, was ich in diesem Kapitel als Hilfsmittel zum Navigieren auf dem großen Ozean deines Lebens vorgestellt habe, nutzen kannst, egal ob es Neuland für dich ist oder nicht. Ich wünsche dir, dass du jeden Schritt entlang des Weges genießen, lieben und wertschätzen kannst, während du dein höchstes Schicksal auf der Erde entfaltest.

Du hast in jedem Moment die Wahl

> »Wenn du dich mit deiner tiefsten Bestimmung und mit deinen Zielen verbindest, werden diese Ziele erreicht werden. Wenn du verstehst, dass es einen erreichbaren Weg zu den unglaublichsten Träumen gibt, die du träumen kannst, wirst du dich auf diesen Weg begeben. Wenn du bereit bist, ist das Leben hier, um vollkommen gelebt zu werden.«　　　　　　　　Ralph Marston

Nun sind wir am Ende des Buchs angelangt, und deine Reise zum Finden oder zu einem intensiveren Leben in deiner Bestimmung hat begonnen. Als ich beim Schreiben versuchte, die passenden Worte für dieses abschließende Kapitel zu finden, war ich von unendlich vielen Gedanken überflutet. Ich fühlte mich blockiert und unfähig, irgendetwas zu schreiben. Ich nahm wahr, dass ich weder mit meinem Herzen noch mit dem gegenwärtigen Moment verbunden war. Ich fuhr fort, darüber nachzudenken, was ich schreiben könnte oder worüber ich bisher geschrieben hatte.

Ich entschied mich, den Laptop wegzulegen und meine Augen zu schließen. Ich fing an hinzuhören, was ich aus der Nähe und Ferne hörte. Ich atmete die frische Luft ein und fühlte die sanfte Berührung der Luft auf meiner Haut. Plötzlich wurde ich gegenwärtig, und mir wurde bewusst, dass ich draußen auf dem Balkon unserer Wohnung auf Kauai saß.

Mit meinen immer noch geschlossenen Augen sah ich innere Bilder der vielen Abenteuer, die ich mit Eunjung und anderen Menschen während der vergangenen acht Jahre in fast 40 Ländern rund um die Welt erlebt hatte. Ich sah auch wunderschöne Szenen der magischen Insel Kauai. Ich erkannte, dass sich ein Kreis geschlossen hatte von meinem ursprünglichen Erwachen 2008 in Honolulu bis dahin, als ich schließlich das Inselparadies Kauai zu meinem Zuhause gemacht hatte.

Wellen der Dankbarkeit füllten mein ganzes Wesen. Mir fiel ein, warum ich dieses Buch schreiben wollte: Um anderen zu helfen, in ihr Herz zurückzufinden, indem sie durch diese spirituelle Reise navigieren, die wir Leben nennen, während sie ihren wahren Leidenschaften und ihrer Bestimmung folgen.

Ich spürte diese immense Dankbarkeit und öffnete meine Augen wieder. Das Erste, was ich wahrnahm, waren wunderschöne Palmenblätter, die im Sonnenlicht glänzten und sich in der sanften Brise des nahe gelegenen Ozeans von Kauai hin und her bewegten. Dies erinnerte mich an eine hawaiianische Legende über Palmen, die ich in dem Artikel *Tree of Life* (Baum des Lebens) im *Kaua'i Dining in Paradise 2016-2017* Magazin gelesen hatte. Ich möchte sie hier zitieren:

> *»Eine andere weitbekannte Legende erzählt die Geschichte eines hawaiianischen Jungen, dem Sohn von Hina, der Göttin der weiblichen Geister, und Ku, dem*

> *Gott der männlichen Geister. Nachdem Ku in sein Heimatland Tahiti zurückgekehrt war, wird er von seinem Sohn in Hawaii vermisst, der seine Mutter dringend um Hilfe bittet. Als Antwort singt Hina zu ihren Ahnen, dem Kokosnussbaum, und singt ‚niu-ola-hiki' (Oh Lebenspendende Kokosnuss aus Tahiti). Sie fährt mit ‚niu-loa-hiki' (Oh weit reisende Kokosnuss) fort, als ein Kokosnussbaum vor ihr sprießt. Sie weckt ihren Sohn auf und weist ihn an, auf den Baum zu klettern, während sie weiter singt. Die Kokosnusspalme schwingt hin und her und krümmt und dehnt sich, und sie wächst. Sie dehnt sich über den Ozean hinaus, bis sie sich auf Tahiti ausruht und Sohn und Vater wieder vereint sind.«*

Diese Legende enthält vielen kraftvollen und inspirierenden Symbolismus. Ich war besonders davon bewegt, wie der Vater und der Sohn durch die Palme wieder vereint werden. Im Folgenden meine Interpretation dieser Symbole:

Für mich repräsentiert der Sohn dich. Die Mutter repräsentiert deine Intuition – göttliche Führung –, während der Vater dein wahres Zuhause und dein höchstes Schicksal repräsentiert. Der Kokosnussbaum ist deine einzigartige Gabe und Bestimmung. Auch wenn das Leben an dich viele Herausforderungen stellt und manchmal sehr stürmisch ist, kannst du dich an deiner Bestimmung orientieren und deine Talente mit Flexibilität und Offenheit wachsen lassen. Dann wirst du dein höchstes Schicksal verwirklichen und dich damit vereinen.

Eine hilfreiche Übung, die ich dir zum Abschluss mitgeben möchte, ist, dich selbst als Baum zu zeichnen. Ein Baum ist ein kraftvolles Symbol, er kann für viele Aspekte der verschiedenen Schichten in deinem Leben stehen. Er ist eine großartige Hilfe zur Selbsterkenntnis und für dein Selbstbewusstsein.

Dieser Prozess wird dir helfen, mit deinen Emotionen tiefer in Kontakt zu kommen und deine Gaben und Talente, Stärken und Hindernisse mit Symbolen zu erkunden. Vielleicht hilft er dir auch, Ängste zu reduzieren, dein Selbstwertgefühl zu erhöhen, dich mit Stresssymptomen zu befassen und Aspekte von dir zu offenbaren, die dir bisher nicht bewusst waren.

Nimm Papier und Zeichenmaterial. Schaff eine friedvolle Umgebung und lass sanfte und inspirierende Musik im Hintergrund laufen. Stell sicher, dass du nicht gestört wirst, während du an deinem Bild arbeitest. Nimm dir für deine Zeichnung ausreichend Zeit. Eine Stunde reicht im Allgemeinen. Nimm dir etwas Zeit, um gegenwärtig, zentriert und konzentriert zu werden. Sei dir bewusst, wo du auf deiner Lebensreise bist, und fang danach an, den Baum zu zeichnen, um diesen Prozess darzustellen. Du kannst irgendeinen Baum zeichnen, es muss nicht realistisch sein. Während du zeichnest, kannst du über folgende Fragen nachdenken:

- Welche Elemente eines Baumes kenne ich?
- Welche Jahreszeit will ich in meiner Zeichnung darstellen?
- Trägt der Baum Früchte oder Blüten?
- Wie sehen die Äste und Blätter des Baumes aus?
- Wie sieht das Wurzelsystem des Baumes aus?
- Wie alt ist der Baum?
- Wie lange wird er am Leben sein?
- Gibt es Tiere oder Menschen, die auf oder neben dem Baum leben?
- Ist es ein einzelner Baum oder ist er Teil eines Waldes?
- Wo befindet er sich: Am Waldrand? Neben einem See? An einem Strand? In einem Stadtpark?
- Was ist der Beitrag des Baums in der Welt?

Wenn du mit der Zeichnung fertig bist, kannst du alle deine Einsichten, Erkenntnisse und Interpretationen aufschreiben, die du durch die Übung gewonnen hast. Du kannst deine Zeichnung auch einem Freund, einer Freundin oder einem Familienmitglied zeigen, einem Menschen, dem du vertraust. Vielleicht können sie dir zusätzliche Einsichten und Perspektiven geben.

Und nun, lieber Leser, liebe Leserin, ist die Zeit gekommen, dich auf deinen eigenen Weg zu machen, in die Kraft zu finden und deine Lebensziele zu visualisieren. Du hast die Wahl, worauf du dich konzentrierst. Worauf du von nun an deinen Fokus legst, wird deine Lebenserfahrung beeinflussen.

Es ist auch deine Wahl, wie du mit den Fragen, Methoden und Strategien arbeitest, die ich in diesem Buch vorgestellt habe. Widme dich deiner Weiterentwicklung, und du wirst erkennen, dass du und deine Bestimmung sich wiedervereinigen, genauso wie der Vater und der Sohn in der hawaiianischen Legende.

Ich darf noch einmal daran erinnern, was Pilipo, der Weisheitslehrer von Molokai (siehe Seite 30 ff.), sagte:

> »*Du kannst Wissen anhäufen, ohne danach zu handeln, oder deine Weisheit ins Erschaffen deines idealen Lebens einfließen lassen.*«

Pilipo teilte mir sein Wissen über eine alte hawaiianische Heilmethode mit, bekannt als *La'au Lapa'au*, die – wie er sagte – als *heilende Medizin* übersetzt werden kann. Pilipo erzählte mir, dass es bei *La'au* darum geht, wie du dich mit der spirituellen Welt verbindest und wie du andere mit der spirituellen Welt verbindest. *Lapa* bedeutet *Pflanzen* und *'au Vitalität* und *Wohlbefinden* verbessern.

Er hob hervor, dass Praktizierende des *La'au Lapa'au* dazu bereit sein müssen, einem gesunden Lebensstil zu folgen und sich daran zu erinnern, dass Weisheit sich schon immer in denjenigen befindet, die dazu berufen sind. Schließlich muss ein Praktizierender einen starken Ruf in seinem Herzen haben. Umgekehrt müssen auch alle, mit denen Praktizierende arbeiten, ebenfalls dazu bereit sein, viel *Kuleana* (Selbstverantwortung) zu übernehmen.

Für mich war Paul, der Heiler aus Big Island, derjenige, der mein Leben für immer veränderte, jemand, der die Prinzipien von *La'au Lapa'au* verkörperte und meisterte. Dies machte ihn einzigartig qualifiziert, einen solch profunden Prozess anzustoßen, der zum Wendepunkt meiner Hawaiianischen Wiedergeburt und zu einem völlig neuen Leben wurde.

Die Essenz der Lehren des *La'au Lapa'au* sind Teil der Substanz dieses Buches. Ich glaube, dass die Fragen, Methoden, Techniken und Schritte, die ich in diesem Buch beschrieben habe, einfach und leicht umzusetzen sind. Dein Leben zu verändern, um zu größerer Bedeutung und Erfüllung zu gelangen, erfordert volle Hingabe. Es erfordert inspirierte und auf das Wesentliche fokussierte Handlungen sowie Geduld, Durchhaltevermögen und Selbstverantwortung.

Dieses Buch möchte dich beim Finden deiner Bestimmung und bei der Erfüllung deines Schicksals unterstützen und dir dabei helfen. Jedoch bist letztlich du es, der die Verantwortung dafür übernehmen muss, das weiterzuverfolgen, was für dich richtig ist.

Entdecke und gehe deinen eigenen Weg. Fahre damit fort, mit allem aus diesem Buch zu arbeiten, was dir hilft, und leg zur Seite, was für dich gerade nicht richtig und wichtig ist. Vielleicht kommst du später auf einige Inhalte oder Konzepte zurück, die in dir zunächst Widerstand ausgelöst haben, nur um herauszufinden, dass es genau die Nachricht ist, die du hören musstest. Letztlich musst du auf deinem Weg deinen eigenen Erkenntnissen folgen und nicht denen anderer.

Der Weg zur Verwirklichung deiner Träume ist dein ganz eigener Weg. Mein Wunsch ist es, dass die Hoffnung, Inspiration und Liebe, die wir während unserer gemeinsamen Reise erlebt haben, eine stetig wachsende Kraft in und um uns herum sein wird. Ich hoffe, dass du damit fortfährst, dein Leben und das Leben anderer Menschen zu verbessern. Ich wünsche dir, dass du deine Bestimmung findest und dadurch frei wirst, deinen einzigartigen und kraftvollen Beitrag dafür zu leisten, um Himmel und Erde zu verbinden.

Meine besten Wünsche ... und eine gute Reise!

> *»Der Zweck des menschlichen Lebens ist es, zu dienen und Mitgefühl und den Willen zu zeigen, anderen zu helfen.«* Albert Schweitzer

Nachtrag

Im Vergleich zur englischsprachigen Version dieses Buchs (erschienen als *Hawaiian Rebirth*) sind einige Inhalte in der vorliegenden deutschsprachigen Ausgabe *Hawaiianische Wiedergeburt* nicht enthalten. Gerne möchte ich dir auch diese zur Verfügung stellen. Du findest sie auf meiner Webseite *www.hawaiianrebirth.com*. Sie enthält als Bonusgeschenk auch folgende ergänzende Kapitel in deutscher Sprache:

- Eine schicksalhafte Liebesgeschichte
- Magische Erlebnisse in Südkorea
- Umwege auf Bali
- Deine innere Landschaft aufnehmen
- Bewusster Umgang mit sozialen Medien
- Eine Serie energetischer Übungen
- Wie gut kennst du dich und andere?

Fühlst du dich unsicher, wie, wann und mit wem du deine nächsten Schritte gehen kannst? Es wäre mir eine Freude, für dich da sein zu dürfen, während du lernst, Hindernisse in deinem Leben zu überwinden, deine Gaben zu entdecken und dein Licht leuchten zu lassen. Du kannst viele meiner Angebote und Ressourcen auf meiner Webseite *www.yvesnager.com* finden.

Vor etwas mehr als einem Jahrzehnt begann hier in Hawaii meine Reise der Erkenntnis und des Erwachens. Ich wusste damals noch nicht, welche Möglichkeiten auf meiner Reise auftauchen würden. Indem ich die Schritte und Prozesse anwandte, die ich in diesem Buch vorgestellt habe, war es mir möglich, meine Bestimmung zu verwirklichen und mein Leben zu verändern. Ich bin inspiriert und freue mich, mit dir zu arbeiten und dich bei deiner eigenen transformativen Reise zu begleiten. Ich möchte dir helfen, den Weg zu entdecken, der dir hilft, dein Licht heller denn je in der Welt leuchten zu lassen. Aloha!

Dank

Zunächst einmal danke ich dir, liebe Leserin, lieber Leser, dass du mich auf diesem Weg begleitest. Herzlichen Dank, dass du dich den vielen Fragen, Schritten, Tools und Techniken, die ich in diesem Buch vorstelle, öffnest und damit arbeiten möchtest. Vielen Dank, dass du für deine eigene Reise und deine Mitreisenden eine derart positive Veränderung vornimmst. Danke, dass du mehr Licht in die Welt bringen möchtest.

Ich bin allen Menschen und Lebewesen dankbar, die mich in den vielen verschiedenen Phasen meines Lebens geliebt, mir geholfen und mich unterstützt haben. Ich drücke meine tiefe Dankbarkeit vor allem denen gegenüber aus – ob im sichtbaren oder unsichtbaren Bereich –, die für mich da waren und mich nie aufgegeben haben, auch nicht während der dunkelsten Stunden und schwierigsten Momente auf meiner Reise.

Ich bin auch allen dankbar, die mit mir die Schönheit, den Reichtum und die Fülle des Lebens gefeiert haben, als ich mitteilen konnte, was aus dem Samen entstanden ist, den ich auf meinem Weg ausgestreut hatte. Denjenigen, die in meinen dunkelsten und hellsten Zeiten bei mir waren, kann ich nicht genug danken, dass sie da waren und diese wertvollen Momente mit mir geteilt haben.

Ich danke *Ke Akua* dafür, dass er mir dieses schöne Leben jenseits meiner kühnsten Vorstellungskraft geschenkt hat und dass er mich durch schwierige und glückliche Zeiten begleitet hat. Vielen Dank, dass du mich mit den vielen Gaben gesegnet hast, die es mir ermöglicht haben, dieses Buch aus meinem Herzen heraus zu schreiben. Ich bin dir für immer dankbar, dass du mich mit deiner Gnade und deinem Segen überschüttest, besonders in anscheinend hoffnungslosen und ausweglosen Momenten.

Ich möchte den Personen, die mich beim Verfassen und Bearbeiten dieses Buches unterstützt haben, meine Anerkennung und meinen Dank aussprechen. Ohne sie wäre dieses Buch nicht möglich gewesen. Ich bin meiner wunderbaren Lebenspartnerin Eunjung Choi ewig dankbar für alles, was wir auf unserer erstaunlichen Lebensreise gemeinsam erlebt haben, für die Unterstützung bei meinen Buchprojekten und für die wertvolle Bearbeitung der Manuskripte.

Ich möchte den Redakteuren *Sarah Torribio* und *Michael K. Ireland* meinen großen Dank und meine Anerkennung für das wertvolle Feedback sowie die gründliche Bearbeitung des englischsprachigen Manuskripts (erschienen als ‚*Hawaiian Rebirth*') aussprechen. Ich darf mich bei *Carina Tschaitschmann* und *Jeannette Klossner* für die Mithilfe bei der Bearbeitung des deutschsprachigen Manuskripts bedanken.

Ich bedanke mich bei allen Autoren, Lehrern und Freunden, die mir die Erlaubnis erteilt haben, einen Teil ihrer Arbeit in dieses Buch aufzunehmen. Sie alle haben mich inspiriert und mir geholfen, mein Leben zum Besseren zu wenden. Ich hoffe, dass die Leser dieses Buches auch aus den genannten Werken wertvolle Erkenntnisse gewinnen werden.

Ich danke meiner Verlegerin *Sabine Giger* und ihrem Team für die professionelle Unterstützung während des Prozesses der Veröffentlichung von *Hawaiianische Wiedergeburt*. Und noch einmal vielen Dank an dich, liebe Leserin, lieber Leser, dass du dieses Buch in deinen Händen hältst. Ich wünsche dir alles Gute, dich mit kraftvoller Energie zu verbinden, deine Lebensziele zu visualisieren und deine Träume zu leben!

Herzlichen Dank! … Mahalo!

Über den Autor

Yves Nager ist Bestseller-Autor des Buchs *Hawaiianische Wiedergeburt – Verbinde dich mit kraftvoller Energie und visualisiere deine Lebensziele*, Mitautor des Amazon Bestsellers *Inspired by the Passion Test*. Auch für das Buch *Ilahinoor – Awakening the Divine Human* von Kiara Windrider schrieb Yves ein Kapitel.

Yves unterstützt Menschen leidenschaftlich gern dabei, über sich selbst hinauszuwachsen, neue Möglichkeiten zu schaffen und Herausforderungen in Freiheit umzuwandeln. Er hat selbst viele Herausforderungen des Lebens überwunden und versteht die Kraft der Vergebung und Dankbarkeit. Er hilft Menschen, ein Leben mit mehr Klarheit, Lebenskraft, Freude und Liebe zu leben. Er wuchs im malerischen Ort Spiez in der Schweiz auf. Nach zehn Jahren Karriere im Personalwesen, in der Unternehmensberatung, Sozialarbeit und Sozialversicherung erlebte er bei seinem ersten Besuch in Hawaii 2008 ein Wunder der Heilung. Dieses Erlebnis richtete den Kurs seines Lebens neu aus und führte ihn auf eine kraftvolle transformative Reise. Nach seiner Rückkehr aus Hawaii im Sommer 2008 vertiefte er sich in spirituelle Praktiken wie Meditation, Yoga und Energiearbeit. Nachdem er erkannte, dass es seine Bestimmung ist, der Evolution der Menschheit und der Erde zu dienen, absolvierte er mehrere Coaching-Ausbildungen am ganzheitlichen Institut *Living Sense* (www.coaching-institut.ch) in der Schweiz.

2011 kehrte er nach Kauai zurück, um am *Pacific Center for Awareness and Bodywork* (Presence Centered Awareness Therapy) seine Kenntnisse zu vertiefen. Diese auf Bewusstsein und Achtsamkeit basierende Therapieform wurde zu einer wichtigen Säule seiner Arbeit. Als er diese Ausbildung abgeschlossen hatte, traf er seine Partnerin Eunjung. Sie heirateten 2013 in Südkorea und auf Kauai.

Während Yves weiterhin Einzelsitzungen und gemeinsame Workshops mit seiner Partnerin Eunjung abhielt, absolvierte er weitere Ausbildungen und Schulungen, um andere Menschen bestmöglich auf ihrem transformativen Weg zu unterstützen. Er wurde zu einem globalen Botschafter und Trainer des Programms *Discover the Gift*, *Passion Test* und Passion *Test for Business*-Coach sowie *Yoga-Nidra*-Lehrer.

Im April 2012 begab sich Yves mit Eunjung auf eine fünfjährige Mission über die ganze Welt zur globalen Bewusstseinsveränderung und an Kraftorte in fast 40 Ländern. Während dieser Zeit lernten sie auch von indigenen Weisheitslehrern, Schamanen, Mönchen und Heilern verschiedener alter Traditionen und lassen dies seither in ihre Arbeit mit einfließen.

Seit 2017 lebt Yves gemeinsam mit seiner Partnerin Eunjung auf Kauai (Hawaii) und bietet von seiner Lieblingsinsel aus Dienstleistungen im Bereich Heilung und Coaching für Einzelpersonen und Gruppen an. Er integriert Energiearbeit, Elemente von Hatha Yoga und Yoga Nidra sowie die einzigartige *Presence Centered Awareness-*

Therapie. Er kann seine heilende Gabe auch Haustieren zukommen lassen.

Für seine Coaching- und Mentoring-Angebote nützt er Methoden und Techniken, die er durch seine Ausbildung im Bereich Coaching, *Passion Test* und *Passion Test for Business* sowie durch andere transformative Programme gelernt hat. Seine persönlichen spirituellen Praktiken und die Arbeit mit seinen Klienten brachten ihm tiefe spirituelle Einblicke, die er in seine Arbeit miteinbezieht.

Seine Angebote sind einzigartig. Dank seines Hintergrunds im unternehmerischen Umfeld kennt er auch die Geschäftswelt. Indem er dir dabei hilft, vertieftes Bewusstsein und Dankbarkeit für die grundlegenden Werte, Leidenschaften und Spiritualität zu entwickeln, kann Yves dich dabei unterstützen, dem Weg deines Herzens zu folgen.

Yves bildet sich selbst permanent weiter, um dir den besten Nutzen zu bieten und für dich der beste Begleiter zu sein, um ein Leben mit Bestimmung, Freude und Erfüllung zu leben. Diejenigen, die Yves Einzelsitzungen und Workshops weltweit erlebten, berichten von tiefer Heilung und Transformation.

Bist du bereit, deinem Herzen zu folgen, deine Hindernisse zu überwinden und das Leben deiner Träume zu leben, das mit deiner wahren Bestimmung übereinstimmt? Yves ist hier, um dich beim größten Abenteuer deines Lebens zu begleiten. Sende ihm eine Nachricht oder ruf ihn an, um herauszufinden, wie er dich am besten auf dieser transformativen Reise unterstützen kann. Yves Nager organisiert Gruppenreisen nach Hawaii. *www.yvesnager.com*

Stimmen zu Autor und Buch

»Yves Nager ist ein Weisheitslehrer, der Menschen auf der Suche nach dem Sinn deines Lebens begleitet. Er bietet Tools, Geschichten und Anleitungen für die wichtigste Reise deines Lebens: zur Heimat der Wahrheit, wer du wirklich bist und warum du hier bist. Dieses exzellente Buch inspiriert Herz und Seele und weckt und zeigt, wie Herzenswünsche erfüllt werden können.«

    Marcia Wieder, CEO Dream University und Bestsellerautorin

»Yves Nager, ein Abenteurer des Lebens und bescheidener Mystiker, zeigt in seinem neuen Buch Hawaiianische Wiedergeburt auf geniale Weise, wie man mit Herz und der kontinuierlichen Entscheidung zugunsten seiner Leidenschaften zu einem Leben voller Wunder, dem Gefühl einer schicksalshaften Bestimmung und unbegrenzten Möglichkeiten, ein bedeutsames Leben zu führen, gelangen kann.«

    Janet Bray Attwood, NY Times Bestsellerautorin von *Passion Test* und *Your Hidden Riches*

»In diesem Buch hat Yves Nager die Prinzipien des Passion Tests erweitert, um dir zu helfen, deine Leidenschaften zu erkennen und dein Verständnis für den Grund deiner Geburt zu vertiefen. Hawaiianische Wiedergeburt wird dich auf eine

Reise mitnehmen, die wie als eine Karte dient, die du benutzen kannst, während du deinen einzigartigen Beitrag zur Entfaltung von dir selbst für dich selbst erfüllst.«

Chris Attwood, Präsident des Beyul Clubs, Bestsellerautor von *Passion Test* und *Your Hidden Riches*

»Ich kenne Yves Nager seit vielen Jahren und habe mit ihm und seiner Partnerin Eunjung einige Lebenswege gemeinsam beschritten. Ich bin von ihrer Aufrichtigkeit und ihrer Leidenschaft, ihrem Engagement zu dienen und ihrer Liebe zu dieser Erde berührt. Ich bin berührt von ihrer Furchtlosigkeit, ihrer Fähigkeit, sich zu bewegen, wenn der Wind sie bewegt, und selbst zum Wind zu werden. Danke, Yves, dass du ein leidenschaftliches Leben vorlebst und dass du dein Licht durch alle Höhen und Tiefen des Lebens gehalten hast, sodass jeder von uns lernen kann, diesem einen Licht zu vertrauen, das immer schon existiert hat und selbst in den dunkelsten Nächten so hell leuchtet.«

Kiara Windrider, internationaler spiritueller Lehrer und Autor mehrerer Bücher, darunter *Gaia Luminous*, *Homo Luminous* und *Ilahinoor*

»Ich kenne Yves Nager seit vielen Jahren. Yves ist einer der seltenen Menschen, die das Wissen haben, tief in die Seele einzutauchen und Heilung für sich selbst und die Mitmenschen zu schaffen. Seine Reisen durch die Welt geben ihm einen tiefen Einblick in das menschliche Verhalten, was zur Tiefe seiner Geschichten beiträgt. Er verändert die Welt, weil er bereit ist, die schwierige Arbeit der persönlichen Transformation zu leisten, und sein Wissen teilen möchte. Yves' Buch Hawaiiani-

sche Wiedergeburt *inspirierte mich, meinen eigenen Lebensweg zu verstehen und verschaffte mir wertvolle Einblicke.«*

Shajen Joy Aziz, Schöpferin von *Discover the Gift*, preisgekrönte internationale Bestsellerautorin, Ausbilderin, Filmemacherin und Unternehmerin

»Du wirst Yves Nagers Buch Hawaiianische Wiedergeburt *faszinierend und inspirierend und dennoch praktisch finden. Yves bietet eine Anleitung zu dem, was er als »das bedeutungsvollste Abenteuer deines Lebens – die Entdeckung deiner Gaben und Leidenschaften« bezeichnet. Er ist eindeutig hier, um zu Diensten zu sein, und er teilt mit, was er durch seine eigenen Erfahrungen und Transformationen gelernt hat. Er verspürt den leidenschaftlichen Wunsch, dir dabei zu helfen und zu entdecken, wie du dein Leben in Übereinstimmung mit deinem höchsten Potenzial leben kannst. Er bietet einen Schatz voller Wissen und Weisheit, der von Herzen kommt. Ich hoffe, du sagst ja!«*

Sharlyn Hidalgo, Autorin von *Nazmy: Love is my Religion*

»Die inspirierenden, faszinierenden Geschichten aus Yves Nagers mystischen, weltweiten Abenteuern werden dein Herz weit öffnen und deine Visionen erweitern. Wenn du mehr Leidenschaft und Bedeutung in deinem Leben wünschst, dann bietet dir Hawaiianische Wiedergeburt *eine aufschlussreiche Reihe von Tools und Lebensstrategien, die dich zur Erfüllung deiner wertvollsten Träume und Ziele führen werden.«*

Geoff Affleck, Bestsellerautor von *Shine Your Light* und *Enlightened Bestseller*

»*Ich traf Yves Nager durch den Passion Test und fand ihn und seine Arbeit authentisch, erfrischend und tiefgründig. Sein Buch* Hawaiianische Wiedergeburt *ist so voller Weisheit und inspirierender, faszinierender Geschichten, dass man sich durch das bloße Lesen verwandelt fühlen muss. Wenn du die aufschlussreichen Schritte und Strategien, die Yves im Buch dargelegt hat, tatsächlich in die Praxis umsetzt, wird sich dein Leben natürlich zum Besseren wenden, wenn du deinem Herzen folgst und deine Bestimmung lebst.«*

Terry L. Sidford, Autorin von *One Hundred Hearts*, TEDx-Rednerin, Passion Test-Trainerin und Professioneller Coach

»*Yves Nagers Buch* Hawaiianische Wiedergeburt *ist eine der detailliertesten Anleitungen, die ich je über den Transformationsprozess gelesen habe, der mit der Entdeckung und Verfolgung der eigenen Bestimmung verbunden ist. Yves' einfache, geradlinige und leidenschaftliche Art kommt in diesem Buch zum Vorschein, das einige der anspruchsvolleren Themen im transformativen Bewusstsein behandelt. Du wirst durchs Lesen von* Hawaiianische Wiedergeburt *erkennen, dass die Transformation deines Lebens eine Herausforderung ist, die es wert ist, angenommen zu werden, und dass es eine heilende Reise ist, die du unverzüglich mit diesem Reiseführer in deinen Händen beginnen musst.«*

Patrick Wyzorski, Geschäftsinhaber WyzGuy Consulting

Glossar

Abhinivesa – Todesfurcht
Advaita – Einer der klassischen Wege der indischen Spiritualität
Ahonui – Geduldig auf den passenden Moment warten
Akahai – Freundlichkeit und Anmut
Akh – Lichtkörper, auch als Astralkörper bezeichnet
Akua – Ursprüngliche Quelle
Asana – Yoga-Pose
Asmita – Identifikation mit dem Selbst
Avidya – Getrübte Wahrnehmung

Chakra – Energiezentrum, Rad

Dvesa – Verweigerung

E komo mai – Komm herein! Sei willkommen!
Etymologie – Beschäftigung mit der Herkunft von Wörtern

Galaktische Superwelle – Beschuss kosmischer Strahlen
Geomagnetischer Sturm – Vorübergehende Störung der Magnetosphäre der Erde

Ha'aha'a – Unbeladene Bescheidenheit
Hala – Kontemplation (Reflexion)
Hanan Pacha – Die obere Welt (Residenz des höheren Selbst. Die Welt der Engel. Das Reich des Kondors)
Hatha Yoga – Yoga-Praxis. Ha steht für Sonne, Tha für Mond
Havaiki – Polynesischer Name für Heimatland
Heiau – Alter hawaiianischer Tempel
Hihia – Akzeptanz
Höheres Selbst – Höheres Bewusstsein des Verstands
Honu – Meeresschildkröte

Ho'ihi – Mit Respekt als heilig behandeln
Ho'o – Bereitschaft, anders zu handeln
Ho'oponopono – Altes hawaiianisches Vergebungsritual
Holografische Merkaba – Träger des Lichts in Form eines Tetraedersterns
Huna – Hawaiianische Weisheit
Hypnagoger Zustand – Grenzbereich zwischen Schlaf und Wachsein

Ilahinoor – Göttliches Licht

Jb – Ägyptischer Name für das Herz

Kahuna – Hawaiianische(r) Priester(in) oder Heiler(in)
Karma Yoga – Gute Arbeit leisten
Kay Pacha – Die mittlere Welt (die Welt des menschlichen Selbst und die Welt der Tiere. Das Reich des Jaguars)
Ke Akua Mana Mau – Gott als höchstes, ewiges Wesen anerkennen
Keiki Pono Loa – Inneres Kind
Khat – Physischer Körper
Kukui – Licht
Kukui Nut Lei – Hawaiianischer Kranz
Kuleana – Volle Verantwortung übernehmen
Kupuna – Hawaiianischer Stammesälteste/r, Weisheitslehrer/in
La'au Lapa'au – Heilende Medizin
Lokahi – Unversehrte Einheit

Mahalo – Danke sehr
Mana – Energie (Lebenskraft)
Mihi – Gegenseitige Vergebung und Verzeihung
Mittleres Selbst – Bewusste Aspekte des Verstands

Neteru – Hauptgötter und -göttinnen des ägyptischen Pantheons
Niburu – Mystischer Planet
Nou ka hale – Du bist in diesem Haus willkommen

Olu'olu – Angenehme Sanftheit

Pono – Rechtschaffenheit
Puka – Eingang
Pule – Gebet

Raga – Sehnsucht

Sahu – Lichtkörper, der direkt mit der Seele verbunden ist
Schumann Resonanz – Grundfrequenz der Erde
Sekhem – Ägyptisch für Kraft (Macht)
Shavasana – Abschließende Entspannungshaltung im Yoga
Sufismus – Mystische islamische Tradition
Swami – Spirituelle/r Lehrer/in

Tieferes Selbst – Unterbewusste und unbewusste Aspekte des Verstands
Turyia – Reines Bewusstsein

Ukhu Pacha – Die tiefere Welt (die Welt des unbewussten Instinkts und des reptilischen Verstandes. Reich der Anakonda)

Vipassana – Einsicht in die wahre Natur der Wirklichkeit
Vortex – Ein Ort in der Natur, an dem natürliche Energien außergewöhnlich lebendig sind

Yoga Nidra – Uralte Technik aus tiefer und bewusster Entspannung

Weiterführendes und Quellen

Hinweis: Die hier vorgestellten Links können sich mit der Zeit ändern: Artikel über Emotionen
https://www.psychologytoday.com/articles/201501/beyond-happiness-the-upside-feeling-down

Empfohlene Literstur

Attwood, Janet Bray/Affleck, Geoff and fourteen other authors: Inspired by *The Passion Test. The #1 Tool for Discovering Your Passion and Purpose*. Persona Publishing. ISBN 978-0-99858-231-3

Attwood, Janet Bray/Attwood, Chris with Sylva Dvorak: *Your Hidden Riches: Unleashing the Power of Ritual to Create a Life of Meaning and Purpose*. Harmony Books. ISBN 978-0-385-34855-3

Attwood, Janet Bray/Attwood, Chris: *The Passion Test. The Effortless Path to Discovering Your Life Purpose*. Hudson Street Press. ISBN 978-1-1012-1382-7

Aziz, Shajen Joy/ Lichtenstein, Demian: *Discover the Gift: It's Why We're Here*. Balboa Press. ISBN 978-1-5043-6444-7

Burchard, Brendon: *Life's Golden Ticket. A Story About Second Chances*. Harper Collins. ISBN 978-0-06245-647-2

Chapman, Gary: *The Five Love Languages. The Secret to Love that Lasts*. Northfield Publishing. ISBN 978-0-8024-1270-6

Churchward, James: *The Lost Continent of Mu. Brotherhood of Life*. ISBN 978-0-91473-219-8

Coelho, Paulo: *The Alchemist.* Harper Collins.
ISBN 978-0-06-231500-7

Coon, Robert: *Earth Chakra.* Coon Robert.
ISBN 978-098056-294-1

Desidachar, T. K. V.: *The Heart of Yoga. Developing a Personal Practice.* Inner Traditions International.
ISBN 978-1-59477-892-6

Dupree, Emil: Ho'oponopono: *The Hawaiian Forgiveness Ritual as the Key to Your Life's Fulfillment.* Schirner Verlag.
ISBN 9781844095971

Hawaii Kauai Dining in Paradise 2016-2017, Tree of Life.
https://issuu.com/morrismedianetwork/docs/hawaii_kauaidip_2016_12

Hidalgo, Sharlyn: *Nazmy: Love is my Religion. Egypt, Travel and A Quest for Peace.* Phoenix Rising Publishing.
ISBN 978-0-9911898-0-9

Norcross, John C: *Changeology. 5 Steps to Realizing Your Goals and Resolutions.* Simon & Schuster.
ISBN 978-1-4516-5762-3

Ruiz, Don Miguel: *The Four Agreements. A Practical Guide to Personal Freedom.* Amber-Allen Publishing.
ISBN 978-1-878424-31-0

Ruiz, Don Miguel: *The Mastery of Love. A Practical Guide to the Art of Relationship.* Amber-Allen Publishing.
ISBN 978-1-934408-03-2

Vitale, Joe/Len, Ihaleakala Hew: *Zero Limits. The Secret Hawaiian System for Wealth, Health, Peace, and More.* John Wiley & Sons. ISBN 978-0-470-4-0256-6

Wei, Wu: *The I Ching: The Book of Answers. New Revised Edition.* Power Press. ISBN 0-943015-41-3

Wieder, Marcia: *Dream. Clarify and Create What You Want.* Next Century Publishing. ISBN 978-1-68102-062-4

Windrider, Kiara: *Gaia Luminous. Emergence of the New Earth.* Kima Global Publishers.
ISBN 978-1-928234-21-0

Windrider, Kiara: *Ilahinoor: Awakening the Divine Human.* Notion Press. ISBN 978-1-947137-87-5

Empfohlene Videos

Discover the Gift (Movie)
 https://discoverthegift.com/the-movie/
Inside Out https://www.youtube.com/watch?v=seMwpP0yeu4
Rutherford, Mike.
 https://en.wikipedia.org/wiki/The_Living_Years
»The Living Years« – Mike + The Mechanics –
 https://www.youtube.com/watch?v5hr64MxYpgk
The Secret Life of Dogs
 https://www.youtube.com/
watch?v=CaWZEfx34Cg

Empfohlene Webseiten

Cohen, Alan. *www.AlanCohen.com*
Krishnamurti, Jiddu. *www.JKrishnamurti.org*
Marston, Ralph. *www.GreatDay.com*
Nager, Yves. *www.YvesNager.com*
Pagnol, Marcel. *www.Marcel-pagnol.com*
Robinson, Ken. *Ted Talk 2010. www.SirKenRobinson.com*
Ryder, Leiʻohu. *https://www.LeiohuRyder.com*
Schuller, Robert. *https://www.brainyquote.com/quotes/ robert_h_schuller_107582*
Schweitzer, Albert. *https://en.wikiquote.org/wiki/Talk: Albert_Schweitzer*
Solatorio, Pilipo. *http://HalawaValleyMolokai.com*
Wieder, Marcia. *https://DreamUniversity.com*

Wills, Howard. *www.HowardWills.com*
Windrider, Kiara. *www.KiaraWindrider.net*
www.AlohainAction.com
www.AsapEngagement.com
www.Brendon.com
www.ChangeologyBook.com
www.Coaching-Institut.ch
www.CrazyLoveStories.com
www.DiscoverTheGift.com
www.GigerVerlag.ch
www.HawaiianRebirth.com
www.InspiredByThePassionTest.com
www.LanaiCatSanctuary.org
www.PacsThailand.com
www.PsychologyToday.com
www.SacredSoulAdventures.com
www.ThePassionTest.com

Zitierte Werke

Attwood, Bray/Attwood, Janet/Attwood, Chris: *The Passion Test. The Effortless Path to Discovering Your Life Purpose.* New York 2008. Penguin Group.

Attwood, Bray/Attwood, Janet/Attwood, Chris: *Your Hidden Riches. Unleashing the Power of Ritual to Create a Life of Meaning and Purpose.* New York 2014. Crown Publishing. Druck.

Alaric, Hutchinson: *Living Peace.* Queen Creek 2014. Earth Spirit Publishing. Druck.

Levinson, Steve: *Following Through. A Revolutionary New Model for Finishing Whatever You Start.* Nashville 2007. Unlimited Publishing. Druck.

Lichtenstein, Demian/Shajen, Joy Aziz: *Discover the Gift. It's Why We're Here.* London 2011. Ebury Publishing. Druck.

Murphy, Joseph: *Think Yourself to Health, Wealth & Happiness: The Best of Dr. Joseph Murphy's Cosmic Wisdom.* New York 2002. Reward Books. Druck.

Rūmī, Jalāl ad-Dīn Muhammad: *The Rumi Collection.* Boston 1998. Shambhala Publications. Druck.

Voltaire: *Philosophical Dictionary by Voltaire.* London 1979. Penguin Group. Druck.

Williamson, Marianne: *A Return to Love.* New York. Harper Collins 1992. Publishers. Druck.

GIGER ZENTRUM
Seminare • Events • Shop • Bücher

BEWUSSTER LEBEN

In unserem Zentrum
finden Seminare, Buchvorstellungen
und Ausbildungen mit unseren
Top-Referenten und
Bestseller-Autoren statt.

Sie finden unser Programm unter
www.gigerverlag.ch
unter dem Link »Veranstaltungen«.

Bei Eintrag für unseren
Newsletter sind sie immer informiert.

Wir freuen uns auf Ihren Besuch!

GIGER ZENTRUM
Seminare • Events • Shop • Bücher

Bahnhofplatz 10, CH-8853 Lachen
Telefon: 00 41 55 442 68 48 · seminar@gigerverlag.ch